高等学校"十四五"规划教材·无人机应用技术

智慧监狱无人机警务

主　编　余飞跃　王惠斌

副主编　金振乾　王　炜　倪　斌

西北工业大学出版社

西安

【内容简介】 本书以警用无人机及无人机防御反制技术为研究对象,对无人机在智慧监狱警务领域的应用进行探索,并结合实战向读者展示警用无人机及无人机防御反制技术在智慧监狱中的应用。全书共分 10 章,分别为警用无人机概述、无人机警务实战机制、无人机警务安全飞行、无人机警务空地协同、无人机警务任务规划、无人机警务任务执行、无人机警务战术科目、监狱面临的低空威胁、民用无人机监管、无人机防御与反制技术等。

本书既可用作司法类警察院校学生专业课的指导教材,也可用作在职监狱、戒毒民警能力提升的培训教材。

图书在版编目(CIP)数据

智慧监狱无人机警务 / 余飞跃,王惠斌主编. — 西安:西北工业大学出版社,2022.8
ISBN 978 - 7 - 5612 - 8365 - 3

Ⅰ.①智… Ⅱ.①余… ②王… Ⅲ.①无人机驾驶飞机 -应用-监狱-管理 Ⅳ.①D926.7 - 39

中国版本图书馆 CIP 数据核字(2022)第 158203 号

ZHIHUI JIANYU WURENJI JINGWU
智 慧 监 狱 无 人 机 警 务
余飞跃　王惠斌　主编

责任编辑:曹　江	策划编辑:孙显章
责任校对:胡莉巾	装帧设计:董晓伟

出版发行:西北工业大学出版社
通信地址:西安市友谊西路 127 号　　邮编:710072
电　　话:(029)88491757,88493844
网　　址:www.nwpup.com
印　刷　者:陕西向阳印务有限公司
开　　本:787 mm×1 092 mm　　1/16
印　　张:19.5
字　　数:475 千字
版　　次:2022 年 8 月第 1 版　　2022 年 8 月第 1 次印刷
书　　号:ISBN 978 - 7 - 5612 - 8365 - 3
定　　价:69.80 元

如有印装问题请与出版社联系调换

前　言

随着无线电控制技术、飞行器自主控制技术逐渐成熟，无人机在警务领域发挥着越来越重要的作用，警用无人机已成为现阶段开展警务工作的必要工具。利用无人机进行辅助执法，增强执法力量，提高执法水平，已经成为全国政法机关的共识，无人机警务应用水平和管控能力也已成为政法领域信息化岗位民警的基础技能考核项目。在司法行政领域，尤其是在智慧监狱的建设和管理中，挂载不同的警用装备，使无人机广泛应用于监管设施及周边区域的高空监察，监管地空联动的区域，进行人员管制、视频督察，掌握狱情灾情和处置突发事件。同时，《智慧监狱技术标准》(SF/T 0028—2018)和《"智慧监狱"审核验收办法》中对监狱的无人机侦测和反制，也提出了对监控区上空非授权无人机进行检测、跟踪和干扰、拦截的明确要求。但是从当前的情况看，大部分无人机警务应用单位由于缺乏专业人才，相关岗位民警缺乏系统培训，都在不同程度上存在理论认识不到位、战术战法不熟悉、实践训练水平不足、系统管理制度不完善等问题，制约了无人机警务应用的普及和水平的提升。

作为警察类院校，为了更好地服务于政法行业和司法行政行业，河南司法警官职业学院近年来加强了对这一新兴技术领域的研究，不但开设了警用无人机的相关课程，也通过部分科研项目，积极与相关政法单位和相关技术企业合作，开展实战应用和技术研究。在调研过程中发现，无人机的实战应用，不是通过采购昂贵的无人机就能完成的，操作人员技术水平高低、维护保养是否到位、辅助设备是否齐备、任务制定是否科学等，都影响着警用无人机"能不能用""好不好用"。无人机警务应用实效的发挥要靠完善的无人机警务体系来支撑，包括科学的机型配备、精干的飞行团队、规范的管理维护、合理的任务分工、科学的技战用法等，只有具备了这些因素，才能保证无人机警务应用水平达到"可用、好用、管用"。基于这个原因，笔者编写了这本教材。

本书编写分工如下：第1~3章由王惠斌编写，第4章由倪斌编写，第5章由金振乾编写，第6章由王炜编写，第7~10章由余飞跃编写。

在本书的编写过程中，笔者参考了相关文献资料，在此对其作者表示感谢。此外，编写本书得到了中科融通物联科技无锡有限公司、中来疆（河南）科技有限公司的技术支持。

由于水平有限，书中难免存在不足之处，恳请广大读者批评指正。

编　者

2022年2月

目　　录

第一章　警用无人机概述 ································· 1
　　第一节　警用无人机的优势 ··························· 1
　　第二节　警用无人机的应用 ··························· 6
　　第三节　警用无人机的发展现状及存在的问题 ··········· 11
　　第四节　警用无人机的发展前景 ······················· 16

第二章　无人机警务实战机制 ··························· 22
　　第一节　无人机警务管理机制 ························· 22
　　第二节　无人机警务工作机制 ························· 27
　　第三节　无人机警务实战要求 ························· 30
　　第四节　警用无人机管控 ····························· 34

第三章　无人机警务安全飞行 ··························· 40
　　第一节　飞行场地的选择 ····························· 40
　　第二节　飞行空域的选择 ····························· 41
　　第三节　飞行前检查 ································· 42
　　第四节　飞行注意事项 ······························· 43
　　第五节　飞行常见问题 ······························· 44

第四章　无人机警务空地协同 ··························· 48
　　第一节　沟通指令 ··································· 48
　　第二节　双人操控协同 ······························· 49
　　第三节　远程指挥 ··································· 51

第五章　无人机警务任务规划 ··························· 58
　　第一节　任务规划基础 ······························· 58
　　第二节　快拼影像 ··································· 65

第三节　构建实景三维模型 …………………………………………… 69

第六章　无人机警务任务执行　75

第一节　无人机警务机型选择 …………………………………………… 75
第二节　无人机警务应用场景选择 ……………………………………… 77
第三节　无人机警务飞行计划制订 ……………………………………… 80
第四节　无人机警务飞行准备 …………………………………………… 81
第五节　无人机警务任务执行 …………………………………………… 85
第六节　无人机警务数据分析研判 ……………………………………… 88
第七节　无人机警务飞行维护 …………………………………………… 90

第七章　无人机警务战术科目　94

第一节　空中巡逻 ………………………………………………………… 94
第二节　空中侦查 ………………………………………………………… 117
第三节　空中全景 ………………………………………………………… 137
第四节　搜索救援 ………………………………………………………… 155
第五节　应急处突 ………………………………………………………… 182
第六节　空中震慑 ………………………………………………………… 202

第八章　监狱面临的低空威胁　220

第一节　滥用无人机对国家安全的威胁 ………………………………… 220
第二节　滥用无人机对社会公共安全的威胁 …………………………… 224
第三节　滥用无人机对公民人身财产安全的威胁 ……………………… 230
第四节　滥用无人机对监狱安全的威胁 ………………………………… 232

第九章　民用无人机监管　236

第一节　无人机法律规制现状 …………………………………………… 236
第二节　无人机飞行空域管理 …………………………………………… 247
第三节　民用无人机生产监管 …………………………………………… 259
第四节　民用无人机监管技术 …………………………………………… 261

第十章　无人机防御与反制技术　270

第一节　无人机防御反制系统概述 ……………………………………… 270
第二节　无人机探测与识别技术 ………………………………………… 271
第三节　无人机反制技术 ………………………………………………… 275

第四节	无人机反制系统集成	281
第五节	无人机侦测防御一体机实训（以中科融通 UBI-RE-AB101 型为例）	283
第六节	无人机导航诱骗系统实训（以中科融通 UBI-RE-S100 型为例）	288
第七节	无人机防御单兵作战设备实训	296

参考文献 …………………………………………………………………… 303

第一章 警用无人机概述

第一节 警用无人机的优势

随着无线电控制技术、飞行器自主控制技术逐渐成熟,无人机在警务领域发挥着越来越重要的作用,警用无人机已成为现阶段警务工作的必要工具。应用警用无人机是警用装备现代化的重要标志,也是现代警务发展的必然趋势。

警用无人机是指所有权属于人民警察机关、用于执行警务任务、没有机载驾驶员操纵的航空器。警用无人机系统主要包括航空器、地面控制单元、通信链路和任务设备等。无人机系统拓扑图如图1-1所示。

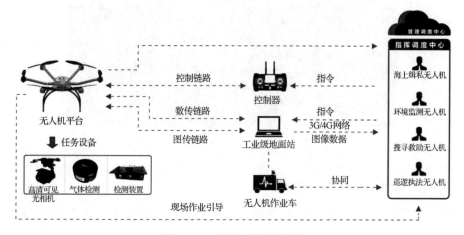

图1-1 无人机系统拓扑图

警用无人机作为服务警务工作的专业特种装备,应用于警务实战,主要得益于其具有其他警用装备不可替代的优势。

(一)依托搭载平台,实现侦打一体

利用无人机的制空优势,依托"无人机+"平台,可搭载各类武器装备,从而实现既定的战术目的。例如:无人机搭载热成像及高清摄像头等观测设备,可以从空中展开大范围的现场侦察,迅速对目标进行识别定位,并将现场画面实时传输到指挥部(见图1-2),为指挥人员决策提供情报依据;无人机搭载非致命性装备,可以对目标进行牵制或直接打击,协助地面警力实施抓捕。

图1-2 搭配红外摄像机的无人机对象群进行监控

(二)设备灵活轻便,不受地形限制

警用无人机具有体积小、质量轻、携带较为方便等特点,设备安装拆卸简单,对突发事件可快速作出反应,满足警察机关在各类现场的使用要求。无人机系统与广泛分布于大街小巷的各种摄像头所组成的"天网"监控系统相比,其优势在于视角的灵活、可移动以及对整体的把握能力高。犯罪嫌疑人为掩人耳目,经常会躲藏在戈壁、沙漠、雨林等地形复杂区域,给处置队伍的抓捕行动带来了极大困难。而无人机的轻型化,适用于随身携带,多旋翼无人机还可实现原地垂直起降,在任何复杂地形和环境下都能灵活行动。基于无人机的制空优势,以及其灵活、机动的特点,无人机在行动中可以摆脱地形条件的限制,让警方先行一步发现犯罪嫌疑人并对其实施精确打击,可以极大地提高抓捕行动的效率。

(三)智能化程度高,操控难度较低

随着材料技术、传感技术及通信技术的发展,无人机机体、动力装置、通信、指挥与控制系统都已经达到了较高水平。无人机装配的GPS定位系统、陀螺仪和红外测距装置可以在执行飞行任务的同时保证自身的飞行安全。如果控制信号被阻断,借助一键返航程序可以保证无人机在失控情况下安全返航。基于先进的飞控系统,无人机飞行稳定性非常高,在飞行时可以根据实际情况对无人机的飞行高度、视角、速度等参数进行调整和优化。无人机已高度智能化,其操控的要求门槛也变得越来越低。对于有些机型,操控人员只需要通过智能手机或智能手表上安装的APP和辅助设备,就可以实现平稳、灵活地飞行。

图1-3所示为搭配摄像、喊话系统的无人机。

图1-3 搭配摄像、喊话系统的无人机

(四)响应迅速,隐蔽性好

警务工作的一个突出特性就是不确定性,这要求相关警力必须能够快速反应、快速处置,抓住稍纵即逝的战机,迅速制胜。警用无人机具备快速展开的能力,可以在数分钟内准备好,迅速升空执行相关任务,第一时间到达现场,在制高点观测事态发展,并且能将现场情况及时反馈给指挥中心,便于指挥中心部署下一步行动。

无论是多旋翼还是固定翼无人机都具有良好的隐蔽性。无人机飞行时的噪声远远小于载人直升机,使得无人机能够以更低的高度飞行而不会对地面人员造成影响,同时光电设备对地面目标的观测精度更高,可用于空中巡逻和对地面车辆进行追踪。某无人机显示画面如图1-4所示。

(五)实时传输,全域覆盖

无人机尺寸小,升空后可以选取最佳的视频采集角度,覆盖每个角落,在发现问题后快速机动到需要的区域上空,将拍摄的视频图像实时传输回指挥中心,指挥中心根据传输回的资料对现场实施掌控,极大地提高了应急处理效率。无人机配置图像采集和传输系统,可实现空中存储和实时回传两种模式:前者通过无人机在空中采集地面场信息,待无人机返航后下载视频进行分析;后者直接通过无线传输装置,把视频数据传输到指挥中心,能够使决策

▶▶▶ 智慧监狱无人机警务

者掌握最新消息,进而作出分析和决策。现有无人机技术通过卫星定位等功能,可以实现无人机在直径 0.5 m 范围内的高精度悬停,可用于对某一特定地域进行稳定观测搜索,也可近距离对建筑内部情况进行摸排。无人机目前飞行速度快,就多旋翼无人机而言,飞行时的速度能达到 30 km/h,在追击人员和车辆的过程中,完全可以胜任图像采集和跟踪工作,更有专门高速无人机,可与普通跑车速度相媲美。一架速度为 100 km/h 的无人机 1 min 便可直线飞行 1.6 km,以半径 1.6 km 在城市地图上画圆,覆盖范围约 8 km²。根据城市的地理情况,只需在城市上空部署数架无人机便可实在 1 min 以内观测到城区任意一点的地面情况。

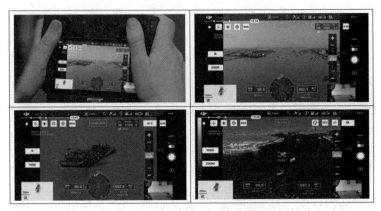

图 1-4 某无人机显示画面

无人机云台相机在拍摄方面具有较高的分辨率,可根据需求搭载高倍变焦镜头,在百米高空处清晰识别人员、车辆的细节特征,为执法警力全面掌控事态提供了条件。与人力实地拍摄相比较,航拍飞行器能够代替民警在危险区域执行任务,代替人力在复杂恶劣的气候条件或在山坡、事故现场中心等区域工作,并能随时起降。而较大的飞行范围使得航拍飞行器在执行任务时能够自由选择最佳的拍摄位置与拍摄角度,全面获取影像信息。搭配 30 倍变焦相机的无人机实物如图 1-5 所示。

图 1-5 搭配 30 倍变焦相机的无人机实物

(六)拓展丰富,全天候飞行

警用无人机可搭载可见光、红外摄像仪等光电设备,满足夜航、大雾天飞行、红外透雾监测等需求,通过终端和网络将监控视频传输至地面指挥中心。无人机工作高度可以保持在200～2 000 m区间内,在一般的自然环境与气象条件下,均可自由飞行,可最大限度地调至适合其特点的速度、高度、航程等。无人机可以非常有效地进入危险地区上空,长时间实施监视与侦察,以获取各种情报信息,并能实时传输目标图像,占据情报信息优势,从而掌握主动权,甚至在极端情况下可以采用自毁的方法来完成攻击或者其他特殊任务。目前无人机技术已经实现防水防雨等功能,并且抗风等级可达到8级左右,能够完成大多数条件下的任务,是现有地面警力的强力补充。目前使用的多旋翼无人机,每块电池能够执行任务的时间为30～55 min,两架同款无人机组成无人机编队,配备足够电池,交替飞行,当一架无人机起飞后到达任务地点执行任务时,另一架无人机做好准备进行交替,在电源充足的情况下可实现全天无间断飞行,保证执行任务时长。

(七)成本较低,安全性高

无人机设计结构简单、尺寸小、质量轻、使用方便、易于操作和维护,它的研制费用、生产成本、维修保障费用和有人驾驶飞机相比要低得多,且可以节省大量的人员培训费用。无人机驾驶员更像是设备操作员,与直升机驾驶员相比,对驾驶员身体素质要求低得多,可以从警察队伍现有人员中进行选拔培训,训练成本费用都很低。另外,其起飞降落对场地的要求很低,不仅省去了建设和租用起降场地的费用,还缩短了反应时间,提高了执法效率,并且不存在警员伤亡和被控制的危险,可以使犯罪嫌疑人产生一种与机器人对抗的无处遁逃的无奈感,从而削弱其侥幸心理和抵抗力。图1-6所示为加装喊话器的大疆Mavic 2行业版无人机。

图1-6 加装喊话器的大疆Mavic 2行业版无人机

无人机平台已经日趋成熟,相关任务载荷也越来越丰富,在执行警务飞行时,除了配备普通的光电探测设备外,还远程喊话器、警笛警灯、探灯、强光炫目装置、催泪弹发射吊舱、烟幕弹、网枪、麻醉发射器、轻型武器吊舱震爆弹等威慑和杀伤载荷。这些挂载装置大大丰富和强化了无人机适应各种环境的能力,使无人机抵达案发地的同时具有一定的犯罪慑阻和打击能力,在与歹徒的暴力对抗或者武力挟持过程中,可以零风险地了解歹徒的整体情况。在一些恶性暴力冲突中,可以直接用无人机进入混乱区域进行监控。使用警用无人机可以极大地减少警员伤亡,还可以帮助警察对犯罪嫌疑人进行抓捕、反袭击、反劫持、处置暴力突发事件以及反恐作战等工作。警用无人机可以直接利用自身的机械性能进行干扰和撞击,或者以自身为武器进行自杀式攻击，还可以利用搭载的武器（例如）催泪瓦斯、辣椒炸弹、闪光弹等进行投掷，如图1-7所示。

图1-7 无人机投掷

第二节 警用无人机的应用

新技术的使用不仅仅是社会生产活动的必然趋势，也是加强警方战斗力的根本保证。近年来，我国司法机构也开始加速普及和装备无人机用于巡视执法和反恐处突，这极大地提升了反应速度和办案效率。维护人民群众的生命财产安全和社会法制与安定，首先就是要对各类案件和突发情况快速作出反应。在地面警力无法迅速抵达的地区，无人机可以快速到达，执行对现场警情的侦察、拍摄、识别、跟踪和一定程度的犯罪慑阻、抓捕任务，同时也能快速到达现场遂行救助任务，比如空投急需的药物和补给、绳索和救生圈等，如图1-8所示。使用无人机不仅可以大幅降低出警成本，而且可以及时扩大范围，执行搜索和侦测任务，避免警力的浪费。比如在建筑或林木密集、夜晚和大雾等可见度低的环境中，可以迅速派出挂载红外探测装置的无人机搜索现场，并对目标持续跟踪监视，引导后续赶来的警员执行任务。

图1-8 无人机运输急救物资

一、在刑侦方面,迅速到达现场,即时获取信息

与地面警力侦察相比,无人机在空中侦察具与生俱来的视野优势:与地面监控的局限性、不方便转向相比,无人机可以快速寻找和锁定嫌犯并且不易跟丢;比起地面监控跟踪需要不停切换监控设备,无人机拍摄的画面可以通过无线电等设备实时跟踪传输,更加方便指挥部署警力围堵追捕。2016 年 8 月 20 日,河北沙河警方应用无人机 RF2000(外挂图像增稳器和 6 台高清摄像机)搜索被盗的 3 辆丰田越野车,起落一次用时约 1 h,在短时间内成功找到被盗车辆,挽回经济损失 217 万元,赢得了群众的称赞。

无人机航拍由于其飞行优势,相较于传统车或人力等地面方式,可更为迅速地到达事发现场,且到达现场的过程中,可以避免如交通拥堵、道路因意外情况中断等。图 1-9 所示为无人机自动起降平台在高速公路巡查中的应用。

图 1-9 无人机自动起降平台

此外,无人机可以迅速地到达现场以获取即时信息,对于警务活动中的先行信息获取、现场状况评估乃至后续行动的策略采取等方面都有着积极的作用。无人机可最大限度地不受地形、障碍物和交通拥挤等情况的制约,可在第一时间到达任务现场,对不同目标实施跟踪,其机动灵活的优势十分明显。比如,无人机采集的现场数据可实时传至指挥中心,为正确判断事件发展态势,以及作出决策提供及时、有效的信息。又如,大疆系列无人机,从准备调试到起飞执行任务最慢需要 10 min;可以通过平时的多点数据采集,更有效地对地理环境信息进行记忆,以便到达任务点后更快地执行任务;通过先前调试准备以及地理信息的存储,最快可在 5 min 内起飞。

二、在交通管理方面,提供巡航路段车流量图像

无人机不仅可以及时为交管部门提供巡航路段车流量图像,为交管部门疏导车流提供重要信息,保障交通畅通,而且可以迅速抵达交通事故现场,精确记录事故现场状态并绘制现场模拟图像,记录人员受伤情况,收集车辆和道路设施损失状况并记录在案。另外,无人机还可以停留在事故道路处,挂载合适配件充当"空中电子交警",疏散交通事故周围车辆和人群,疏导车辆分流,保持事故道路及周边路段畅通。2016 年 5—12 月,陕西西安警方出动 3 台小型无人机,组成 3 个小分队,分别在早、中、晚高峰时段对全市易发生拥堵的 68 个十字路口路段进行长达 8 个月的空中侦察,对不同季节,学生上学与放假的不同时间段,各

▶▶▶ **智慧监狱无人机警务**

个路口拥堵情况进行全方位、多角度的视频拍摄,建立动态视频大数据库,供交通专家分析研究。交通三维建模如图 1-10 所示。整个任务历时 8 个月,共飞行 200 h 37 min,拍摄原始视频 1.3 TB,完整记录了各个拥堵路段的情况。由于无人机在相对高度为 50～100 m 的空中利用高清摄像头拍摄的视频是对畅通到拥堵的全过程全角度的真实记录,比安装在十字路口上的低空固定摄像头更全面、直观,使专家对拥堵原因的分析更透彻,深受交管部门的认可。西安市交通管理局经过对航拍的 68 个十字路口 1.3 TB 的原始素材进行长时间的分析研究之后,结合辖区实际情况,与责任区交警大队共同找出了西安交通拥堵的原因共 15 项,"开出"每个路口缓堵保畅的精准"治疗药方"21 个。经过近半年的努力,收到了意想不到的效果:在每天新增数百辆机动车的情况下,高峰时段拥堵事件明显减少,拥堵时间大幅缩短,群众满意度上升了约 40%。

图 1-10 交通三维建模

三、在大型安保行动中,能够有效规避障碍物

在大型安保行动、大型集会等场合,地面工作效率低,需要大量警力资源配合,且容易因人工检测疏忽、地形复杂、道路网复杂而受到限制。小型警用无人机在城市安保活动中能够有效规避障碍物。无人机大部分使用电力系统驱动,发动机产生的噪声小,不影响活动正常进行。图 1-11 所示为大疆经纬 M300 RTK 无人机。第 35 届中国洛阳牡丹文化节,累计接待游客约 1 700 万人次。为有效应对复杂安保形势带来的众多挑战,洛阳警方提前着手准备,在牡丹文化节开幕前即开展工作,出动警用无人机飞行 50 多架次,航拍照片 2 000 多张,在市区内各大景点(包括牡丹观赏园区)和重点路段进行航拍,通过后期合成全景和景区摄影图像 16 张,并以防水布彩色打印出成套的"安保专用航拍图"交给主要领导、安保指挥部及一线实战单位,为部署安保任务、指挥决策和现场处置工作提供全新的空中视角。牡丹文化节期间举办了开幕式和多场大型演唱会,洛阳警方首次携带无人机参加各项安保行动,向地面移动控制中心、现场指挥部提供实时的空中图像传输。在安保行动中,警用无人机随时待命准备升空,对安保现场周边的道路通行情况、现场入口人流情况进行实时监控、实时传输,成为洛阳警方一支至关重要的新生安保力量。

第一章　警用无人机概述

图 1-11　大疆经纬 M300 RTK 无人机

四、在突发性、群体性事件中,辅助有关部门进行现场处理

在突发事件中,民警操纵无人机从空中掌控全局,将现场实时情况、数据和事件相关情报及时传递给指挥中心;指挥中心统一进行应急处置,调度人员进行救援、增援行动,辅助有关部门进行现场处理,并且及时向上级部门汇报事件发展态势和实时处理进展。2006 年 5 月 9 日,某地检查站一辆警车被村民阻拦并掀翻在村道,现场有大量村民围堵,声称不给个说法就不能把车拖走。事件发生后,公安领导决定派遣情报大队无人机中队赴事发现场周边开展超视距侦察。接到指令后,无人机中队民警携带装备到达距离事件现场 5 km 以外的一处制高点,以不惊扰村民的方式通过机载 10 倍变焦摄像头开展高空侦查,并将实时画面传回地面站,供领导指挥决策。图 1-12 为无人机搭载红外摄像机拍摄的图片。通过超视距侦察,在不惊扰事发现场群众的条件下获得现场图像信息,掌握了事发地点集结村民人数、位置,道路交通情况等,为作出决策提供了有效保障,达到了减少损失、缩短时间的效果。

图 1-12　无人机搭载红外摄像机拍摄的图片

五、适应恶劣现场,降低伤亡风险

航拍飞行器质量轻、尺寸小,在提高其机动性的同时,也赋予了航拍飞行器对工作环境极强的适应能力。方便简单的起降条件、能适应相对恶劣的天气环境以及较为合理的电源燃料的使用,使得航拍飞行器在对各类警务活动进行前期的现场勘查或是在混乱的案发现场进行探查的过程当中可以比人力手动勘查更为安全,充分降低了在警务活动中突发事件

▶▶▶ **智慧监狱无人机警务**

造成警务人员伤亡的风险。更重要的是,在一些危险的灾难现场,直接用警用无人机进行空中监控,可以避免救援人员伤亡。在一些救援人员无法快速到达的救援现场,如悬崖、涨水的河滩、着火的高楼等,警用无人机可以快速部署,快速实施救援,争取宝贵的救援时间,比如,可以投递救生衣(见图1-13)保证救援人员安全。在一些大规模的事故或人员聚集现场,警用无人机可以高空监控人员部署情况,比如,可以提供照明(见图1-14),为指挥人员提供实时、有效的决策信息。在一些重大灾难或恐怖袭击处理现场,警用无人机可以携带生命探测仪、热源探测仪等仪器,从空中对现场进行快速探测处理,为救援赢得宝贵时间,为受救者提供更大的生存可能。对于火灾现场,警用无人机可在空中进行火场监控(见图1-15),更容易监控新发火点和复燃火点,为现场指挥员快速提供信息。

图1-13 无人机投递救生衣

图1-14 无人机照明

图1-15 消防侦查无人机

第三节　警用无人机的发展现状及存在的问题

从使用情况看,警用无人机在安全保卫、交通管制、应急处突、边防缉私、抢险救灾、巡逻防范等方面皆有应用,但从实际建设和使用情况看,还存在一些不合理、不规范的情况,"不敢用、不能用、不会用"的问题突出。

一、警用无人机的发展现状

当前,警用无人机的应用存在理论认识不到位的问题。无人机作为一项新兴事物,政法机关接受程度不高、使用尚未普及、警务飞行操控人才匮乏、缺少系统的人员培训机制、缺少系统管理制度等问题,制约了无人机警务应用。同时无人机作为使用设备,在使用过程中,操作人员技术熟练程度不够,容易导致无人机摔落损坏,维护成本问题也需要解决。

从无人机技术发展的角度来看,我国研制使用无人机的时间已有60多年,无人机研究在机体设计、飞行控制、综合导航、图像传输等方面积累了丰富的经验,具备丰富的技术储备和扎实的技术基础。最近几年来,无人机技术发展迅猛,新型军用、民用无人机装备相继研制成功,无人机技术由单一的军用逐渐转为军用民用共同发展,并且逐步打开了国际市场。2015年的统计结果显示,我国警用航空机队任务覆盖面尚不足10%,但是到2016年底,全国已有近30个省、自治区、直辖市的政法机关,147个实战单位,配备了近800架(套)警用无人机,并且各地政法机关仍然在大力发展警用航空力量。省级政法机关至基层政法机关,都分别组建了警用航空机队。图1-16所示为警用无人机配合抓捕行动。

图1-16　警用无人机配合抓捕行动

▶▶▶ **智慧监狱无人机警务**

目前,我国警务工作中使用的大多是微型多旋翼无人机,少数公安机关配备了固定翼无人机及油动直升机。警用无人机的价值能否体现,关键看拿它来干什么。总体来讲,无人机的作用主要体现在三个方面。

(1)利用其自身视频监控、无线图传的能力,将其作为空中的机动监控平台,服务于安保警卫、应急处突、交通管理等任务,辅助指挥调度。这是无人机最基本的功能,也是最核心的价值。其中的关键在于视频图像指挥调度系统的搭车并网。

(2)利用其机动飞行能力、任务挂载能力,将其作为特定案件侦查工具、特殊任务空中载体,服务于侦查破案、抢险救援等工作需要。这是警用无人机的特殊战术价值,要在合适的任务中才能发挥应有的作用。

(3)利用其作为空中信息采集平台,进行空中摄影测量,获取空间地理信息,为各项业务提供信息支持。这是警用无人机的高阶应用模式,其提供了三维全景影像(见图1-17),可精确测量地理数据以及进行空间分析、视域分析等,对于提升警务工作的科学性、准确性有着重要价值。

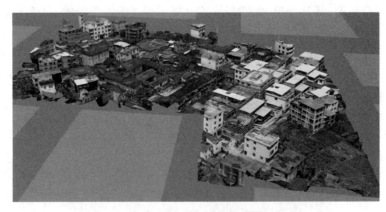

图1-17 无人机三维建模

二、警用无人机存在的问题

(1)大多消费级无人机,存在采购成本高的问题。国内警方对警用无人机的需求正逐步释放,市场潜力巨大,企业及经销商纷纷抢占警用无人机市场。一台无人机售价动辄几十万元,同时,除了无人机自身的费用,还需要考虑无线通信模块的性能级别,电池的容量,显示设备、地面控制设备、备用耗材和其他辅助设备的费用,其追加投入可能接近无人机自身的费用。另外,整机装备费用也较高。一般专业装备包括两架无人机(一主一备)、一套地面站接收和控制系统(实现航线设定、超视距控制、图像接收和输入)、一套自动跟踪定向系统。对于我国无人机的警务应用,大部分省级政法机关所使用的无人机为消费级无人机。例如,大疆无人机是使用最多的消费级无人机,图1-18为大疆"精灵4"无人机。在警务实战中应用的无人机只是加装不同模块以满足警务工作需要,没有专门为警务应用开发的无人机。

(2)警用无人机尚无明确的行业技术标准。各地政法机关装配的无人机大都是消费级无人机,并且型号纷繁复杂。目前,没有明确的警用无人机技术标准,给警用无人机的深入应用以及规范化管理带来了安全隐患。

图 1-18 大疆"精灵 4"无人机

（3）无人机类型较为单一，存在选型不合理的问题。无人机作为一种空中飞行设备，不可避免地受到空气动力因素的制约，这就导致不同类型、不同大小的无人机都有着各自不同的特点。例如：多旋翼无人机（见图 1-19）起降简便、灵活性强，但速度慢、续航时间短、覆盖面小；固定翼无人机覆盖面大、作业距离远，但起降困难、城市环境下不易使用。即便新上市的新型垂直起降固定翼无人机，也仅解决了固定翼的起降问题，其根本上还是固定翼无人机。此外，对于无人机的选择，还包括机型大小、结构方式、任务对象等因素。因此，选购真正适合本部门、本警种业务需要的无人机至关重要。受知识储备不足的限制，很多基层政法机关并不真正了解警用无人机行业的发展，选择无人机时容易受到干扰，经常出现采购已经落伍的无人机设备、同一型号无人机一次采购多架、误以为采购机型越大越好等问题，不仅造成资金的浪费，实战效能更无从谈起。

图 1-19 多旋翼无人机

事实上，政法机关建设以无人机为主体的新型警航力量，必须要有统筹规划、任务分工，

▶▶▶ **智慧监狱无人机警务**

不仅配备的机型应该针对自身业务,对不同任务需要的机型进行搭配,而且对不同部门、不同警种配备警用无人机时要有清晰的定位——究竟是具体的业务用途,还是宏观的战略用途。也就是说,基层警队配备适合自身工作的机型即可,而作为市、县政法机关则应当考虑建设一支机型较全、能力较强的战略机动队,以满足重大任务的需要。我国无人机警务应用领域多使用以大疆"精灵"系列为代表的多旋翼无人机,此种无人机技术逐步成熟,噪声小,安全可靠,应用拓多,深受各地公安机关喜爱。少数部门使用类似直升机的无人机,如图1-20所示,大多公安机关没有使用固定翼无人机。

图1-20 无人直升机

(4)无人机在警务应用中愈发广泛,但存在应用不系统的问题。相当一部分政法机关对于无人机的认识停留在它是一种特种警用装备上,而缺少系统化应用的概念,应用的仅仅是"单机版"的无人机,而没有注意到其一旦与指挥调度信息平台互联互通,将具有战略性的价值。这使得无人机在实战中发挥的充其量是航拍器、抛投、喊话器的作用,只能应用在一些特定的战术领域,而其本身对于提升政法机关现场态势感知能力的战略核心价值反倒被埋没了。这种应用上的本末倒置是对无人机资源的极大浪费。随着无人机发动机、电池等技术的发展,无人可挂载部分越来越丰富,随之匹配的软件系统也越发完善,应用也越来越广泛。无人机从原来的单一的录像取证设备,逐渐演变到应用于现场快速侦查、应急救援、视距外侦查、跟踪移动目标、制作现场全景图等应用,并且发展出具有特色的功能。但各无人机相互间还没有交流的平台,没能形成规范的战法。

(5)警用无人机地域发展不均衡,存在升级换代难的问题。在警务实战中,硬件性能问题比较突出。首先,无人机的抗风性和抗摔性以及电池续航时间还相对薄弱,抗风性一般最大不超过5级风,续航时间一般为20~40 min,远远不能满足警务实战需求。续航时间还不能满足实战需要,除了固定翼无人机和部分专业级的旋翼无人机可达到1 h或以上,市场上旋翼无人机载荷续航时间普遍偏短。其次,对天气状况要求较高,一般消费级无人机超过3级风就无法满足安全起飞和降落条件,雨天更是不能飞行。专业级的无人机可在6级风的条件下飞行,但无法在超过6级风的条件下飞行,在中雨或大雨天气下无法飞行。最后,无人机一般只能在可视范围飞行,拍摄的实时图像,从无人机到地面接收站或飞控遥控终端都是通过微波传输(微波传输的图像清晰度和稳定性较好)的,由于微波的绕射性差,一旦无人机和飞控直线视距之间有建筑物遮挡,实时传输的图像质量会变差甚至完全中断传输。当前小型、微型无人机技术虽然整体上达到了一定水平,但核心技术的快速更新换代,周边技术的吸纳和延伸,以及军用转民用技术的逐步推进,都使得无人机更新换代很快。图1-21所示为警方使用无人机喊话进行中短距片区巡查。

图1-21 无人机喊话

除了航空技术本身发展较快以外,信息不对称,对老旧平台认识不到位,都会影响已有无人机的技术升级,如不及时进行跟进升级,便会迅速落后,个别甚至出现"大投入采购旧技术"的现象。山东省、江苏省等地经济发展较快,政法机关不光重视无人机的警务应用,也抱着积极探索的精神将无人机应用于实战。因此这些地方的公安机关一般都拥有几架不同型号的无人机以满足不同的警务任务需求。

(6)部分警察类院校正积极开设无人机课程(图1-22为课程中的无人机起飞前检查环节),但没有学科支撑,缺少专业基础,存在力量建设不系统的问题。无人机的实战应用,不单是采购了昂贵的无人机就能完成的,操作人员技术的好坏、维护保养是否到位、辅助设备是否齐备、任务制定是否科学等,都决定了警用无人机"能不能用""好不好用"。

图1-22 无人机起飞前检查

这一问题,实际上并不为各级领导所真正了解,不少地方存在"买了无人机就是万能的"的认识,并没有在专业队伍建设、规划管理使用、强化飞行培训、开展合作作战等方面下功夫,操作无人机的人员仅仅定位于飞手的层面,没有打造专业的团队来使用、管理、研究无人机,很多基层指挥员不了解无人机,更不会在实战中应用无人机,导致大量重金采购回来的无人机处于闲置状态。而实际上,警用无人机实效的发挥要靠完善的无人机体系来支撑,包括科学的机型配备、精干的飞行团队、规范的管理维护、合理的任务分工、科学的技战用法等方面,只有具备这些因素,才能保证无人机能够可用、好用、管用。警察类院校正逐步加强对这一新兴技术的研究,有的院校已开设或准备开设警用无人机课程,并积极与企业合作,使技术研究与实战应用更好地融合。警察类院校将不断给各地政法机关输送专业性无人机人才,壮大地方警用力量,使警用无人机更好地服务于实战。

第四节 警用无人机的发展前景

目前,警用无人机一般只能挂载某一功能设备,但是在实际应用中,我们需要多用途的无人机。为了提高警用无人机综合应用能力,同时兼顾预警、侦查、打击等用途,适应实际应用的需求,可在同一平台上安装多功能的模块,降低无人机的成本,实现一机多用,提高工作效率。

技术进步是无人机发展的基石,技术在不断革新,无人机技术也在不断完善:一是提高动力技术。动力技术直接关系到无人机的发展,电力驱动警用多旋翼无人机的续航时间、航程、负载能力都得到了提高,可执行的任务将更加多元化。二是提高传输系统融合。警用无人机图像传输系统与警用无线移动视频系统或4G网络融合,能够实现无人机视频传输与警用视频系统连接,实现实战指挥的统一和便捷。三是深入开发软件。无人机所配备的软件关系到无人机工作效率,随着当前信息技术的发展,要采取措施开发适合警务工作的无人机软件技术,不断提高无人机自动识别、跟踪目标和快速反应等能力。四是警用无人机全集成化应急系统。其中包括搭载无人机专用警车、无人侦察机、无人地面站监控台,以及无人机专用通信设备,全部设备集成到一辆警车中,随时应对突发警情,如图1-23所示。

图1-23 无人机预警指挥车

总而言之,未来的警务工作中,无人机的加入不仅能为我们配备"天眼"功能,更是我们的亲密战友和得力助手,科技日新月异的发展,将会使无人机更好地融入警务工作中。随着技术的普及,无人机在警用领域的应用已成为未来发展的必然趋势。综合运用有线、无线、卫星、网络、视频等信息技术建设空地一体的应急通信指挥体系为指挥决策服务,发挥各类通信保障手段,特别是图像信息在处置现场的客观性和实时性优势,确保随时联通,将成为科技强警的必由之路。

要想使无人机发挥其价值,就必须把无人机作为一个综合系统来理解和使用。数架无人机、地面站、各种任务吊舱载荷、数据链路、发射回收装置五个部分组成一套完整的无人机系统。无人机的控制稳定性和飞行可靠性、发射和回收的安全与灵活性以及有效载荷,都关系到任务的顺利进行,在获得可靠的硬件支持后,怎样把单独的无人机系统获取的信息融入整个警用地理信息系统,是一个更加值得研究的方向。警用地理信息系统推动着政法机关执法服务的信息化,极大地提升了警察出警和破案的效率。如果把无人机空中实时采集的信息数据链接融入警用地理信息系统,那么大部分地区的政法机关都能获得更透明的三维信息,在侦查、追捕嫌犯和救助群众的过程中,反应更加迅速。目前,无人机平台已经日趋成熟,而相关任务载荷也越来越丰富。在执行警务支援任务的时候,除了普通的光电探测设备,还有远程喊话器、警笛警灯、探照灯、强光炫目装置、催泪弹发射吊舱、烟幕弹、网枪麻醉发射器、轻型武器吊舱、震爆弹等威慑和杀伤载荷。这些挂载装置大大强化了无人机适应各种警情环境的能力,使无人机在先抵达案发地的同时,也具有一定的震慑和打击能力。

一、广泛应用于警务工作

尽管当前警用无人机装备体系尚不健全、建设欠缺规范、技术仍有不足,但它在警务工作中的广泛应用是大势所趋。这个过程正在经历四个转变。

(1)从"个别化"向"规模化"应用的转变。不久前,无人机还是作为一种"高科技"产品出现的,为少数公安机关所采用,在警务工作中的应用是一种"创新"的体现。如今,无人机已经进入广大基层警队的视线,应用的门槛越来越低,越来越发挥着对基础业务的支撑和推动作用,这一转变是警用无人机未来持续发展的坚实基础。

(2)从"单一型"向"复合型"的转变。没有哪一种无人机机型是真正万能的。现在,越来越多的基层警队管理者已经认识到了这一点,对于引进无人机也不再满足于"有"的层面,而是更多地从"用"的角度考虑,构建自己的机型搭配,以满足不同任务的需要。这些有益的尝试,有力地推动了警用无人机装备体系的完善。

(3)从"表层化"向"深层化"应用的转变。从开始对无人机不了解,到基层智慧不断释放、各种应用模式层出不穷,警用无人机的使用正在从基础的视频图像传输、简单的机械挂载等浅层次应用,向针对特定业务的定制化应用及智能侦测、智能传感等深层次应用拓展。这种来自基层的"首创"精神,是警用无人机"脱胎"于民用无人机真正走向警用的内在动力。

(4)从"无序型"向"有序型"应用的转变。长期以来,警用无人机的应用缺乏有效的上层指导,各地普遍存在选购盲目、管理混乱、训练不足、方向不明等突出问题,造成了一定程度的资源浪费,距离全面形成警用无人机的战斗力尚需时日。

目前无人机警用研究已经初见成果,在无人机下方悬挂撒网器可对地面人员实施定点

▶▶▶ **智慧监狱无人机警务**

抓捕;悬挂强光手电可对黑夜巡逻中的不明地点进行强光照射排查;在飞机下悬挂打开装置并连接警用喷剂,可在发生大范围群体性事件时进行喷洒,控制现场情况(图1-24为无人机参与反恐维稳,图1-25为无人机加装催泪弹投放设备);飞机下方还可悬挂机械臂,对重点危险物品进行抓取和运输等;对于无人机全景图像制作,可将该功能应用于日常的警务活动的案件布控、安防警卫、路障布放等工作。无人机真正投入警务实战应用时,挑战与机遇是共存的,还有诸多的实际问题需要我们在实际运用中去解决,同样也有诸多我们所想不到的用途等待我们挖掘。

图1-24 无人机参与反恐维稳

图1-25 无人机加装催泪弹投放设备

二、大量使用新技术、新材料

警用无人机作为一种空中的警务信息和任务载体,其效能的优化主要在两个方面:一是无人机平台自身的性能;二是平台的任务承载能力。平台自身性能的优化,主要体现在"一增一减"上,"增"的是续航能力,"减"的是质量、体积。电力推进方式使用简便、易于维护、安全可靠,是警用无人机发展的趋势,但同时也是制约无人机应用的瓶颈,更是警用多旋翼无人机实战效果的最大短板,这主要受制于电池行业的整体发展和无人机自身的飞行原理。如何增强警用无人机的续航能力,相关企业和一些政法机关做了很多尝试,但目前尚未有可以产业化应用的电池解决方案,今后相当一段时间里这一问题都将存在。与增加供电相对应的是减少质量和体积。警用无人机不应满足于一般民用无人机的性能,而应当在更轻便、更快速、更牢固、更持续上做得更好。除了优化结构布局、减少冗余质量以外,新型复合材料的应用也很关键。比如碳纤维一体成型的机体(见图1-26)不仅比注塑机体更加轻量

图1-26 碳纤维可折叠无人机机体

化,而且有更大的强度,能够对内部电子设备提供更为可靠的保护,而不至于在事故中"一损俱损";而固定翼无人机由于受空中气流影响更大,各个部位对强度的要求不一而足,因而使用复合材料根据气动布局"弹性剪裁",无疑是减小质量、增加强度、扩展任务空间更好的选择。任务承载能力的优化,主要体现在"一硬一软"上,"硬"指的是通用挂载能力,"软"指的是信息传输及远端运算能力。警用无人机与采集、机械、传感、电子设备等在"硬件"上的结合应用,是当前无人机企业的主要发力点。从市场情况看,警用无人机越来越多地采取"模块化"的设计理念,摄像装置从常规摄像机到红外热成像仪、多光谱相机等可以并行替换,挂载装置从简单的抛投、照明、喊话等向实时传感、电子对抗等方向发展,充分体现了"无人机+"的理念。另外,警用无人机作为空中信息采集传输终端,尽管工业和信息化部为警用无人机专门划分了通信频段,但相关通信技术仍然滞后,绝大多数警用无人机仍采用民用频段的通信设备,在数据传输的安全保密性、抗干能力等方面明显不足,与远端智能识别、智能侦控、智能分析等软件系统的信息交互、结合应用还有待于进一步开发。

三、深度挖掘空间地理信息的价值

利用航空摄影测量和三维建模技术,建立三维数字城市模型,将空间地理信息与警务信息交互融合,构建三维警用地理信息平台,是"智慧警务"的重要发展方向。以往,航空摄影测量工作依靠专业测绘机构来完成,高昂的费用阻碍了基层警队对三维空间地理信息的警务应用。随着警用无人机装备的普及,航空摄影测量技术及建模软件使用门槛的降低,航空摄影测量完全可以为政法机关所掌握,服务于各项警务工作。警方利用无人机对重点安保目标、大型活动举办区域进行航测建模,制定"数字化"的安保、处突方案预案;在一些涉暴、涉毒案件中,对特定区域进行高空摄影测量,获取高精度正射影像及三维模型,配合案件侦办、现场抓捕等工作的开展。一些地方的政法机关也在抢险救灾、视频侦查等工作中应警用无人机进行航空摄影测量,取得了很好的效果。这些都是有益的尝试,但应用程度还远远不够,很多深层次的价值还有待发掘。例如,将警用无人获取的三维地理信息与警情、户籍、监控、交通等信息相关联,建立三维警用地理信息系统(3D Geographic Information System,3D GIS),进行人员、空间、监控等信息的综合关联查询,行业、场所、建筑的立体管控、火灾

防控、安保、警卫、反恐等工作中的空间和区域分析,城市交通立体规划及应急管理等,从而使警务活动与空间信息更好地融为一体。尽管航空摄影测量技术还不为政法机关所普遍了解,大范围采集、系统化应用的软硬件门槛还很高,行业和警种间的信息壁垒还很顽固,真正信息融合、全警共享、专业应用的 3D GIS 的建立还需时日,但是无人机在采集空间地理信息方面的作用正越来越为各地公安机关所重视,成为警用无人机技术发展和应用价值新的增长点.无人机对村庄进行建模如图 1-27 所示。

图 1-27　无人机对村庄进行建模

四、无人机在警务实战中广泛应用的市场前景

警用无人机在我国警务执法和社会管理服务领域具有极大的应用价值。根据无人机的特点,结合具体的警务工作实际情况,警用无人机应用于空中侦查、消防救援、抢险救灾、交通管理等方面无疑是一种趋势,有着巨大的市场前景。从技术层面看,我国研制无人机已有 60 多年的历史,无人机研究在总体设计、飞行控制、组合导航、传感器技术、图像传输等领域积累了一定经验,具备一定技术基础。

从应用领域看,无人机应用于警务工作中,已经取得了不俗的实战效果。未来,无人机将广泛应用于公安、武警、消防、交通、海洋执法等各个领域。无人机"查得准、盯得住、传得快"的优势,无疑是政法机关在信息化条件下,完成打击犯罪、维护稳定、服务人民等警务工作的撒手锏。无人机在技术越来越成熟的今天,如何更深入地应用于警务工作的各个领域,除了无人机设备本身,更关键在于结合各警种本身业务深度探究、并制定无人机警务实战应用解决方案,开发配套软件、应用系统。随着现代科学技术的飞速发展和公安信息化的深度应用,警务工作效能得到了提升。

在社会治安防控体系中,空地联勤的立体化巡逻防控机制是未来警务发展的趋势。对案件和事故的及时发现、对警力和警务的精确制导、对现场态势的实时监控、对证据固定和事态回放的独特视角、对技术侦查和网络侦控的信号捕获,无人机都是重要的辅助手段。

在诸如容易发生踩踏事件的群体活动现场、人流密集的公共场所、突发案件的控制区域等地,无人机发挥的作用必将无可替代。警用无人机的普及,能以极低的采购维护成本换来出警率和服务能力的提升,使大部分地区的政法机关都能在有限预算内建立起从二维平面到三维立体管控,并且将警用无人机系统融入信息化的指挥决策体系,构筑包括动态数据信息要素的实时可视化信息、智能扫描分析的指挥决策平台,打造更加透明的出警环境,使处置现场案件时更易切中要害,避免浪费宝贵的警力。随着无人机自动化和智能化的发展,操控无人机执行任务将更加简单。风雨无阻地保持全天候的管控力和服务能力,是各地政法机关都梦寐以求的目标,新技术的使用使这一切成为可能。作为高技术武器装备之一的无人机,正在朝着信息化、精确化、科技化发展。随着电子技术的发展,无人机性能得到了迅速的提升,在警用领域发挥着重大的作用。

警用装备技术的发展源于实战,服务于实战,只有在警务工作中广泛应用才能获得持续的生命力。随着公安信息化的深度应用,警用无人机已越来越多地参与到警务实战工作中,无人机可搭载相机、摄像机、红外热像仪、扩音器、催泪弹等装备,具有拍照录像、变焦锁定、4G无线实时图像回传、悬停巡航、定点监控等功能,已在执法执勤、反恐防暴、应急救援等警务任务中发挥出巨大的作用。未来的警用无人机必然能自主飞行,遇到危险时能自主作出反

图 1-28 无人机辅助执法

应,能够按照指令自主飞行或者到达某一指定位置完成某任务,可以同时控制多架无人机完成相同或者不同的任务,也将实现警用无人机之间的互联互通,无人机与其他电子设备之间可协同作业,警用无人机智能化会达到很高的水平。无人机运用于警务工作领域势在必行,将无人机技术与警务工作有机结合,必将在警务工作领域开辟出一片新天地。无人机辅助执法如图 1-28 所示。

第二章 无人机警务实战机制

第一节 无人机警务管理机制

我国的警用航空队发展到现在已经拥有了无人机系统,不再是直升机一统天下。警用无人机作为警用航空装备,陆续出现固定翼无人机、多旋翼无人机等。据悉,深圳、惠州、昆明、武汉、温州、潍坊、齐齐哈尔、襄阳、喀什等20余个城市政法机关使用专业无人机执行勤务。图2-1为威海飞鲨警航队。

图2-1 威海飞鲨警航队

政法机关是特殊的政府机关,执行的任务很多具有隐蔽性,保密要求极高,任务内容不能随意泄露。比如,在利用无人机执行任务时,数据、通信传输必须数据链化,才能保证内容的安全。因此无人机的应用必须引起各级政法机关领导的高度重视,政法机关内部应该建立专业团队(警用航空队),对警用航空队必须实行规范化管理。

一、必须引起重视

警用航空队可服务于政法机关各警种业务部门,由于每一警种需要采集的信息和警务任务需求都有所不同,因此需要采用不同类型和不同大小的无人机搭配使用才能达到其综合应用的效果。

第二章 无人机警务实战机制

一要重视无人机与政法机关业务的对接。目前绝大部分无人机仅作为单一的警用工具,功能有限,且孤立于成熟的警用业务系统之外,无法与警用业务系统形成有机统一的综合系统。因此,警用无人机须搭载可以和警用业务系统对接的应用模块和接口。通过深入分析无人机系统技术发展现状,并结合具体的警务工作实际需要,发现警用无人机与空中侦查、夜间搜寻(见图2-2)、抢险救灾、交通管理等警用业务系统有着深度的应用空间,两者的深度融合无疑是一种发展趋势。二要重视警用航空队和无人机的结合。警用无人机是一项高投入、高科技、高效能的警务装备,必须严格按照科学的方式方法来运行维护。应当将无人机建设项目纳入城市智能管理系统总规划,警用航空队应当严格把关、择优选拔、高标准建立,实战应用工作应当纳入年度重点工作。

图2-2 搭载强光照明的夜间搜寻无人机

二、必须建立专业团队

目前,警用无人机一般还处于以航拍为主的初级阶段,应用形式和应用场景非常简单。我们需要的警用无人机,应通过搭载不同的任务载荷,具备编队作战能力,适应复杂条件下的作战任务需要;不仅要能开展空中隐蔽侦查,还要能开展反恐处突、森林防火、应急防空、禁种铲毒、大型活动安保、群体性事件处置等多种任务。

(1)组建警用航空队这样的飞行队伍。警用无人机建设是一项系统工程,要充分发挥无人机在警务活动中的功能优势,就要建立一支思想统一、分工明确、相互配合、技术精湛的无人机专业飞行队伍,为无人机的发展与应用奠定坚实的基础。组建一支以警务实战应用为目标的无人机飞行队,提升警务科技装备水平,满足新形势下警务工作的实际需要,提高警务服务质量和能力。人员配备按照一专多能、一人多机的原则开展,要求操作人员政治立场坚定、性格稳重、胆大心细、思维敏捷,具有一定侦查意识和较强的动手能力(图2-3所示为警用无人机培训现场照片)。形成一体化的无人机管理、运行与维护体系,最大限度地发挥无人机飞行队在警务工作中的实战效果。政法机关配备无人机,组建警务无人机队伍,无疑是警用装备现代化的一次突破,能够有效增强政法机关应对新形势下各类风险挑战的能力。

无人机操控实战应用是一项专业性很强的工作,需要专业民警熟练掌握、默契配合、经验丰富,才能较好地完成警务实战任务,同时这也是对警察队伍管理和队伍素养提出的更高要求。警用航空队这样的无人机飞行队的组建,可以按照分步实施、逐步应用的原则分为三个阶段:第一阶段,完成无人机飞行队的机构组建,装备满足基础任务需求的无人机和对应的机载任务器材,开展人员培训,形成初步应用战力,满足常见任务的应用需求;第二阶段,进一步装备先进的无人机和机载任务器材,培训、选拔优秀的无人机飞手和运维人员,建立起无人机飞行的运维管理体系;第三阶段,深入总结和发掘无人机应用的经验、方法和数据,部署警用无人机运维体系管理平台,开展民用无人机的地方性管理与体系研究。

图2-3 警用无人机培训

(2)掌握实战技能。民警不仅要能熟练驾驶无人机,掌握无线电通信、设备维护保养、故障发现和排除等知识,还要熟悉信息化作战所需要的技能。从事警务无人机飞行的每个民警都应当经过严格培训,拥有专业主管部门颁发的操作资格证书,必须保证队伍和各岗位民警的稳定性,走职业化、科学化道路,为快速反应、高质量完成任务以及飞行安全提供根本保证。

(3)进行资源配置。无人机飞行队的配置为星形结构,以省市一级政法机关为中心,配置主要装备和人员,对于有常用需求的专业警种和基层,可配置基础装备和指定负责人员,飞行队负责整体协调(对口单位联络、设备管理、设备维护与维修、人员培训等)。基层人员负责自身设备的日常使用和维护,基层组织无法达成任务需求的,由飞行队派出人员和装备进行支持。在特殊空域及执行特殊任务飞行时,由飞行队与对口部门单位进行沟通、报备,获取飞行权限。

三、必须规范化管理

为了满足综合应用和多功能任务的要求,无人机飞行队应包含多种飞行器类型,并且大小型组合使用。相应的机载任务器材,其质量、体积、效能也各不相同。对于同样类型的任务,根据无人机的型号,要匹配对应型号的机载任务器材。

飞行队的功能主要有以下几个方面:

(1)视频采集。对现场影像进行实时采集、远程回放,应用于现场侦查、取证等任务中。

(2)空中照明。为夜间地面行动、夜间搜救等提供空中支持,满足全天候应用的任务要求。

(3)空中广播。广播实时语音或播放录音资料,应用在抓捕、安保等任务中。图2-4所示为使用警用无人机进行空中广播。

图2-4 使用警用无人机进行空中广播

(4)空中监听。定向监听及进行区域范围内声音的拾取,应用于侦查、取证、安保等任务中。

(5)空中投送。快速投送医疗、救援等轻型物资,应用于消防、救援、安保等任务中。

(6)物品转移。快速转移疑似爆炸品、危化品等轻型物资,应用于反恐、安保等任务中。

(7)通信保障。扩大我方通信覆盖范围或者屏蔽对方通信信号,应用于反恐、抓捕等任务,如图2-5所示。

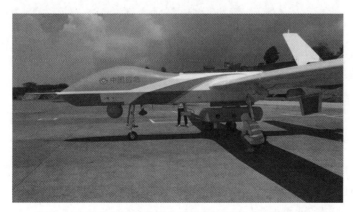

图2-5 挂载通信中继任务吊舱的大型无人机"翼龙-2"

(8)物理拦截。发现、跟随、驱离或捕获小型飞行器,应用于安保、反恐等任务中。

(9)热成像检测。检测、分析人体或者物体的热源成像,应用于野外抓捕、侦查等任务中。

（10）其他组合功能。如与技侦配合，完成高空数据获取与精准定位，应用于野外及山区搜捕中。

（11）无人机反制。使用无人机自动侦测防御打击系统来保证特定区域空域安全，或配合使用单兵侦测系统和信号枪，机动反制禁飞区域的无人机迫降或返回。

更多功能以及功能的组合和变形，应根据无人机技术和业务的发展逐步配置，同时在无人机的应用和方法上进行创新。

警用无人机属于专业级无人驾驶航器，它在续航时间、载荷质量、安全性和稳定性等技术指标方面有着更严格的标准。已经成熟应用的无人机具有可见光航拍、热感成像、空中投掷、空中探照灯等基本功能。对案件和事件的侦查，对警力和勤务的科学调配，对现场态势的实时监控，对证据固定和事态回放的独特视角，对技术侦查和网络侦控的信号捕获，都能发挥不可替代的作用。

同时，无人机系统的运行和日常维护都需要专业人员，通过专业工具和专业方法来进行（见图2-6）。因此必须规范化管理，科学化运行，保证无人机系统及搭载平台安全、可靠地工作，更好地突破地形、位置、气候影响等限制，使无人机灵活、安全、高效地应用于社会治安防控、刑事案件侦查、反恐防暴处突、大型活动安保、交通管理巡控、抢险救援服务等警务实战。

图2-6 警用无人机维护与调试

从遵守法律法规和禁飞规定、安全飞行要素、防止事故隐患、飞手责任监管等方面规范无人机的日常使用、管理、监督、维护、问责等环节，制定具体管理工作机制，加强维护保养，保证无人机随时"拉得出、用得上"。

无人机技术发展迅猛，只有通过科学、专业的方式进行警用无人机系统的建设，按照循序渐进的进度推进，才能从实际操作中汲取经验、发现不足，从而及时进行调整。

统一规划管理，进行无人机飞行队的建设，可以规范、安全、系统地推进一线基层的发展。无人机系统在警务工作中的应用,还包括大量的运维工作、研究改进、任务设计、技战法研究与应用等,如果统一规划管理,进行资源整合,势必会让警务航空工作更有序发展。图2-7所示为警航队无人机设备搭配。

图 2-7 警航队无人机设备搭配

第二节 无人机警务工作机制

为了保证警务无人机在警务实战中切实发挥作用,除掌握航空器本身的属性外,还必须探索适合警务实战的方式,完善相关应用的工作机制。

一、飞行任务的申请

实战单位可以依据工作需要向所在单位无人机飞行队提出申请,填报"飞行任务审批表",由飞行队协助规划飞行任务,并对飞行可行性提出意见后,报单位分管领导审批。

二、飞行任务的审批

飞行任务由分管领导审批。分管领导应在"飞行任务审批表"中签署审批意见,并署名、签署日期。情况紧急或执行特殊飞行任务的,经分管领导电话、口头确认,可先行执行飞行任务,待时间允许时,补报"飞行任务审批表"。

飞行任务审批通过后,飞行队应就本次飞行任务召开飞行业务会,经飞行队领导确认具体飞行任务后,飞行队集体对飞行任务进行二次规划、设计。

确定具体飞行方案后,填报"航线规划表""备件领取表""飞行检查项目表",并经队长确认后执行。

三、飞行任务执行及装备领取

飞行队实行严格的出警审批制度,规范出警工作程序,明确警力调用权限、调派条件、调派程序和使用方式,明确飞行岗的职责权限,确保指挥渠道畅通。

接到飞行任务后,飞行队队长必须立即启动飞行准备流程,停止其他工作,并向全体队员通报情况,做好飞行动员,携带无人机和相关设备按时到达指定地点,与有关单位做好协调对接。

飞行队到达现场后,根据现场指挥员部署,组织开展飞行工作。完成飞行任务后,飞行队领导应当清点人员和装备,确认无误后再有序组织撤离。

飞控手、地面站、数据分析各岗位民警依据每次飞行任务确定的飞行方案,填报"装备领取表",经队领导确认后,向设备管理人员申领相应设备、器械。每次领取时以装备箱为单位。

设备使用完毕后经设备管理人员检查(见图 2-8),设备管理人员向队领导确认设备归还情况。有损毁、损耗情况时,应在"装备领取表"中注明,必要时书面说明情况。飞行队在飞行任务结束后,应当及时对任务完成情况进行分析并组织讲评,总结经验,汲取教训,提炼战法要点,将成功经验运用于今后的训练和实战中。

图 2-8　飞行后对无人机及设备进行检修

飞行队实行用警情况反馈制度。相关飞行需求单位在完成飞行任务后,应当及时向飞行队反馈无人机使用情况,飞行队应做好登记备案。

四、数据采集和整理

完成任务后,按照申请飞行单位填报任务审批表内容,将视频或图片交给实战单位进行下一步数据分析。重大任务应进行数据分析并制作分析报告,向实战部门或所在单位党委汇报。数据分析指定专门民警负责。该岗位民警应遵守保密工作"九个不准""九个严禁"的相关规定。

五、现场管理

执行飞行任务时,飞行现场应由 1 名负责人统一协调、指挥,并安排专人负责维护秩序,设置明显的警戒标志,与飞行无关的员应离设备 30 m 以外。

发动机地面试车时,除地勤人员外,其他人员不能站在发动机侧面和前面,现场噪声过大或操作员之间相距较远时,采用对讲机或以打手语的方式联络。

无人机滑起和滑降过程中,与起降方向交叉的路口须有专人把守,禁止车、人通过;弹射起飞时,弹射架前方 200 m、90°夹角扇形区域内不能有人站立。

飞机降落时,降落跑道戒严,不允许车辆及行人穿过。图 2-9 所示为警用无人机起降现场。

图 2-9 警用无人机起降现场

六、飞行监控

执行飞行任务时必须明确各岗位民警的任务。在无人机遥控模式阶段,地面站每隔数秒通报飞行高度和方向,飞控手和地勤人员时刻观察无人机飞行状态是否正常;遥控模式何时切换到自主飞行模式,由地面站向飞控手下达指令;在视距内飞行阶段,飞控手需手持遥控发射机,时刻观察无人机飞行状态;在视距外飞行阶段,地面站通过飞行数据显示界面,监视飞行高度、发动机转速、机载电源电量、飞行姿态等参数,一旦出现异常,应及时发送遥控指令进行干预。无人机地面站如图 2-10 所示。

图 2-10 无人机地面站

七、应急预案

无人机飞行事故处置应坚持以下原则:以人为本,安全第一;统一领导,分级负责;科学评估,减小风险;严谨周密,反应迅速。

无人机起飞后,在飞行途中由于无法预见的无人机机械故障、电子部件和软件故障、与空中飞行物体或地面建筑发生碰撞导致坠机但未造成第三方损失的,应采取以下措施:

(1)手动保护人员迅速切换至手动驾驶模式,尽量控制人机降落到无人区,将无人机损失和地面人员财产损失降到最小。

(2)地勤人员对无人机可能坠落的地区人员进行疏散,坠机后,地勤人员会同地面站人员查明坠机原因和损失状况。图2-11为坠落损坏的大疆"悟"无人机。

(3)现场指挥员迅速报告指挥中心。

图2-11 坠落损坏的大疆"悟"无人机

第三节 无人机警务实战要求

警务无人机在应用中不断普及,对无人机的装备配置、力量布局、行动方式、站台控制和设备保障等方面的要求都将提升一个新的高度。为使警务无人机在应用中更有效地发挥其效能,提出以下基本要求。

一、了解情况,周密部署

警务无人机所担负的任务和搭载的设备随着情况、环境的变化而改变。在行动前,无人机行动组要充分了解行动任务内容、行动时间、行动地域,并提前查询天气状况。根据所掌握的情况,提前预测无人机能够担负的任务及行动中可能遇到的各种情况,并做好相应部署。

(1)明确人员配备及分工。无人机小组在执行任务时需要配备以下人员:任务组长(主要负责飞行路线规划及飞行环境安全确认)、驾驶员(主要负责无人机操控)、特设师(主要负责机载设备的正常使用与维护)、地面图像观察人员(主要负责飞行任务中图像的识别及分析与研判)、机务维护人员(主要负责飞机性能的检查、维护及飞行日志填写)。图2-12为飞行前用无人机地面站进行任务规划。

(2)明确行动装备配备。受领任务后,无人机小组要根据目标、地形、天候环境,确定携带无人机的数量、型号和任务设备,在行动过程中要根据现场情况及指挥员的命令随时作出调整,保证无人机能够安全、出色地完成各项任务。例如:当需要对较大区域进行较长时间搜索时,需要使用燃油型无人机或续航时间更长的固定翼无人机;当搜索行动持续到夜间时,则需要为无人机更换红外探测仪、微光夜视仪等夜间搜索装备;行动发生在高海拔、高寒地区时,则需要携带更为强劲的发动机、电机及更大的桨叶,加装动力保护设备;攻心行动时,无人机则需要携带强光照射、抛投器、喊话器等装备。

图 2-12 飞行前用无人机地面站进行任务规划

二、合理布局,主次配合

受无人机的造价、行动时的隐蔽性所限,行动中一般同时出动的无人机数量不会太多,因此在行动中,无人机的使用以支援主要警力、主要行动方向或任务需要为主要目的。在行动的准备阶段,无人机应当主要支援侦察小组行动,对犯罪嫌疑人藏匿的地点及其周围的地形、社会环境等方面进行情报侦察;在行动的封控阶段,无人机应当主要部署在行动力量的封控组中;在行动的实施阶段,无人机应当通过提前发现、配合打击等方式支援主要行动力量。合理布局是无人机部署方向上应遵循的要求,无人机按实际需要进行重点部署,最大程度地支援地面力量,最大限度地发挥无人机小组的作用,完成行动任务。

在行动中,应当明确无人机力量与主要行动力量的主次关系,相互配合来完成任务。目前,行动中应用无人机,通常是与担负其他任务的警力相互配合,单独一架无人机无法完成任务。在一场行动中,无人机既可以处于主要地位,也可以处于次要地位。对恐怖分子相关情况进行侦察时,无人机可作为主要力量,比如可利用红外热成像协助抓捕,如图 2-13 所示;实施辅助打击时,无人机为次要力量。当行动持续时间较长、规模相对较大,需要同时出动多架无人机时,除了与地面行动力量配合,还需要无人机之间相互配合。因此,行动中使用无人机应当遵循主次配合的要求,无人机与地面力量或其他力量协同行动。

图 2-13　无人机红外热成像协助抓捕

三、隐蔽行动,活用战法

不论是固定翼无人机还是多旋翼无人机,在行动中其自身的物理因素会对行动产生一定影响。无人机搜索飞行时的噪声有时可能会引起犯罪分子的警觉;无人机超低空飞行时,其体积过大,可能会暴露处置警力的行动意图。因此,在行动中使用无人机应当遵循隐蔽突然的原则。一是无人机地面控制站的设置隐蔽;二是无人机的使用时机隐蔽,不易被犯罪分子发觉;三是无人机型号的选用要视地形、任务决定,符合隐蔽、的原则。其中,无人机使用时机隐蔽是指不能让犯罪嫌疑人发现我方的意图,如与犯罪嫌疑人交火可以趁犯罪嫌疑人被我方火力吸引时,使用无人机实施空中打击。

无人机小组在行动过程中要根据目标、地形的不同,灵活选用无人机型号和任务设备,灵活规划无人机飞行轨迹。例如,当犯罪嫌疑人躲藏在山地、树林等不易发现并且不利于处置人员进入的地点时,可以使用无人机搭载热成像仪,使用"S形"扫描路线进行搜索,如图2-14所示;当犯罪嫌疑人位于屋顶,而周围建筑无法实施制高点控制时,可以使用无人机搭载摄像头、电击枪等,采取盘旋飞行方式进行战术部署;当犯罪嫌疑人在建筑物、居民房屋内等狭小空间时,可利用体型较小连接VR设备的穿越机并携带杀伤性较小的装备进行突击;当犯罪嫌疑人聚集前进,而现有力量无法近距离使用警械进行驱散时,可以使用无人机搭载催泪弹、烟幕弹等,采取高空转低空的飞行方式,飞行至人群上方后,根据时机执行任务。

图 2-14　使用轻型无人机进行侦查

四、一站集中,多站分散

无人机地面控制站是担负无人机指挥控制与任务规划的地面控制系统。一种情况是,受目前使用的电池材料、燃料影响,一架无人机难以长期执行任务,此时一个地面站就需要控制两架无人机,并且准备多组无人机电池及燃料。另一种情况是,受任务环境所限,反恐行动中使用固定翼与多旋翼无人机相互配合,多架无人机共同完成任务,那么就需要多个地面控制站。在更换无人机或无人机电池、燃料时,为保证侦查、监视的不间断性,一架无人机撤回,另一架飞行至监视区域,这时也需要多个无人机地面控制站。

当有多个地面控制站时,要求这些控制站相互之间相隔一段距离。其原因是无人机对于电磁环境的要求较为精细,并且每一架无人机都有自己的特定电磁频率,由一架无人机的控制转向另一架时需要及时转换控制频道。为避免相互之间电磁干扰对无人机控制及图传产生影响,要求无人机地面控制站的设置相对分散。同时,通过分散设置能够一定程度上保护地面控制站的安全。无人机远距离控制地面站设置及机群通信如图 2-15 所示。

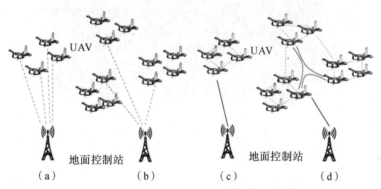

图 2-15 无人机远距离控制地面站设置及机群通信

五、实时监控,及时保障

实时监控就是随时对无人机的飞行状态、地面控制站的姿态数据和地面行动力量的动态进行监控。行动中无人机除起飞与降落之外,其执行任务一般处于目视范围之外,并且在行动过程中为了保证安全,无人机小组与行动一线也有着一定的距离。因此在行动中,无人机任务区域的环境与地面行动力量的状态只能通过携带的摄像设备了解,无人机的飞行状态只能通过地面控制站中的数据了解。行动的过程瞬息万变,搜索过程中要求无人机小组随时观察任务区域环境对飞行安全的动态影响;在实施行动的过程中要求随时观察地面行动力量的动态,以便无人机提前侦察、配合打击,如图 2-16 所示。

无人机在风雨、寒暑等天气执行任务,很容易受到影响,出现一些技术故障,从而导致无法进行有效飞行,甚至出现"炸机"情况。例如:大风天气会影响无人机起降的稳定性,引发刮碰等情况;无人机的电机、电调、飞控、电池等部件都是电子设备,易受到雨水的影响;低温环境会降低电池的容量和放电能力,影响续航时间,高温下则会影响电池的寿命,发生"鼓包"现象,如图 2-17 所示。因此,一旦发现无人机飞行状态或技术参数异常,需第一时间返航并及时对无人机的电池、任务设备、易损件等进行更换。如问题严重无法使用,则需要使用备用无人机代替执行任务。

图 2-16　观察手与飞手协同开展工作

图 2-17　"鼓包"的无人机电池

第四节　警用无人机管控

一、警用无人机的管控现状

警用无人机对无人机本身的续航时间、负载能力、安全性能等指标有着十分严格的要求,其监管难度比较大。

我国的警用无人机大多数都是在民用无人机的基础上进行改装和升级的,相较于一般民用无人机,警用无人机具有性能更优越,安全、可靠性更强,装载专业性设备机密性更高等特征,但总体上还是缺少自己的行业标准和使用规范,这使得警用无人机的使用存在许多隐性风险。

警用无人机行业技术标准不明确,造成警用无人机在技术指标、功能用途、作战适应性等方面难以形成严格统一的监管标准。图 2-18 所示为形形色色的警用无人机。一些产品性能没有经过实战考验的民用无人机进入各地警用装备采购计划中,给未来无人机在警务工作中的深度应用和管理带来隐患。同时,以电池技术为代表的技术瓶颈限制了无人机的有效载荷和续航时间,影响了无人机的实用性。此外,警用无人机目前依照民用无人机的飞行标准,对特种行业的使用产生限制。国家相关部门应该抓紧出台包括警用无人机选型工作办法、登记办法、外观涂装规范、身份识别编码办法、驾驶员培训和指导管理办法等，进一步规范使用，在发挥警用无人机作用的同时，保证飞行安全、空管安全。

图 2-18　形形色色的警用无人机

二、健全警用无人机管控的法律法规

（一）加强管理和登记

警用无人机发展建设应以警务需求为首要考虑因素，统一筹划队伍组建、购机选型，避免盲目建设、机型不合实际、存在安全隐患等问题。警用无人机作为警用装备，同时要遵循航空工作特点，实行集中统一管理。登记管理是实施无人机系统管理的基础，也是一切管理手段的基本依据。对警用无人机系统的登记，应制定登记注册统一式样，并建立登记注册信息管理系统，配发全国政法机关统一使用。

警用无人机的登记信息管理可采取三种方式。一是涂装和编号，喷涂在无人机外部，可直观辨认；二是识别标识，包括图形和编号；三是身份识别编码，通过芯片集成或密钥插拔在无人机飞控系统，可通过读取设备来读取身份信息。对执行涉密或特殊任务的警用无人机还有特殊的规定。

建立警用无人机运行、管理、安全等工作机制，规范队伍组建、购机选型、登记注册、外观标识、人员资质、维护维修、飞行安全等工作。图 2-19 是警用无人机监管中心工作照片。未设置警用航空管理职能部门的政法机关，应设立警用航空管理部门或者由警务保障部门履行管理职责。

图 2-19　警用无人机监管中心工作照片

(二)进行专业培训

加强警用无人机飞行机组和维修保障人员专业培训,提高其专业素质和飞行安全水平。警用无人机专业人员包括飞行机组人员、维修人员和勤务人员。基于任务要求和专业素质,驾驶员是主体。各类人员经相应专业培训后,可兼任其他工作。

驾驶警用无人机的政法机关人员,应当依法取得警用无人机驾驶执照。考虑到航空器驾驶的难易程度,驾驶执照签署为 A、B、C 三类。B 类执照持有者,可操作最大起飞质量小于或等于 7 kg 的警用无人机;A 类执照持有者除具有 B 类执照操作权限外,还可驾驶起飞质量大于 7 kg 的警用无人机,也可担任警用无人机系统的飞行教员;C 类执照持有者可操作无人直升机。在警务任务中,有特殊操作和使用环境限制的,如穿孔飞行、掠地飞行、室内飞行等,还需要经过专门培训,在驾驶执照上签注相应任务资质,才可执行特殊飞行任务。为确保警用无人机驾驶技能水平,须对培训机构实施培训资质管理。在进行专业培训时,可将复杂动作进行分解。无人机训练"8"字分解动作如图 2-20 所示。

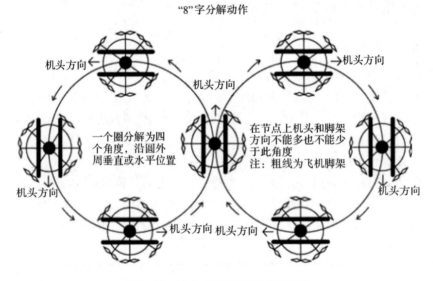

图 2-20 无人机训练"8"字分解动作

(三)规范配套监控

在规范管理无人机的同时,应尽可能地发挥无人机反应迅速的优势,使用空机质量小于或等于 7 kg 的无人机执行任务,由使用单位负责人审批。7 kg 的划分标准是基于国际民航组织通过飞行器动能伤害的理论值设定的,我国民航局和国家空管委的规定草案也沿用这个标准。使用空机质量大于 7 kg 的无人机执行警务任务,参照《警用航空器使用管理暂行办法》执行。此外还需为警用无人机配套专门的监控系统,将驾驶员、无人机的相关信息登记到系统中,监控无人机的动态,实时获取飞行信息,并可远程限定无人机的飞行,实现有效管控。

三、警用无人机管控的技术方案

探索采用基于 Internet 的大数据云服务网络技术,设计警用无人机飞行管控系统。警用无人机管理管控系统,一方面能够实现无人机的信息管理,另一方面能够监控警用无人机的飞行任务。飞行管控系统设计的总体目标设置包括:

(1)通过 Internet 云端服务技术,无人机发送其自身位置、姿态信息、任务载荷信息及其他传感器信息至云端服务器。

(2)通过连接 Internet 云端服务器,用户在监控系统中可实现无人机状态远程监控、历史飞行记录查看、飞行数据可视化展示等业务功能,实时查看警用无人机飞行位置和姿态。

(3)用户通过客户端连接 Internet 云端网络,实时查看警用飞行信息,可在远程客户端设定禁飞区、电子围栏等,根据无人机发送预定任务控制信息,限定警用无人机的飞行区域,实现安全飞行。

(4)警用无人机根据服务器发送的控制信息,修正自身位置或者飞行姿态。

(一)警用无人机监控中心

在警用无人机执行出警任务时,可在监控中心实时查看飞行和未飞行的警用无人机的所有状态,包括当前无人机所在的位置、当前执行的任务等。点击某架无人机可进入该无人机页面,若处于飞行状态,则可查看无人机规划航线、无人机自身状态、视频图像等信息;若处于未飞行状态,则可查看无人机的历史飞行记录、统计数据并进行记录回放,如图 2-21 所示。

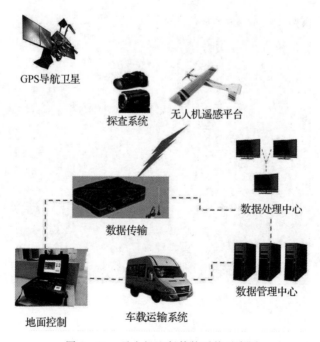

图 2-21 无人机飞行管控系统示意图

▶▶▶ 智慧监狱无人机警务

系统具有高效的信息交互功能,在地图中可查看所有无人机的所在位置和状态,同时可以在列表中快速查找无人机,点击后会在地图中快速显示该无人机所在位置,实现快速查找和界面可视化交互。

用户可根据机型和不同状态对直升机、多旋翼、固定翼三种警用机型进行分类。同时每种机型下又分为实时飞行和未飞行两种状态,通过按钮可以对其进行筛选,决定是否在列表和地图中显示,帮助用户快速查看。

选择当前实时飞行的警用无人机后,可进入该无人机实时飞行的画面。实时飞行画面包括飞行参数信息、飞行迹图和视频图像。在飞行轨迹图和视频图像界面点击"扩展"按钮后,可以单独在页面中打开,实现页面扩展。

(二)警用无人机飞行记录查看

飞行记录对所有警用无人机的出警记录和历史飞行数据进行统计,所有无人机在飞行结束后可将飞行记录上传到"云",用户可远程查看所有的无人机记录,按照现有的无人直升机、多旋翼、固定翼分为三类。点击某架无人机,可查看所有飞行的统计数据,如飞行距离、飞行时间、飞行次数等,并通过地图展示所有飞行的地理位置,点击可查看某次的飞行记录。

(三)警用无人机飞行轨迹回放

点击飞行记录列表中的某次飞行,可以查该次飞行的飞行轨迹(见图 2-22)、飞机姿态等信息,同时可实现 3D 飞机姿态回放。

图 2-22　无人机飞行轨迹记录

(四)警用无人机飞行记录 3D 界面回放

3D 界面可实现对警用无人机飞行记录的 3D 界面回放,包括飞机姿态、飞行信息、路线轨迹、立体地图展示等,可视程度更高。在该界面,可以变换观察视角,将警用无人机飞行过程中的姿态和无人机地形建模很好地展现出来,如图 2-23 所示。

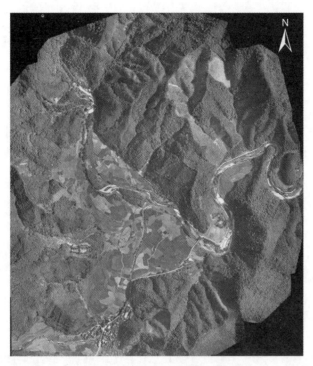

图 2-23　无人机地形建模

第三章 无人机警务安全飞行

为保障无人机的安全飞行,驾驶员必须遵照全规范进行操作。本章以大疆(DJI)无人机为例,对重点步骤进行讲解。驾驶员在操控新机型前,务必要熟读其产品使用手册,牢记注意事项。

第一节 飞行场地的选择

尽量选择空旷无遮挡的场地起飞。第一,无人机可以获得良好的卫星导航信号,使无人机定位更加精准。第二,驾驶员可以获得开阔的视野便于观察无人机飞行。第三,遥控器信号不易受到遮挡,可以获得更远的控制距离。西北工业大学无人机飞行试验机场如图 3-1 所示。

图 3-1 西北工业大学无人机飞行试验机场

尽量避免在高层建筑物中间或是有树木等遮挡物的地点起飞,否则无人机将无法获得足够的卫星信号,这将导致无人无法精准悬停,可能会随风飘移,还会影响返航点的定位精度,增加自动返航时撞上建筑物或者树木的风险。另外,起飞时尽量避免在楼或桥梁等由钢筋混凝土构成的设施附近,因为指南针容易受到干扰。如无法规避,可以尝试把无人机架高悬空。图 3-2 为在楼顶进行无人机起落。

第三章 无人机警务安全飞行

图3-2 在楼顶进行无人机起落

第二节 飞行空域的选择

无人机的飞行路线要远离建筑物、信号塔、变电站等。因为室内 WiFi 等无线设备越来越多,无人机靠近建筑物就越容易受到干扰,从而可能造成无人机失控。又由于建筑物多为钢筋混凝土结构,容易对无人机的指南针造成干扰。无人机在多重干扰下极易发生失控、撞击等事故。

严禁在人群密集的场地上空飞行,注意避开鸟类、风筝等空中物体。无人机坠落的冲击力和螺旋桨切割都可能造成严重事故。即便无人机配置了视觉避障功能,也不能掉以轻心。首先,无人机在不同的光线条件下或处于不同的飞行速度时,躲避障碍物的能力会有波动。其次,对于不易观察的风筝线、电线、树枝,以及透明玻璃等,无人机难以进行检测识别。因此,驾驶员在飞行时一定要注意观察飞行环境而不应过分依赖视觉避障系统。图3-3所示为操作人员在协同维护无人机起降环境。

图3-3 协同维护无人机起降环境

第三节 飞行前检查

一、通电前检查

通电前应检查无人机以及其配套设备状态。检查无人机电池及遥控器电池电量是否充足。检查螺旋桨是否正确安装。同一台无人机安装两种螺旋桨,一种为顺时针旋转(黑色),另一种为逆时针旋转(银色),必须正确匹配螺旋桨和电机,否则无人机在起飞时会发生侧翻。图3-4所示为"精灵"系列无人机的螺旋桨。

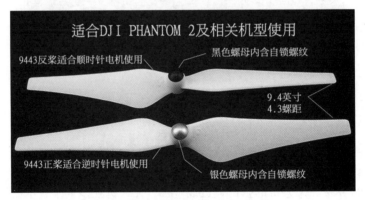

图3-4 "精灵"系列无人机的螺旋桨

二、通电后检查

把无人机放置在平坦的地面上,先开启遥控器电源,再开启无人机电源。注意顺序不能颠倒。

通电后查看APP是否有异常提醒,注意校准指南针。检查遥控器模式,如果遥控器模式错误则会导致严重事故。设置返航高度时要注意,返航高度要高于航线上最高的建筑物。出于安全考虑,以防操作不慎致使无人机飞远,驾驶员可以主动在APP中设置限制飞行距离和飞行高度(见图3-5)。建议新手驾驶员时刻保持无人机在视距范围内飞行,飞行高度不要超过120 m。

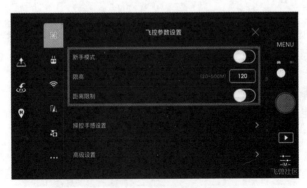

图3-5 飞行高度、距离限制设置界面

查看卫星信号情况,建议卫星数不少于1颗。查看连接信号情况,信号不少于4格。充足、稳定的卫星信号可以确保无人机安全、稳定地飞行,这也是使用智能返航等功能实现的前提。

若无人机返航时为逆风飞行,建议把低电量报警电压阈值提高,如图3-6所示。

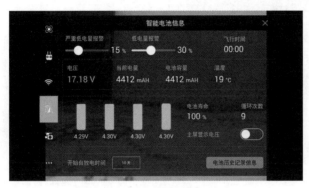

图3-6　低电量报警设置界面

第四节　飞行注意事项

驾驶员在无人机后方操作,无人机对尾起飞,先让无人机在低空悬停,观察飞行姿态是否正常,确认无异常情况后,方可开始飞行任务。飞行时保持关注电池电量,要预留足够的电量返航。需要注意的是,在不同风速条件下,无人机的飞行速度和电量会存在较大差异。逆风返航时要多预留一些电量。在冬季应注意环境温度是否适宜飞行,且电池电芯温度至少要达到20℃,确保电池动力正常再开始飞行,如图3-7所示。

禁止暴力操作,否则容易引发飞行意外。操作遥控器时要避免快速地把摇杆打到极限位置。摇杆的杆量与无人机的飞行加速度成正比,杆量越小无人机的加速度就越小,得到的飞行速度也越小。建议飞行时要缓慢推杆,以小杆量飞行。如在飞行过程中发生紧急状况,要保持冷静,切勿胡乱打杆。

在飞行过程中,特别是当无人机在视距外时,应避免向后倒退飞行。此时飞行环境难以预料,很容易撞上未知障碍物。

飞行时注意天气变化。一旦出现较大阵风或降雨,应使无人机在强风中自主保持原有位置(见图3-8),或立刻控制无人机降落,以免发生意外。

要选择平坦的场地降落,驾驶员要与无人机着陆点保持数米的安全距离,在无人机降到距离地面约1 m时,控制无人机悬停,待无人机稳定后再缓慢降落到地面。等螺旋桨完全静止后,关闭无人机电源,再关闭遥控器电源。

为了保证安全飞行,除了飞行时要谨慎外,还要定期检查无人机,包括查看机体是否有灰尘、螺丝是否松动等,如图3-9所示。存放时,应保持环境阴凉干燥。定期检查无人机电池和遥控器电池,将电量充电至65%,以延长电池寿命。

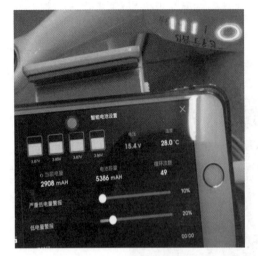

图 3-7　电池电芯温度监控

图 3-8　无人机在强风中自主保持原有位置

图 3-9　飞行后检查、清理无人机灰尘污垢

第五节　飞行常见问题

一、飞行中如何确定无人机所处位置

小地图(或姿态球)位于操作页面左下方,默认为小地图状态,点击小地图右上角的"小按钮"可切换至姿态球模式,如图 3-10 所示。

图 3-10　DJI GO APP 界面的姿态球

小地图实时显示无人机当前地理位置。在地图上有三个图标,分别是圆点、三角及圈 H。圆点为遥器所在位置,移动设备无卫星信号时不显示;三角为无人机当前位置;圈 H 为返航点,此返航点默认起飞时自动记录。

三角与圆点间的线即为航线,当无人机飞远时,可参照此航线返回。调整三角标示,使其尖部指向圆点,让无人机向前飞行,无人机将径直飞往遥控器的所在地点,如图 3-11 所示。

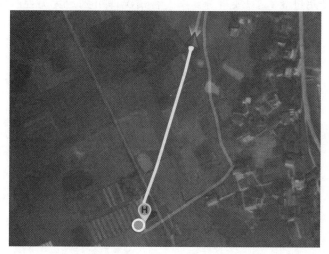

图 3-11　DJI GO APP 中返航点、无人机当前位置、遥控器位置

二、无人机电量不足会怎样

大疆无人机具有低电量警报功能。在无人机飞行过程中,当电池电量消耗至预设的低电量值(默认为 30%)时无人机会发出警告,提示"飞行器电量不足,请尽快返航"。当无人机电量低于 30%时,建议立即返航,以免发生意外。这是因为返航途中可能突发使无人机电量快速流失的状况,例如风速过大等。

当无人机电量仅够返航时,APP 将会提示执行自动返航,若 10 s 内不作任何反应,程序将自动执行智能返航,如图 3-11 所示。

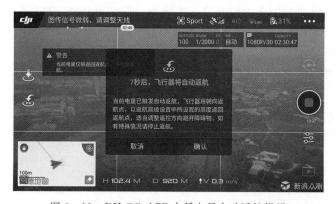

图 3-11　DJI GO APP 中低电量自动返航提示

智慧监狱无人机警务

严重低电量警报功能是在飞行过程中,若无人机电量降低至预设的严重低电量值(默认为10%)时,无人机将会强制执行降落命令。

三、无人机失控了会怎样

界定无人机失控的依据有两个:第一,图传信号断开超过3 s;第二,遥控器与无人机之间的连接信号断开超过3 s。只要符合其中一种情况即可判定为失控状态。无人机失控后会自动执行预设行为,如图3-12所示。

图3-12 DJI GO APP中失控行为设置界面

(1)悬停。无人机失控后,将悬停在失联点位置,直至重新获取连接信号。

(2)下降。无人机失控后,将下降在失联点位置(忽视飞行器下方的情况)。

(3)返航。

执行返航需同时满足三个条件:第一,GNSS卫星定位信号良好;第二,指南针工作正常;第三,无人机成功记录返航点。返航有三种方式,分别是智能返航、智能低电量返航和失控返航。

(1)智能返航。智能返航按键可使无人机执行自动返航程序,再短按一次该按键即可终止返航。在智能返航过中,驾驶员仍能通过摇杆控制无人机躲避障碍物。

(2)智能低电量返航(被动触发)。无人机主控会根据飞行的位置信息,智能地判断当前电量是否充足,DJI GO APP将提示驾驶员是否需要执行返航,若驾驶员10 s内不作反应,倒计时结束后无人机自动进入返航状态。若电量仅够实现降落,无人机将强制降落,不可取消。返航和下降过程均可通过遥控器操控无人机。

(3)失控返航(被动触发)。无人机进入失控状态后,将自动返航,飞回最近记录的返航点。返航过程中即使信号恢复正常,返航过程也不会自动停止,但是驾驶员可以进行干预,取消返航并控制无人机。GNSS卫星定位信号不工作时将无法实现返航。

无人机在返航过程中可自主规划返航路线,如图3-13所示。

第三章 无人机警务安全飞行

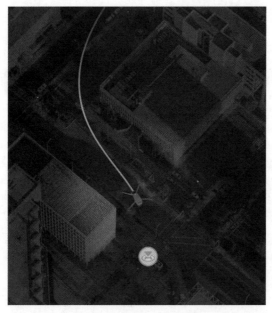

图3-13 无人机返航过程中自主规划返航路线

第四章 无人机警务空地协同

在执行任务时,无人机作为空中信息采集平台,可挂载多种任务载荷,为现场指挥提供依据。在大型活动安保中,指挥人员可以根据无人机采集的现场实况,指挥地面人员和无人机等采取相应的行动。后台指挥人员、无人机操作人员及现场行动人员必须沟通顺畅、密切配合,才能顺利地完成安保任务。图 4-1 所示为无人机监视管理综合系统。为了多方人员能够高效沟通,需要制定统一、规范的沟通指令。

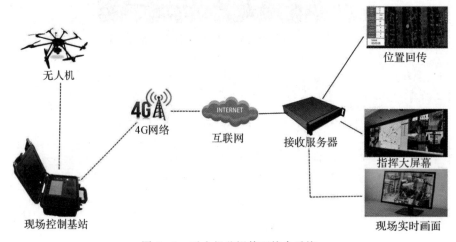

图 4-1 无人机监视管理综合系统

第一节 沟通指令

在现场进行沟通时,沟通用语要简洁,要保证团队内部人员沟通指令一致。指令分为水平方向指令、立轴方向指令和速度指令。下达的指令既包括出发指令也包括停止指令,例如,前进、加速、保持速度。

水平方向指令:前进、后退、左飞、右飞,图 4-2 所示为无人机水平运动;
立轴方向指令:上升、下降、左转、右转;
速度指令:加速、保持、减速;
单向动作:前进、后退、左转、右转、上升、下降、左飞、右飞;
多向动作:前上升、前下降、后上升、后下降等。

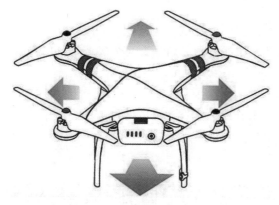

图4-2 无人机水平运动

第二节 双人操控协同

单人操控需要同时兼顾无人机安全和拍摄测量，对操作手要求较高，在复杂的飞行环境下容易发生安全事故。双操控（见图4-3）可以大幅度提升飞行的安全性及作业效率，使用双人操控的大疆M300无人机如图4-4所示。

图4-3 双人协同开展无人机任务作业

图4-4 使用双人操控的大疆M300无人机

一、双人操控的职责分工

一人担任操作手，负责操控无人机飞行，重点保障无人机安全。另一人担任云台手，负责操控云台相机进行拍摄，重点保障拍摄质量，还要与指挥中心及地面执行人员保持沟通。云台手是后台指挥中心与前线地面执行人员沟通的枢纽，是最清楚整体行动方案的人。云台手负责指挥飞行，操作手根据指令安全飞行，如图4-5所示。

二、沟通标准用语与重点

沟通以指令为主，云台手的指令是基于操作手的角度给出的。例如，云台手给出"前进"指令，代表操作手需要前进摇杆。当云台视角和无人机机头不一致时，云台手下达指令要以操作手的第一人称视角为准（First Person View，FPV）。

(一)画面沟通方法

以画面为坐标,利用网格线将画面划分为9个区域,要以飞向画面中心为原则。图4-6所示为开启九宫格辅助线的FPV视角。

例:云台手指令对应操作手动作。

往1号位:左转航向上升前进使1画面移到5画面;

往6号位:右转前进使6画面移到5画面;

往5号位:前进。

图4-5 云台手与操作手

图4-6 开启九宫格辅助线的FPV视角

(二)视角确认

部分型号无人机如大疆"悟2"和M200在飞行时云台可以做360°水平旋转,并且不受机头朝向限制(见图4-7),所以会出现摄像头朝向与机头朝向不一致的情况,因此需要进行视角确认。

三、注意事项

(1)操作手与云台手需要根据实际情况选择合适的航向及航线。注意躲避航线内的障碍物,如电线(见图4-8)、路灯、信号基站、大楼等,避免因障碍物阻挡导致撞击坠落或遥控器信号被阻隔导致图传中断或无人机失控。

图4-7 大疆"悟2"云台方向不受机头朝向限制

图4-8 缺乏观察而未能躲避电线

(2)操作手和云台手都必须清楚机头朝向。云台手在飞行过程中需要帮助操作手观察航线周边障碍物,并随时通知操作手调整飞行方向以避开障碍物。云台手指挥航向(去哪里),操作手决定如何操作(怎么去)。

(3)无人机负责将地面无法获取的信息传达至指挥中心,指挥中心指挥员汇总天空与地面的信息,制定行动决策,指挥员向云台手提出要求,而不是发出具体动作指令。譬如,"10 min内到达标地点上空",而不是"往前直飞500 m后左转"。

第三节 远程指挥

无人机采集现场信息,实时回传指挥中心,为指挥中心提供决策信息。图4-9所示为无人机监控下的现场画面回传。

▶▶▶ 智慧监狱无人机警务

图4-9 无人机监控下的现场画面回传

【案例】

2016年武汉举行马拉松比赛,国内首次在大型马拉松赛事中广泛应用无人机执行空中视频安保任务,如图4-10所示。赛前航拍的全赛道地理数据为各安保参展单位的方案制定提供了翔实、准确、生动的数据基础;赛中实时航拍监控与地面视频探头形成一体化无死角监控系统,构成了立体化防控体系中的重要环节。

图4-10 无人机助力2016年武汉马拉松比赛

2016年4月22日,江苏靖江发生油罐大火,现场两个储油罐爆炸,燃烧面积约2 000 m^2,现场有42个储罐,含12个汽油、柴油罐,30个高危化工品储罐,如扑灭不及时,后果将不堪设想。当时现场火灾扑救面临着四大挑战:①指挥中心无法宏观地了解现场情况,无法快速制订灭火的计划;②现场有毒和易燃易爆品多,严重威胁消防官兵的人身安全;③油罐温度

· 52 ·

变化无法预测,存在爆炸隐患;④现场浓烟大,无法判断流火的走势。当时消防部门紧急出动了6台无人机进行火情侦查,并且把视频图像及时回传指挥中心,快速制订了灭火计划,避免了人员牺牲的情况发生。图4-11为无人机双光学相机下的火场情况侦察。

图4-11 无人机双光学相机下的火场情况侦查

一、无人机直播

无人机直播由无人机及摄像设备、地面控接收设备、地面直播设备、流媒体服务器(直播卫星)、直播接收设备等组成。目前无人机多采用4G直播方案,通过公共网络服务器对现场画面进行直播,如图4-12所示。

图4-12 无人机对现场画面进行直播

采用4G公网直播方案,优点是便于实施,只要有4G信号网络覆盖及简单设备,就能完成现场直播任务。下面列举两个典型的4G公网直播方案。

▶▶▶ **智慧监狱无人机警务**

(1)通过 DIGO/DIGO4 移动 APP 内置的直播功能(其中内置了微博、QQ 空间等直播平台)进行直播。也可以通过填写其他直播平台的直播地址完成在其他平台上的直播任务。

此方案的优点是大疆无人机内置直播功能,不需要额外的直播设备就可以完成直播任务。缺点是依赖移动设备自身网络,容易出现卡顿现象,不能对直播画面进行调整切换,如调整字幕等。

(2)采用 4G 直播设备。通过无人机遥控器输出的视频信号(如 HDMI 信号)与直播设备相连完成直播任务,图 4-13 为无人机遥控器端高清输出接口。

此方案的优点是直播设备一般支持全网通 WiFi、有线网络等设备,可实现多路视频切换、画中画、二次编辑等功能;缺点是需要添加额外的直播设备,只有 DJI 专业级的无人机设备才提供视频输出接口,如"悟"系列及 M200 系列。

图 4-13 无人机遥控器端高清输出接口

在警务工作中也可以通过无人机回传视频移动指挥车相连,通过指挥车专有网络将实时画面回传给指挥大厅,也可以通过 4G/3G 专网卡回传。这样做的优点是通过专网连接可保证视频的保密性。

无人机作为直播平台,相对于传统监控画面,具有可灵活部署、空中全局视角等优点,在警务工作中将发挥越来越重要的作用。随着无人机与警务工作结合的不断深入,无人机将不会局限于直播功能,未来会打造成集直播、无人机管理、人员管理、任务分配、任务管理、地面人员设备协同的综合指挥平台,将在协同作战、移动指挥等方面发挥越来越重要的作用。

二、大疆司空管理平台简介

大疆司空是一款基于网页的无人机远程管理软件,通过云端向用户提供无人机实时监控、历史记录及团队和人员管理功能。

无人机通过安装 DJI Pilot APP 的移动设备将飞行数据和视频上传,后方用户可通过浏览器访问大疆司空管理平台,获取无人机实时信息或过往数据。

大疆司空管理平台界面包含无人机列表、历史信息、团队管理、地图实时界面、直播界面等,如图 4-14 所示。

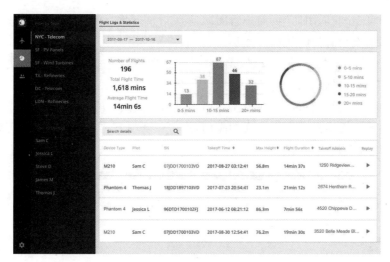

图4-14　大疆司空管理平台界面

三、大疆司空管理平台使用方法

(一)登录

在网页端输入网址 www.dji-flighthub.com,访问官方网站,输入DJI账号进行登录,或者直接下载大疆司空PC客户端,通过客户端进行登录。登录界面如图4-15所示。

(二)管理

登录系统后点击"管理"。

(三)创建团队

点击"＋"号创建团队。在弹出的对话框中输入团队名称,再点击"完成"。

(四)添加队友

点击图标,邀请队长或操作手。输入受邀者邮箱(必须是注册为DJI账号的邮箱),选择"工种"(队长/操作手),点击"完成"。受邀者将收到邀请邮件,点击邮件链接即可加入团队。

四、DJI Pilot APP 使用方法

下载安装 DJI Pilot APP 后绑定设备。

(1)在 DJI Pilot APP 中使用管理员或已加入团队的队长/操作手账号登录,选择手动飞行进入相机画面。点击"设置",选择"通用设置",点击"将设备添加到我的团队"。

(2)选择团队,点击"确认"。操作手进入 DJI Pilot APP,打开左上角选项。点击"开启云端",Pilot APP 开始上传数据至大疆司空平台,设备飞行时间、飞行轨迹将被系统自动记录。在飞行操作中,有网络连接时可实现直播和位置显示功能。需要关闭时可以在同一位置点击"关闭云端"。

▶▶▶ 智慧监狱无人机警务

（3）操作手可在"我的团队"页面查看团队信息。如果此时使用的无人机已经绑定该人员所在的团队，那么会有相应的标识显示。

（4）进入 DJI Pilot APP 通用设置，点击"平台直播"后，直播开启。此时在大疆司空管理平台中可以看到直播画面。

管理员可登录大疆司空云端，在地图界面查看当前无人机的实时信息，或切换到直播界面，通过直播界面查看多架无人机的视频画面，点击每个视频右上角白色方框可弹出一个新页面来全屏播放该视频。

图 4-15　大疆司空管理平台登录界面

【案例】

从 2016 年开始，云南省为全省 16 个州（市）平均配备了 4 套大疆无人机，用作二级公路安全监管与应急保障系统的有效补充。一旦发生泥石流等地质灾害（见图 4-16），地面交通堵塞使人员难以抵达现场时，无人机可从高处飞过山区，实时回传信息。

图 4-16　无人机显示的地质灾害情况

为高效管控无人机团队，更有效地应用无人机，云南省公路局采用大疆定制化无人机管理平台，如图 4-17 所示。平台主要功能如下：

(1)作业管理。管理平台具有实时传输功能,可远程直播,云南省公路局可以全面掌控无人机作业情况。工作人员可以远程获取无人机拍摄的实时视频与位置。

(2)数据管理。管理平台自动记录详细飞行数据。记录与分析道路日常巡检数据,帮助工作人员对高位边坡等高地区进行灾害预判,防患于未然。

(3)无人机管理。管理平台可以帮助云南省公路局对全省拥有的无人机设备及时进行维护和更换,保障无人机作业更安全、顺利。

(4)团队管理。通过管理平台,云南省公路局能根据各地实际情况对全省无人机设备进行分组作业,实现便捷、高效的管理。分组后,对各地分配不同权限,让任务一目了然。

图 4-17 无人机管理平台

第五章　无人机警务任务规划

无人机任务规划是指对无人机所要完成的任务进行方案制定与统筹管理。通常是根据无人机的任务目标,设定起落场地、规划飞行路线以及配置任务载荷等。无人机任务规划的主要目的是找到最佳的飞行航线(见图5-1),在该航线上有策略地使用任务载荷,最大限度地发挥无人机任务载荷的作用,高效完成任务。

图5-1　无人机飞行航线规划

从时间上来说,任务规划可分为航前规划和实时规划。航前规划是在无人机起飞前制定的,主要是综合考虑飞行平台、任务要求、地理条件、气象条件和已有情报等因素,制定航空摄影任务规划。实时规划是在无人机飞行过程中,根据实际的飞行情况和环境特征对航前规划适时进行修改。

第一节　任务规划基础

无人机航空摄影任务规划的主要内容包括无人机的选择、飞行环境的选择和航线规划。

一、无人机的选择

执行航空摄影任务时,选择无人机类型时,必须综合考虑无人机性能、航空摄影对象、航空摄影区域和航空摄影时限等因素。

第五章 无人机警务任务规划

(一)无人机性能

无人机航空摄影系统的整体性能主要受无人机性能的制约,并主要包括无人机飞行性能和遥感设备的探测能力两方面。

(1)飞行性能。无人机的飞行性能,是指无人机在飞行方面所具备的能力,主要取决于无人机的机体结构、气动布局和发动机三个方面,可以通过飞行半径、飞行速度、飞行高度、转弯半径、爬升速率、续航时间、控制方式和起降方式等参数反映,如图5-2所示。

最大旋转角速度	俯仰轴:300°/s 航向轴:100°/s
最大俯仰角度	30°(P模式且前视视觉系统启用:25°)
最大上升速度	S模式:6 m/s P模式:5 m/s
最大下降速度(垂直)	S模式:5 m/s P模式:4 m/s
最大倾斜下降速度	S模式:7 m/s
最大水平飞行速度	S模式:23 m/s P模式:17 m/s
最大飞行海拔高度	5000 m(2110桨叶,起飞重量≤7 kg)/7000 m(2195高原静音桨叶,起飞重量≤7 kg)
最大可承受风速	15 m/s(7级风)
最大飞行时间	55 min

图5-2 经纬M300 RTK无人机部分飞行性能参数

(2)遥感设备的探测能力。遥感设备的探测能力是指无人机机载遥感设备发现、识别和跟踪目标的能力。遥感成像设备有照相机、电视、红外、雷达等(图5-3所示的禅思Zenmuse H20T无人机相机具有集成广角、高倍变焦、热成像、激光测距等),但不论何种遥感手段,一般都能用探测距离、探测范围、分辨率和工作环境描述其探测能力。

1)探测距离:遥感设备的作用距离,通常在技术指标中给出发现距离和识别距离,常用单位为km或m。

2)探测范围:遥感设备能同时探测到的区域,即遥感设备一次所能覆盖的最大探测范围,通常以视场角的形式表现。

3)分辨率:遥感设备区分两个相邻目标的能力。分辨率分为距离分辨率和角度分辨率。

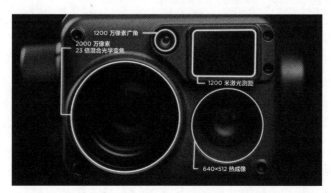

图5-3 禅思Zenmuse H20T无人机相机

4)工作环境:遥感设备的适用工作环境通常指适用于白天工作还是夜间工作,能否在阴雨天工作等。

(二)航空摄影对象

航空摄影对象是指无人机航空摄影需获取的目标及目标信息。此处目标信息特指目标的影像信息和位置信息。按目标的性质分类,航空摄影对象分为军用目标和民用目标。目标的种类不同,其反映出的影像特征和位置特征就有所区别。以下介绍几种典型的目标类型。

(1)按目标是否具有运动能力分类,航空摄影对象分为固定目标和活动目标。

1)固定目标是指那些自身不具有运动能力,又不便于移动位置的目标,也称为静态目标。如车站、码头、油库、机场等,这类目标的位置参数通常是固定不变的。

2)活动目标是指那些自身具有运动能力,或借助外力方便移动的目标,也称为动态目标。如汽车、火车、飞机、导弹发射架等,这类目标的位置参数是可以变化的,如图5-4所示。

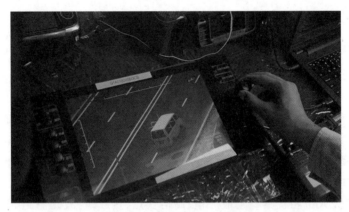

图5-4 跟拍移动中的车辆

(2)按目标的形状分类,航空摄影对象分为点状目标、线状目标和面状目标。

1)点状目标是指那些尺寸不大,面积较小的目标。如铁塔、纪念碑等,这类目标的位置通常可以用一个定位坐标点表示。

2)线状目标是指那些形状是长条形或折线、曲线的目标。如道路、行驶中的车队等,这类目标的位置通常需要用多个坐标点串联表示。

3)面状目标是指面积较大或分布面积较大的目标。如农田、机场等,这类目标的位置通常需要用多个坐标点连成一个闭合区域边界表示。

(3)按目标所处的位置分类,航空摄影对象分为陆上目标和水上目标。

1)陆上目标是指位于地面的活动或固定目标,如居民区、农田、路口、车辆等。

2)水上目标,是指处在水中的活动或固定目标,如舰船、海上钻井平台、油污带等。

航空摄影对象的特征对无人机航空摄影提出了不同的要求,是选择无人机机型时必须考虑的因素。

(三)航空摄影区域

航空摄影区域是指航空摄影单位承担的摄影任务所覆盖的空间范围,是无人机航空摄影任务在空间和时间的表现形式。这个范围可能随时间而变化。

航空摄影区域确定后,要综合考虑监测区域范围的大小、地形、地物和气象特征,选择适合的无人航空摄影系统。根据拍摄区域规划飞行航线如图5-5所示。

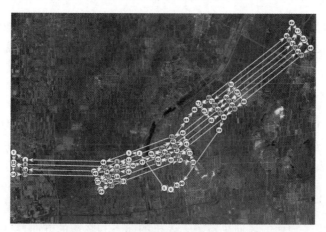

图5-5 根据拍摄区域规划飞行航线

(四)航空摄影时限

航空摄影时限是指完成无人机航空摄影任务的起止时间,由用户方和工作方共同协商确定。无人机航空摄影单位接到任务后,通常要经过组织准备、开进展开、航空摄影实施、成果处理阶段,对于不同的航空摄影任务、不同的任务环境,其在每一阶段所需的时间有很大差别。例如,在应急救援时,无人机的航空摄影时限就要求非常短。因此,航空摄影时限也是选择无人机类型时必须考虑的因素。图5-6所示为长航空时限照明无人机。

图5-6 长航空时限照明无人机

二、飞行环境的选择

(一)现场勘查

作业人员需对无人机航拍区和其周边区域进行现场勘察,收集地形地貌、地表植被以及周边的机场、重要设施、道路交通等信息,为无人机起降场地的选取、航线规划、应急预案制定等提供信息。

(二)飞行环境条件

根据掌握的环境数据资料和无人机系统设备的性能指标,判断飞行环境条件是否适合无人机飞行。若不适合,则应暂停或另选环境进行飞行。飞行环境条件主要包括:

(1)海拔。无人机的升限高度应大于当地的海拔加上航高。

(2)地形地貌条件。在沙漠、戈壁、森林、草地、盐滩、盐碱地等地面反光强烈的地区拍摄时应注意光线问题。在陡峭山区和高层建筑物密集的大城市拍摄时,要避免阴影。

(3)风向和风力。地面的风向决定了无人机的起飞和降落的方向,空中的风向决定了无人机飞行作业的方向,风力对无人机平台的稳定性影响很大,进而影响无人机航空摄影的图像质量。

(4)温度和湿度。当地的环境温度应在维持无人设备正常工作的温度区间内,同时,当地的环境湿度应不影响无人机设备的正常工作。

(5)含尘量。首先,起降场地地面的尘土情况应不影响无人机的起飞和降落。其次,无人机在空中进行航空摄影作业时要保证能见度,确保影像能够展现地面细节。

(6)电磁环境和雷电。保证无人机导航及数据链路系统正常工作,不受干扰。

(7)云量、云高。既要保证具有充足的光照,又要避免过大的阴影。当云层较高时,可实施云下航空摄影作业。

(三)飞行起降场地的选择

不同类型无人机的起降方式不同,对飞行起降场地的要求不同。综合地形环境、气象环境、电磁环境等因素,无人机飞行起降场地应满足以下通用性要求。

(1)起降场地相对平坦、视线良好。

(2)起降场地周围不能有高压线、高大建筑物、重要设施等。

(3)起降场地地面应没有明显凸起的岩石块、土坎、树桩,也无水塘、大沟渠等。

(4)起降场地附近应没有正在使用的雷达、微波中继、无线通信等干扰源,在不能确定的情况下,应测试信号的频率强度,如对系统设备有干扰,需改变起降场地。

(5)使用滑跑起飞、滑行降落的无人机时,路面条件应满足其性能指标要求;使用手抛弹射等起飞方式的无人机时,对于路面要求较低,只需路面达到一定的平整度。

三、航线规划

无人机航空摄影任务的航线规划需根据任务情况、地形环境情况、无人机飞行性能、天气条件等因素,设置航线参数,计算得到具体的飞行航线,如图5-7所示。

第五章 无人机警务任务规划

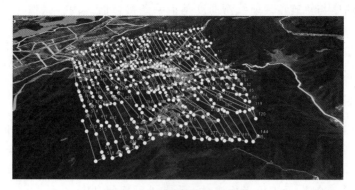

图 5-7 区域航测飞行航线

参考传统的航空摄影测量作业与无人机低空航空摄影作业的特点,可以将无人机飞行的参数分为以下几类。

(一)成像参数

成像参数包括地面像元大小(比例尺)、像片倾角、航线弯曲与轨迹角、像片的旋偏角和重叠度。成像参数直接决定后续数据处理和成图的质量。

(1)像片倾角是指相机在向地面摄影时摄影物镜的主光轴偏离铅垂线的角度。在实际的航空摄影作业中,应尽可能获取像片倾角小的近似水平像片,因为应用水平像片航空摄影地形图作业要比应用倾斜像片作业方便很多。凡是倾角小于 2°的航空摄影都称为竖直航空摄影,这是常用的一种航空摄影方式。

(2)像片重叠度分为航向重叠度和旁向重叠度,如图 5-8 所示。

1)航向重叠:在同一条航线上,相邻像片的影像重叠称为航向重叠。

2)旁向重叠:相邻航线之间,两像片重叠度称为旁向重叠。

一般情况下,航空摄影测量作业规范要求航向重叠度为 56%～65%,以确保在各种不同的地面至少有 50%的重叠。旁向重叠度一般应为 30%～35%。

图 5-8 航测拍摄时保持一定重叠度

(3)航线弯曲度与轨迹角。航线弯曲度是指一条摄影航线内各张像片主点至首末两张像片主点连线的最大偏离度。通常规定航线弯曲度不得大于3%。

(4)像片旋偏角。在摄影过程中,相邻像片的主点连线与像幅沿航线方向的框标连线之间的夹角,称为像片旋偏角。若像片旋偏角过大,则会减少有效作业范围。

(二)任务飞行参数

任务飞行参数,是指在航拍任务飞行作业中无人机的各项飞行参数和执行航空摄影任务的要求。任务飞行参数的科学性、准确性将影响成像质量和作业效率。任务飞行参数如下。

(1)飞行高度(航高):无人机飞行相对于平均地平面的高度。

(2)飞行速度:无人机飞行设定的巡航速度。

(3)飞行航线长度:飞行方向作业区域长度。

(4)航线数量:在作业区域航线的实际条数。

(三)硬件参数

硬件参数主要是指机载相机参数,包括相机分辨率、相机镜头焦距、相机存储容量、相机快门差等。其中,相机快门差是指飞行控制系统中快门指令发出到实际曝光的时间差。

(四)环境和其他影响因子

环境参数对飞行有很大影响,飞行适宜性和飞行轨迹的主要参数包括地面平均高、风向、风速等。

四、航线规划技巧

在进行任务航线规划时,需要根据航空摄影区域的环境、风向、任务、航拍精度等设置合理的航线。掌握以下航线规划技巧,可提高规划效率。

(一)长航线原则

在规划航线时,航线长度越长越好。在航空摄影航拍作业过程中,无人机频繁转弯、调头等会浪费时间与电量。为提高作业效率,降低作业成本,规划航线时应尽量以长航线为主。测试发现,在航线长宽比超过2∶1后,效率提升就不太明显了。

(二)矩形原则

在进行航线规划时,尽量规划成矩形(见图5-9)。这样不仅能够体现影像的完整性,而且还能保证影像输出的美观。

(三)安全原则

在设置航线时,航线的起始点尽量设置在离起降区域最远的位置。在山区等落差较大的区域,要注意飞行的爬升率能否满足航点间的要求,避免发生碰撞。规划任务时要注意周围地理环境,以及是否有无人机飞行高度以内的建筑物,如图5-10所示。

图 5-9　矩形航线规划

图 5-10　在山区飞行时的航线规划

(四)保证航摄分区有一定重叠

任务存在多个航摄区域时,要保证航摄分区间相邻航线的重叠度不低于30%。

第二节　快拼影像

一、快拼影像的概念

快拼影像是正射影像数据中的一类,是将无人机获取的数据通过快速匹配、拼接和纠正等方式进行处理,从而得到的目标区域内的正射影像数据的方法。快拼影像图能够满足地质灾害勘察、危机处理、抢险救灾等任务对影像数据的要求。

无人机快拼影像有两种数据采集处理方式,各有其优、缺点:第一种,不需要地面控制点,对已有的影像配准后直接进行拼接和纠正处理。其优点是方便、快捷,缺点是精度不足。投影误差对影像拼接的影响,导致了拼接误差积累较快,同时也忽略了影像间的尺度变化。第二种,针对无人机影像特点,参照传统的摄影测量流程进行处理。其优点是精度比较高,缺点是出图周期长,并且需要有高精度的姿态参数和地面像控点。

【案例】

2015年6月中旬,山东省某市公安机关得到报告,一伙犯罪嫌疑人潜入,暂落脚于某村一出租房内,意图发动袭击。由于犯罪嫌疑人警惕性高,靠近侦查较为困难。

特巡警支队决定派出无人机对该村庄进行高隐蔽侦查。从附近山林处起飞至250 m高空,隐蔽飞抵该村上空,进行了空中拍摄测量作业,前后起落5个架次,飞行时长100 min,获取带有地理坐标信息的标准正射图像100余张,进而绘制出精度为5 cm像素的该村高精度正射影像图及三维立体模型(见图5-11)。随后根据正射影像图和三维立体模型快速部署抓捕计划。

图5-11 无人机制作的三维立体模型

二、快拼影像作业流程(以 DJI PC 地面站为例)

DJI PC 地面站是一款针对行业应用领域的 PC 应用程序,用来控制 DJI 飞行器。它包含了自主航线规划、航点动作设计等功能,能够实时生成二维正射影像。DJI 精灵 4RTK 与 PC 地面站如图5-12所示。

图5-12 DJI 精灵 4RTK 与 PC 地面站

第五章 无人机警务任务规划

(一)需求分析

了解任务需求,确定拍摄要求。

(二)勘察

现场勘察,确定任务区域环境,包括建筑物高度、信号塔、禁飞情况等。选择安全的起降场地及紧急备降场地。进行无人机起飞前的检查。

(三)航线规划

(1)新建任务。打开 DJI PC 地面站,点击"新建任务"按钮,选择"建图航拍",点击"下一步",输入任务名称,然后点击"确认"进入任务编辑模式。

(2)规划航线。直接点击地图上的位置,添加边界点。或者将无人机飞至所需位置,点击右上角的图标,使用当前无人机位置添加航点或边界点。

(3)编辑航点。点击航点或边界点即可选择该点,点未被选中时为白色,被选中时为蓝色。拖曳该点可以改变区域或航线走向,也可以通过该点航线经纬度坐标改变航点位置。DJI PC 地面站中航线模板如图 5 – 13 所示。

图 5 – 13 DJI PC 地面站中航线模板

(4)参数设置。

1)点击"执行时建图"。

2)设置飞行高度(飞行高度要高于任务区域内障碍物的高度,飞行高度越高,任务完成时间越短,但是图像的精度越小)。

3)设置飞行速度(可根据系统提示设置飞行速度)。

4)"完成动作"可根据实际情况设置,比如可选"返回起始点悬停"。

(四)飞行检查

点击"开始飞行",弹出飞行准备列表,按照列表检查和调整,直至所有项目显示绿色,表示可以起飞;若有项目显示黄色,则表示该项需要调整但不影响起飞,仍建议调整直至显示绿色。

(五)数据获取

开始飞行后,无人机将按照规划航线执行飞行任务,执行任务时地图上将显示实时建图结果。

(六)数据处理及产品制作

任务完成后,无人机将根据所选的"任务完成动作"执行相应的动作。此时软件进入图片后处理阶段,将已拍摄的图片再次处理,以获得更高精度及更多放大层级的建图结果。图像处理完成,可以放大地图层级查看更高精度地图,也可以把拍摄照片导入其他后期软件进行合成。

(七)特殊情况

(1)在所有任务中,若卫星导航信号弱、无法准备定位,则无人机将自动退出任务,回到普通飞行模式。信号恢复后,选择继续执行任务,无人机将从最后一次有信号时记录的任务位置继续执行任务。

(2)智能低电量:在执行任务过程中,若无人机电量仅足够完成返航,遥控器将发出提示音,持续数秒后无人机将停止任务并自动进入返航。可短按一次遥控器上的"智能返航"按键取消返航。更换电池后可以选择"继续任务",无人机将从停止处继续执行任务。

(3)低电量/严重低电量:若无人机电量低于 DJI GO 4 APP 中所设低电量报警阈值,遥控器将发出提示音。若飞行器电量低于 DJI GO 4 APP 中所设严重低电量警报阈值,遥控器将发出提示音,同时无人机将停止任务并自动降落。更换电池后可以选择"继续任务",无人机将从停止处继续执行任务,如图 5-14 所示。

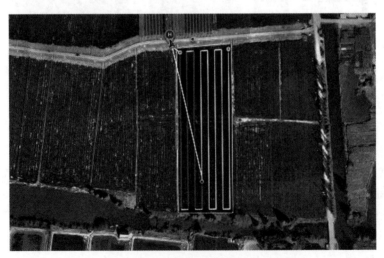

图 5-14 无人机从停止处继续执行任务

第三节　构建实景三维模型

构建实景三维模型,首先,通过无人机搭载的传感器,从垂直、倾斜等不同角度完整采集对象区域的影像。其次,通过多种技术手段对得到的影像进行处理,从而生成大量超高密度的点云数据。常用的技术有多视影像联合平差、多视影像关键匹配、数字表面模型生产和真正射影像纠正。最后,经过纹理映射构建真实三维模型。

一、实景三维模型作业流程(以 DJI GS Pro 为例)

(一)需求分析

了解任务需求,确定拍摄要求。

(二)勘察

通过现场勘察确定任务区域环境,包括建筑物高度、信号塔情况、限飞禁飞情况等。确定起降场地及紧急备降场地。进行无人机起飞前的常规检查。

(三)航线规划

1. 分析拍摄主体

(1)一般主体。对于大多数情况,可采用常规网格模式获取图像,建议主航线上的图像重复率至少达到75%,主航线间的图像重复率至少达到60%。摄像机与地面物体的相对高度保持不变。

重叠和飞行高度必须根据地形进行调整。森林、茂密的植被区域和平坦的农田地区,建议主航线上的图像重复率不低于85%,主航线间的图像重复率不低于70%,同时要增大飞行高度,以便检测重叠图像之间的相似性。涉及红外图像的项目,主航线上的图像重复率和主航线间的图像重复率均不能低于90%。

(2)建筑物。拍摄建筑物可以使用 DJI GS Pro 的环绕模式。环绕模式生成的航线为不同高度上的环形路线。纵向的线为主航线,每拍完一条主航线,无人机会以直行方式移动到下一条主航线继续拍摄。

(3)城市。城市地区的三维重建需要双栅格像采集方式,以获取建筑物的完整轮廓。重叠率可参照一般主体。

为了得到清晰完整的图像数据,相机应该以−55°~−80°的角度进行拍摄(−90°时相机朝下)。

2. 航线规划(以一般主体为例)

(1)新建任务。打开 DJI GS Pro 地面站,点"新建任务"按钮,选择"测绘航拍区域模式",点击"下一步",输入任务名称,然后点击"确认"进入任务编辑模式。

(2)规划航线。直接点击地图上的位置,添加边界点。或者直接将飞行器飞至所需位置,然后使用飞行器在当前位置添加边界点。

3. 编辑边界点

点击航点或边界点可选取一个点,点被选中时为蓝色,未被选中时为白色。拖曳该点可以改变区域形状或航线方向,也可以通过航线经纬度坐标改变航点位置。将鼠标放在两点间的线段上然后点击,则可在此线段上插入一个新的点。

4. 参数设置

参数设置界面如图 5-15 所示。

(1)相机朝向可设置为"平行于主航线"。

(2)拍照模式可设置为"等距离间隔拍照"。

(3)航线生成模式可设置为"区内模式"。

(4)飞行速度建议设置为 5~10 m/s。

(5)飞行高度根据任务要求进行设置,飞行高度要高于任务区域内障碍物的高度,飞行高度越高任务完成的时间越短,但是图像的分辨率随之越低。

(6)在"高级设置"中可以设置主航线上的分辨率,以及主航线间的分辨率,建议主航线上的图像重复率不低于 70%,主航线间的图像重复率不低于 60%。

(7)主航线角度需要根据实际情况设置,可参考长航线原则调整主航线角度。

(8)云台俯仰角度设置为 -90°。

(9)"完成动作"方式根据实际需要选择。例如,需要无人机在执行任务结束后回到起始点时,可以选择"返回起始点悬停"选项。

图 5-15 航线参数设置界面

(四)飞行检查

飞行检查同本章第二节相关内容。

第五章　无人机警务任务规划

(五)数据获取

起飞后,无人机将按照已规划航线执行飞行任务。但是飞行过程中有可能出现各种突发状况:

(1)卫星导航信号弱。在所有任务中,若卫星导航信号弱则无法准确定位,无人机将自动退出任务,回到普通飞行模式。信号恢复后,可以选择"继续任务",无人机将从最后一次有信号时记录的点继续执行任务。

(2)智能低电量。无人机在执行飞行任务过程中,若剩余电量不足,仅能保证立即返航至预设点时,遥控器将发出提示音,持续几秒后无人机将停止任务并自动进入返航状态。如需取消返航,可短按一次遥控器上的"智能返航"按键。更换电池后可以选择"继续任务",无人机将直接飞往任务中断处继续执行任务。

(3)低电量/严重低电量。当无人机电池电量低于 DJI GO 4 APP 中所设低电量报警阈值时,遥控器将发出提示音提醒。当无人机电池低于 DJI GO 4 APP 中所设严重低电量报警阈值时,遥控器将发出提示音,同时无人机将停止任务并自动降落(见图 5-16)。更换电池后可以选择"继续任务",无人机将从任务中断处继续执行任务。

图 5-16　严重低电量报警触发自动降落功能

(六)数据处理及产品制作

任务完成后,把无人机上的 SD 卡取出。将资料拷贝到计算机中,用后期软件进行处理。常用的后期软件有 Photo Scan,其界面如图 5-17 所示,它是一款基于影像自动生成高质量三维模型的优秀软件,可生成高分辨率真正射影像(使用控制点可达 5 cm 精度)及带精细色彩纹理的 DM 模型。

Photo Scan 使用方法如下。

1. 建立文档

(1)点击"文件",在下拉菜单中选择"保存",保存文件"项目名称"。

(2)添加图片,把 GS Pro 拍摄的照片都导入软件,点击"工作流程",选择添加照片。

(3)添加完成后效果(注意务必删除无关照片,否则将影响最终结果)如图 5-17 所示。

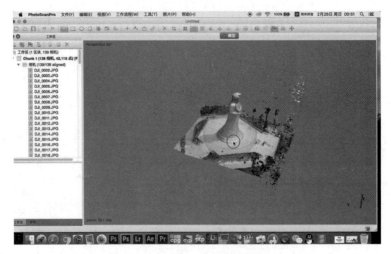

图 5-17 Photo Scan 软件界面

2. 生成图像

(1)点击"工作流程",选择"对齐照片"。
(2)点击"工作流程",选择"建立密集点云"。

在获取物体表面每个采样点的空间坐标后,得到的是一个点的集合,称为"点云"。根据摄影测量原理得到的点云,包括三维坐标(X,Y,Z)和颜色信息(RGB)。点云数据除了具有几何位置以外,还具备颜色信息。颜色信息通常是通过相机获取彩色影像,然后将对应位置的像素的颜色信息赋予点云中对应的点。

(3)点击"工作流程",选择"生成网格"。

在以上步骤都完成后,能在软件内查看图像。

(4)点击"工作流程",选择"生成纹理"。

完成以上步骤之后得到的图像,从中可以清晰辨认出楼层数量,也可以从多角度观察目标位置建筑物及周边情况,还可以测量点与点之间的距离。

3. 模型输出

模型输出的相关英文解释如下。

Build Tiled Model:构建平铺模型。
Build DEM:构建数字高程模型(Digital Elevation Model,DEM),如图 5-18 所示。
Build OrthoMosaic:构建正射影像图,如图 5-19 所示。

(1)点击"工作流程",选择"Build DEM"。
(2)点击"文件",选择"导出",在下级菜单中选择"导出模型"。
(3)保存类型有多重选择。

obj 文件是 3D 模型文件格式,由 AliaslWavefront 公司为 3D 建模和动画软件"Advanced Visualizer"开发,适合于 3D 软件模型之间的互导,也可以通过 Maya 读写。

基于3ds Max建模软件的衍生文件格式,做完Max的场景文件后可导出3ds格式,其可与其他建模软件兼容,也可用于渲染。

图5-18 数字高程模型

图5-19 正射影像图

二、图片输出

(1)点击"工作流程",选择"Build OrthoMosaic"。
(2)点击"文件",选择"导出",选择"export Orthomosaic",选择"导出JPEG/TIFF…"。

三、模型绘制问题

(1)图片无法对接。添加图片时,所有需要拼接的图片都应储存在同一文件夹下,否则图片将无法对接。

(2)图片无法对齐。拼接图片时,出现色块,无法对齐,说明有无关图片混入,此时应检查所有图片,删除无关图片。

(3)图片显示异常。图片对齐后只显示灰色,不具备任何地图特征。在添加图片时需要注意,选择添加文件夹后,应区分相机,或者重新添加图片。

第六章 无人机警务任务执行

第一节 无人机警务机型选择

警用无人机常用机型包括无人直升机、固定翼无人机和多旋翼无人机,当前我国警用无人机大多使用的是固定翼无人机和多旋翼无人机。近年来,多旋翼无人机在实际应用中占比明显提高,数量也呈爆发式增长,相比较而言,固定翼和直升机的数量增长并不明显。图6-1为某警队列装的各型号多旋翼无人机。

图6-1 某警队列装的各型号多旋翼无人机

多旋翼无人机具有体积小,结构简单,操作方便,机动性强,适合近距离作战,可以垂直起降和空中悬停,具备高清晰图片、图像的采集与实时传输等功能;智能化程度高,适合多平台、多空间使用,执行特种任务能力强;随着飞行高度的升高,其隐蔽性逐渐增强,但续航相对较短。固定翼无人机适合长距离巡航,用于高空实时监测,飞行时间长、巡航面积大、速度快、高度高、噪声小,具有更好的隐蔽性。但因其无法定向悬停,在锁定目标后多采用盘旋方式进行监控,其在执行高楼林立的建筑环境中的任务时效果不佳,在楼层较低的建筑环境中能更好地发挥优势。

针对日常勤务及临时作战的需求配备不同型号无人机及搭载设备,可以实现对重点区域的覆盖,达到快速反应、大面积感测、事前预防及现场喊话的效果,改变了以往应急事件处

▶▶▶ **智慧监狱无人机警务**

理以地面信息为主的局面。通过无人机的空中侦查,可以实时监测现场情况,同时将视频信息传输至指挥中心平台,指挥部可以根据现场信息进行决策。在难以抵达的事件现场,可以通过无人机所配备的喊话器进行喊话,指挥现场执行任务。

无人机有多种机型和配置可供选择,可以根据起降场地、续航时间、预算等需求选择。建议根据应用场景及执行任务的需求分析,选择采用大型、中型及小型无人机搭配使用,需要高清、变焦及专业热红外镜头等多种类型镜头配合使用。野外复杂场景或气象条件较恶劣的情况下,需采用大型无人机,电机轴距在 1 m 以上级别。日常巡逻追踪等情况可以采用中等规模机型,电机轴距在 0.5 m 级别,速度要达到 20 m/s。普通现场勘察、大型场馆内部低飞悬停摄像等场合采用小型无人机即可,电机轴距在 0.3 m 级别。特殊场景,比如夜晚树林内的嫌疑人追踪、火灾现场的侦查等则需要使用热红外镜头,平时道路远端侦查则需要使用可变焦镜头等。

针对日常勤务需要,可配备小型无人机,通过定制化飞行软件与无人机指挥作战平台实时互联,将日常勤务拍的图片数据上传至数据平台存储,同时支持指挥平台调取无人机空中实时影像。针对临时警务或安保需求,使用中型无人机搭配高倍率变焦镜头、大型无人机搭载喊话器等设备,支持指挥作战平台远程实时操控云台相机进行现场远程监控,如图 6 - 2 所示。

图 6 - 2 无人机远程监控

每种类型的无人机都有自身优缺点,最重要的还是分析使用地域的整体环境和任务指向性,选择更合适的无人机。不同警种出警任务的重心不同,对无人机的应用情况也有区别。比如航运警察、缉私警察、森林警察、铁路警察、交通警察等管辖、服务范围广,且对机动性有较高要求,经常需要大范围巡逻和出警,搜索和跟踪监视嫌疑人目标,并及时取证。无人机能针对不同警种警务,衔接其应用侧重点,产生巨大作用。警用无人机具有站得高、看得准、盯得住、传得快等特点,能够解决很多警务工作难题。鉴于无人机在警务工作中的应用优势,根据警务工作的特点,大力研发适用于不同警务工作的无人机以及挂载功能设备,这是发展的必然趋势。

第二节 无人机警务应用场景选择

警用无人机系统整合了飞行、操控、数据处理等功能，在互联网或者专用网络的支持下必将得到进一步的发展。在搭载各类任务设备之后，警用无人机可以因地制宜地开展相应的工作，使得执法工作上升到一个新的高度。全面、合理地应用无人机自动起降平台成为警务工作的新热点，如图6-3所示。

图6-3 无人机自动起降平台

一、巡逻监控

监狱监管区域面积较大且结构复杂，依靠地面力量巡逻不仅耗时耗力，且易出现盲区和缝隙。在日常巡逻中，可使用固定翼、多旋翼无人机搭载图传设备，在巡逻区域或外围采取盘旋或设定路线巡航的方式，配合巡逻警力对地面情况进行实时监视，可以及时发现异常活动。一方面，通过无人机巡逻发现情况后可就近处置，节省警力；另一方面，无人机巡逻也能填补地面力量巡逻时的盲区和缝隙。同时，还可以在监狱重点位置建设无人机自动起降平台，依托5G技术进行无人值守远程控制，一旦发生警情，指挥中心立即启动就近无人机飞抵现场上空，将实时画面回传并全程录像；在需要进行信息交换的时候，可以启用远程语音系统，与现场进行信息交换；基于回传数据，可开展人像识别等相关数据的分析，指挥决策提供快速、直观、准确的数据。

二、侦查取证

侦查取证包含警用无人机的两种功能，即侦查搜索与取证照相。侦查搜索是无人机自发明以来应用得最早、最成熟的功能，它依靠装在无人机上的照相机、摄影机、微光夜视仪、红外扫描器和雷达等设备，实现侦查和搜索功能。取证照相则是在侦查途中或战斗中对犯罪嫌疑人的活动实现证据固定的功能。当侦查区域较大、地形较为复杂或者受到社会因素

▶▶▶ **智慧监狱无人机警务**

等方面限制而不利于人力进行实地侦查时,无人机能够担负起代替人工进行侦查搜索的任务。

高空追踪侦查时,适当高度带来了足够的隐蔽优势,高倍变焦镜头确保了细节画面的清晰度,结合人像比对系统,可从空中对嫌疑人进行比对,确定抓捕目标,还能通过高变倍摄像头对嫌疑人及嫌疑车辆实施高空监控与追踪。在夜间和凌晨温差较大的情况下,可见光视觉条件较差时,无人机可以搭载红外遥感设备及热成像遥感设备实施搜索和监控(由于热成像设备对热源敏感,使用该设备对比会更加强烈、清晰),并将数据实时传回地面站,从而快速制定抓捕方案。无人机高速公路巡查如图6-4所示。

图 6-4 无人机高速公路巡查

三、参与攻击

1. 直接攻击

在战斗行动中,可根据多旋翼无人机可悬停的特点,搭载强声、强光或抛投设备悬停于犯罪嫌疑人藏匿地的上方,通过强光照射、喊话、发射爆震弹等方式对其实施心理上的直接攻击。还有一些多旋翼无人机可携带质量轻、后坐力小的航空枪炮(如催泪瓦斯、闪光弹、烟雾弹、网枪等设备),可以配合地面力量直接对犯罪分子实施火力打击。夜间战斗时,可使用无人机搭载强光灯,为战斗任务提供夜间照明,或使用夜视仪进行隐蔽跟踪监控。夜间的强光不仅对犯罪分子是种震慑,也能让战斗人员始终待在暗处,确保行动的安全。充分发挥警用无人机的攻击功能,能够在战斗行动中更大程度地对犯罪嫌疑人形成压制,提高打击效率并提高战斗队员的安全性。

2. 引导攻击

引导攻击功能主要应用于追击行动中。警用无人机在侦查中发现犯罪嫌疑人后,可采取悬停或者跟随移动的方式,将画面实时传输到地面控制站;地面控制站通过整理图像中犯罪嫌疑人所在的位置、运动方向、运动速度等信息，分析出最佳追击路线并向指挥员汇报，引导地面行动力量追击犯罪嫌疑人，也可发射催泪弹（见图6-5）。当地面行动力量视线受阻时，还可以利用标记的方法为指挥中心指示犯罪嫌疑人的位置。例如，夜间在林地、高苗地，警用无人机搭载微光夜视仪搜索到目标后，可通过向目标发射荧光材料的方法标记出犯罪分子的位置，引导警力前往处置。

图6-5 安装催泪弹发射器的警用无人机

3. 安保警卫

重大活动安保警卫工作是警务工作中不可或缺的一个板块，在执行任务前期，利用警用无人机搭载影像设备对安保环境进行高空实时查看并拍照录像，制作虚拟现实全景图、三维实景地图（见图6-6）、正摄影地图，实现多层次的多维地理信息数据资源共享，同时对拍摄的影像数据进行分析，如果发现隐患，就提前排除。根据警用无人机航拍安保工作涉及的场馆、行车路线，制作出线路及警力部署图，从而科学地安排警力。在媒介失效时，可通过警用无人机在高空播放语音，进行信息传递。

图6-6 无人机快速三维建模

4. 应急处置

在群体性突发事件的处置中，警用无人机可以快速抵达人群聚集上空，对目标区域进行全方位的视频监控，帮助指挥员全面掌控事态进程，锁定重点人群。警用无人机在加装声控及空投装置后，还能对涉事人群进行政策宣讲，传递政策指导性信息，投掷相关宣传材料，发射催泪弹等。这些可有效地解决了群体性突发事件中指挥难、监控难、取证难、宣传难、驱散难等问题。

5. 救援保障

在突发火灾、人员被困的突发事件中，当高层建筑物发生火灾时，地面消防人员无法观察到高层建筑物起火点及人员情况时；警用消防无人机（见图6-7）飞抵起火楼层，可以搭载灭火弹、救生衣、绳索、食品等救援物资先行救援；通过机载视频系统实时观察建筑物内部状况，引导消防人员实施有效搜救；搭载热成像视频采集设备系统，通过采集到的热成像图片，快速查找热源，做到早发现、早控制、早解决；在灭火后进行二次燃点的寻找，避免重燃。

图6-7 警用消防无人机

在警务工作中，如遇到自然灾害通信中断，警力所在位置没有通信基站或者通信基站繁忙等情况，无人机搭载的小型通信设备则能起到低空卫星的作用，为地面警力提供不间断的信号，使指挥系统及时接收到事发现场的详细警情。如果使用警用无人机挂载通信中继设备，可以建立起较为稳定和长久的应急通信网络。同样，在需要屏蔽部分区域通信时，无人机还可携带屏蔽器对相关区域、相关频段进行信号屏蔽。

第三节 无人机警务飞行计划制订

一、飞行计划的概念

飞行计划是指飞行执行人员为达到其飞行活动的目的而制订的计划，飞行计划的制订包括确定航空器，制订操作人员行动方案，确定航路、航线、空域、起降场地、飞行时间等。

第六章 无人机警务任务执行

二、飞行计划的制订

无人机的飞行计划要根据不同任务而制订,飞行任务划分为两大类,即航线任务与区域任务。飞行计划的基本元素包括工作人员信息(包括姓名、所属单位等)、无人机信息(包括无人机型号、编号、识别码等)和飞行任务基本元素(包括起飞降落点坐标、飞行任务类型、执飞日期、运行时间和飞行气象条件等)。

飞行计划的执行有两种方式,一种是工作人员申请执行自主飞行任务,另一种是指挥作战平台下达指定飞行任务。工作人员通过飞行软件提交飞行计划,完成飞行计划的申报;指挥作战平台接收到任务申请,管理员依据作战平台中无人机信息及飞行计划格式要求,对提交的飞行计划进行校验,同时根据无人机的飞行任务及内容,对无人机性能、飞行环境、气象约束进行飞行任务审核,审核通过则下达可以执行的命令;地面空勤人员根据指令进行飞行任务的执飞工作。由指挥作战平台统一下达日常巡逻飞行任务及临时飞行任务,工作人员接获飞行任务到达现场后执行任务,无人机即可按照预设飞行任务自动执行。图6-8为无人机自动巡查系统起降平台。

图6-8 无人机自动巡查系统起降平台

第四节 无人机警务飞行准备

一、飞行前的准备工作与飞行任务

在开始飞行之前要做好准备工作,准备工作大致包括以下内容:
(1)了解任务内容、执行时间、执行区域;
(2)提前查询任务执行期间的气象条件;
(3)确定运行场地满足无人机使用说明书所要求的运行条件;
(4)提前规划任务飞行航线,并对飞行航线进行模拟验证,规划航线时应尽量避开限制飞行区域,必要时须向主管单位申请获取飞行许可;

(5)检查无人机各组件状况,确认各组件运行正常、电池或燃油的储备充足、通信链路信号等满足运行要求,必时还需要做好设备的冗余备份,保障设备可靠稳定地运行;

(6)制定紧急情况的处置预案,预案中应包括紧急情况下的处置操作、备/迫降地点等内容。

二、空域申请

根据《无人驾驶航空器飞行管理暂行条例(征求意见稿)》,对无人机飞行活动的空域申请有以下要求:

第三十七条 从事无人机飞行活动的单位或者个人实施飞行前,应当向当地飞行管制部门提出飞行计划申请,经批准后方可实施。飞行计划申请应当于飞行前1日15时前,向所在机场者起降场地所在的飞行管制部门提出;飞行管制部门应当于飞行前1日21时前批复。

国家无人机在飞行安全高度以下遂行作战准备、反恐维稳、抢险救灾等飞行任务,可适当简化飞行计划审批流程。

微型无人机在禁止飞行空域外飞行,无需申请飞行计划。轻型、植保无人机在相应适飞空域飞行,无需申请飞行计划,但需向综合监管平台实时报送动态信息。

第三十八条 无人机飞行计划内容通常包括:

(一)组织该次飞行活动的单位或者个人;

(二)飞行任务性质;

(三)无人机类型、架数;

(四)通信联络方法;

(五)起飞、降落和备降机场(场地);

(六)预计飞行开始、结束时刻;

(七)飞行航线、高度、速度和范围,进出空域方法;

(八)指挥和控制频率;

(九)导航方式,自主能力;

(十)安装二次雷达应答机的,注明二次雷达应答机代码申请;

(十一)应急处置程序;

(十二)其他特殊保障需求。

在实际工作中,申报空域需要提供的内容如下:

(1)任务来源件;

(2)使用空域时间;

(3)使用空域机型、架数、操控人员信息;

(4)使用空域水平、垂直范围;

(5)巡线时是否航拍;

(6)进出空域方法及通信方式。

材料准备齐全后报所在地战区空军航管部门审批。

三、设备检查

（一）环境安全检查

飞行前,首先要做的就是观察飞行环境,确保周边没有影响飞行安全的障碍物,如电线、电塔等,同时应当确认飞行地区是否处于禁飞区、限飞区,不要违反当地法律、法规。此外,飞行区域应当避开建筑物和人群以免造成危险。图6-9为触碰障碍物造成无人机坠落。

图6-9 触碰障碍物造成无人机坠落

（二）机身检查

无人机是复杂的电子机械设备,飞行中机身承受很大的作用力,可能导致一些物理损坏,飞行前的机身检查有助于及时发现损坏,保证飞行安全。机身检查应当包含以下项目：机身是否有裂纹；螺丝钉或紧固件有无松动或损坏；螺旋桨有无损坏、变形以及安装是否紧固；电池安装是否牢固。

（三）无人机控制系统检查、校准

该步骤为飞行前检查中最复杂的步骤。目前多数无人机都配有直观、简洁的APP,便于检查。控制系统检查主要包含以下项目：无人机电池电量是否充足；遥控器电池电量是否充足；磁罗盘是否正常；GPS卫星数量是否满足安全飞行要求；云台系统是否正常。其中,磁罗盘如果有异常现象,则需更换起飞地点或对磁罗盘进行校准,如图6-10所示。

（四）工作现场检查

工作现场检查包括：记录飞行地点、任务性质、飞行日期、检查人员；检查现场环境是否符合飞行要求；设备应摆放整齐、有序,放在不易被踩踏和碰撞的位置；检查设备组装与天线架设是否正确。

(五)地面站检查

地面站检查：包括检查监控主机，应无损伤、放置稳固；各类线缆无损伤、无折痕、不相互缠绕；接插件无水、霜、尘、锈，针、孔正常接触，无变形。

图6-10 无人机起飞前进行系统检查

(六)设计数据检查

设计数据是检查地面站地图与航线调用、规划是否正确。

(七)任务设备检查

任务设备检查包括：检查吊舱外观是否完好，吊舱光学设备保护罩应无损伤、划痕；双目模块、双目主控外观应完好，无划痕、损伤等异常情况，镜头表面应洁净、无污染。

(八)通电检查

通电检查：包括完成电调上电自检，检查电量、电压信息，信号干扰、遥控响应无异常；检查数据传输链路、飞控通道是否正常；检查校准各种传感器参数；检查吊舱的姿态控制与图像数据切换功能；检查矢量旋翼的倾转功能。

(九)试车检查

在开车状态下，检查飞控传感器、舵面响应、电机响应、转速等是否正常。

四、注意事项

禁止粗心或鲁莽地操作，任何人员在操作无人机时不得粗心大意和盲目蛮干，以免危及他人的生命或财产安全；无人机驾驶员在饮用任何含酒精液体之后的8h之内或处于酒精作用之下或者受到任何药物影响及其工作能力对飞行安全造成影响的情况下，不得操控无人机。

同时，务必确保做好下列飞行准备工作：组织、确定参与飞行任务的人员和设备；明确任务内容，完成人员的任务分工；完成无人机等设备的安装、调试和飞行前检查；记录飞行准备过程中的各种信息。图6-11所示为显示信息的无人机图传显示界面。

第六章 无人机警务任务执行

图 6-11 无人机图传显示界面

第五节 无人机警务任务执行

一、航拍画质的稳定

无人机在使用过程中会遇到阵风、建筑物遮蔽等环境干扰的状况,这就对操作手提出了较高的要求。通常来说,航拍无人机产品在风力小于 3 级时都能提供较为稳定的拍摄画面,但是若对拍摄画面的质量有更高要求,还是需要加装设备并掌握一些技巧。

警用无人机与消费级无人机有很大的不同。消费级无人机的拍摄比较随心随性,通常只用拍摄出分辨率较高的俯瞰画面就够让普通消费者满意。而警用无人机则需要在一定的时间内对目标物体进行持续拍摄,并且其拍摄距离和角度都要符合警用拍摄的要求,对于目标凝视和画面防抖都有一定的限制。

为了同时满足平稳飞行和获得高质量画面两个条件,在警用无人机上安装稳定平台是必要的。该平台可以隔离空气吹拂机体振动等扰动,使无人机能持续提供清晰的视频图像(见图 6-13)。另外,有的平台还能快速响应控制信号,使摄像头的视轴能够时刻跟随目标,进行跟踪拍摄。此外,带有云台的无人机需要无人机操作手和云台操作员的通力合作以更好地完成拍摄任务。

对云台的熟练应用可以让无人机在较大的风力中也能拍摄出画质较好的影像,云台则能隔离无人机的机身变化对像机的影响,使无人机能"安心"应对阵风干扰。

无人机上的减震垫和减震橡胶可以改善拍摄质量,能够减少机体振动对飞控部件的影响。这一点往往会被初次使用无人机的操作手所忽略。实际上,再好的云台也难以完全消除无人机因飞控受机体振动激发出来的飘摆运动对画面的影响。在飞控没有通过减震垫与机体连接的时候,无人机拍摄出来的画面会产生扭曲现象。这在拍高层建筑的外墙或者笔直公路的时候会尤其明显。

图 6-13　无人机减震云台架与防抖镜头（可保证画面稳定）

二、特殊环境的使用

使用无人机在零下十几摄氏度的环境中持续作业，这对无人机和操作手都提出了更高的要求。减震橡胶的减震效果对温度较为敏感。在温度较低的环境中进行作业时，要注意提前更换减震橡胶或者减震柱，使用针对低温环境且经过特殊处理的橡胶，以确保减震效果在低温环境中的有效性。

另外，对将锂电池驱动的无刷电机作为动力来源的航拍无人机来说，低温环境对电池的影响是个不容忽视的问题。在我国北方的冬季，会经常遇到智能手机在低温环境中迅速失电而自动关机的情况。当电池温度低于15℃时，其化学活性已开始降低，电池的内阻开始增大。

因此，在低温环境中拍摄的无人机在正式进行航拍作业之前，要带电低空短暂悬停，以便操作手了解无人机在低温环境中的表现，对飞行计划进行调整，同时利用电池的自身发热来抵御严寒的不利影响。在掌握当地天气情况并对光照、风力等因素进行通盘考虑后，还应时刻监控无人机的状态。另外，应当适当调高无人机电池的报警电压，以便适应锂电池在低温环境中陡峭的降压曲线。

在高原地区执行飞行拍摄任务时，较小的空气密度使无人机的旋翼需要更高的转速来产生足够的升力，此时无人机的耗电速度比平时快。操作手要注意时刻监控电池状态，以免无人机坠落。另外，高原地区往往阵风频发，无人机在抵御大风时也会增加耗能。因此，在高原作业时,操作手要多准备几块电池,随时准备替换。

三、操作方法的转变

警用无人机的引入对工作人员的专业技能提出了更高的要求,进行跟踪作业的无人机的典型操作流程是:摄像头在云台带动下扫描,以确保无人机拥有较大的搜索范围,便于发现地面目标;一旦发现目标,地面操作手需快速判断其是否为需要监视的目标,并采用人机交互的方式通过数据链路上传目标初始坐标;在目标位置确定后,无人机便按照预先设定的跟踪算法进行跟踪(见图6-14)。由此可见,无人机虽然具有发现目标和跟踪目标的能力,但是在目标选择、信号传输以及最终决策等环节,仍然需要工作人员参与。在警用无人机提供的信息足够多,而被跟踪目标的移动速度又非常快的情况下,工作人员识别和判断目标的压力会变得非常大。而工作人员的侦查载具由警车变为警用无人机时,其思维方式也应该由二维转变为三维。在决策过程中接收到的信量会激增,而用于决策的时间则会骤减。以上需要任务操作人员具备熟练的操作能力,以执行不同使用场景下的任务。

图6-14 无人机对设定的目标跟随拍摄

巡逻过程中发现异常情况时需要进行目标锁定,将无人机切出全自主巡航模式,通过实时图像手动操控无人机对目标进行锁定、追踪,完成锁定或追踪任务后,再切入全自主巡航模式进行自主飞行巡逻。

飞行任务执行完毕后,要确保返航线路及降落场地环境安全。操作手可以通过遥控器人工操控无人机飞行,也可以通过飞控系统控制无人机自动飞行,自动飞行具备增稳飞行、航线飞行等飞行模式。基于无人机的安全设计,无论何时停止遥控器操作,无人机都能自动悬停在空中;若遥控器信号中断时间超过30 s或者电池电量过低,无人机会自动缓慢降落到地面或按照预定方案自动应对。遇到特殊情况,操作手可以随时发出指令让无人机自动返航。

无人机在警务活动中的操作步骤如下。
(1)无人机起飞,迅速赶到现场布控,将现场信息实时反馈给指挥中心。
(2)对目标进行锁定、了解周围环境,为指挥中心作出进一步作战决策提供依据。
(3)实施指挥中心的决策,同时无人机进行全程监控,如有特殊情况,随时调整作战计划。

(4)任务完成,无人机返航、降落。

比如,厦门警方就根据日常勤务及临时活动或作战需求,制订了科学的飞行计划:通过无人机综合指挥作战平台对警务空勤人员进行管理,每位空勤人员对应一个飞行账号;接到任务领用无人机后,飞行软件会实时将空勤人员信息及无人型号和状态信息上传至指挥作战平台,方便后台人员监管。这样既方便了管理空勤人员,又方便了任务航线的下达及监管,同时每月自动生成空勤人员飞行记录及总结,方便绩效考核。

无人机作为地面巡逻的空中视角,能够补充和辅助日常巡逻、联勤及反恐等行动。厦门警方无人机小组协助辖区范围内的公安、武警、消防、城管等的无人机使用调度及任务执行。无人机小组实施动态备勤,每日重点时间段,在厦门市政府、中山路商业街、厦大白城片区、曾厝垵片区、火车站等重大片区参与空中巡逻防控工作,重点加强对厦门市车站、码头、商业圈等治安复杂、流密集区域的巡逻、防控工作,如图6-15所示。辖区派出所每日对各自辖区的城中村进行空中巡逻,拍摄重点区域的航拍照片,通过4G网络实时上传至作战平台进行研判。

执行任务的警用无人机的飞行路线由作战平台通过前期考察记录下达,空勤人员现场自动执行任务航线即可进行空中巡逻,在便利的同时最大限度地保障了安全,减少了操作手操控对无人机的不利影响。作战平台可以临时划定地理围栏,将执行任务的无人机选在指定区域,保障任务的顺利执行。

图6-15 无人机辅助治安巡逻

第六节 无人机警务数据分析研判

一、数据收集准备

数据准备包括数据采集、清洗、转换和数据集成。数据采集既包括具体案件发生后无人机进行现场勘查任务所采集的图像数据、结合获取的现场历史数据,也包括准备的与案件相关的大平台数据,更重要的是按照相关理念,向社会采集的各种相关数据。数据清洗是指清除数据噪声和与挖掘主题明显无关的数据。数据集成是将来自多个数据源的、不同结构的相关数据组合在一起。数据转换就是对数据进行一定的格式转换,使其适应数据挖掘系统或挖掘软件的处理要求。

二、技术利用

大数据时代最重要的就是数据,以及从数据中挖掘的智能和情报。运用大数据分析、挖掘数据库、自然语言学习等技术,可以实现百亿节字级别记录的收集、存储和秒级的实时分析,能有效地解决大数据时代数据分散、割裂、难以统一处理的难题。

三、数据存储

收集警用无人机图像数据后,需要对数据进行存储,目前一般的存储方式是本地存储,它适合小范围的侦查、分析。实际上这样的数据存储方式不仅不适合深度数据挖掘的需求,而且也不适合一个更大、更分散的团队。将收集到的数据上传至大数据服务器,不仅极大地扩充了数据存储的空间,保证了历史飞行数据的完整性,而且适合进行深度数据挖掘。

四、明确问题和确定分析思路

侦查过程是一个问题求解的过程(比如是在什么时间用什么工具作案等一系列问题)。根据现有的数据,如通过现场勘查、现场访问等收集的信息以及采集到的海量数据情况,明确侦查要求的问题,并对问题具体化和数据化。然后根据明确的问题确定具体分析思路。

五、确定目标和验证阶段

大数据分析可能会产生两种结果:一是缩小了侦查范围,这当然还需要进一步进行线下查证,以确定犯罪嫌疑人;二是确定了犯罪嫌疑人,但这仍然需要线下查证。这是因为数据只是事实的镜像,需要从现实关系上进一步查证,把数据确定转换为法律确定。

警用无人机系统在警务任务中主要执行的任务有以下几方面:对人的查找、识别、锁定、跟踪、监视;对隐藏罪犯窝点进行排查、锁定、监视、布控、信息收集;对目标车辆进行查找识别、锁定、追踪、监控;对违法建筑、种植、盗伐、盗采、偷盗、破坏进行监控、取证;对于道路、桥梁、山地、河流等地形进行信息收集。

在以上的任务执行过程中,通过无人机实时回传地面站及指挥中心的信息,对人、物品、建筑在不同时间段的飞行数据进行比对,分析出任务的实效性及任务质量,这对下一步任务决策起着决定性作用。随着无人机技术的日趋成熟,无人机应用领域日益广泛。警用无人机利用承载的高灵敏度照相机,可以进行不间断的画面拍摄,获取影像资料,并将所获得的信息和图像传送回地面(见图6-16),辅助指挥者进行科学决策和判断,是不可多得的重要工具。

安防无人机获取的数据主要为视频及图片信息,视频以实时视频监控为主,图片则以航拍图片为主,可供指挥中心分析与研判。无人机指挥作战系统平台所配套的无人机飞行软件可以进行现场实时图片拼接与矫正,支持实时测绘及标注,极大地增强了应用性。

▶▶▶ 智慧监狱无人机警务

图 6-16　无人机图像回传与比对

第七节　无人机警务飞行维护

任何机电系统都需要相应的保障与支持设备,支持其正常运转,保障与支持设备可针对不同的保障级别进行配置。对于无人机系统,很多保障与支持设备需要在一线使用,必须随装携带。另外,一些保障与支持设备不需要即刻使用,可以存放在室内固定、安全的位置。图 6-17 所示为无人机维修工具箱。

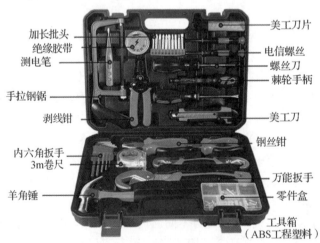

图 6-17　无人机维修工具箱

一、系统说明书及使用记录

系统说明书内容包括系统的主要结构及部件、注意事项及操作方式,包括系统架设、配件清单、检查调整。系统使用记录用于记录系统使用的历史信息,包括任务准备和执行,以及在任务完成之后回收和系统撤收的信息。记录的信息包括操作人员、时间和每次任务持续时间、飞行结果及状态,以及任何重要的技术观察结果和评判。

使用记录可以单独使用,作为操作指南与维修手册的一部分。

二、消耗品

根据系统大小及数量需求,要带上清洁材料、电池、充电设备和其他消耗品,特别是控制站与无人使用电源设备。出于安全考虑,电池进行长途运输时需单独存放。图6-18所示为无人机电池防水防爆运输箱。

图6-18 无人机电池防水防爆运输箱

三、可更换部件

如果无人机系统是移动的,在远离基地或其他支持的情况下,根据预定的工作时间,操作人员必须保证所带的零部件的种类和数量齐全。

四、易损部件与视情况更换的部件

易损部件包括那些容易遭到损坏的部件,如在不利的天气条件下降落时可能损坏的部件,包括无人机可拆卸的翼、螺旋桨和其他部件。

视情况更换的部件包括电机电池等,在控制站中也需要电池类的部件。这些部件在系统开发阶段就已经确认并经过验证实验,最终列入维修手册。

五、工具

工具包括日常操作和维修所需要的各种工具,一般可满足电子、电气和机械等多个类型对象的需要,包括启动和检验设备(如电子测量仪表、电池充电器、力矩扳手,以及测试子系统功能)所需要的夹具、锁具等。夹具一般包括检查所需的工具,如用于控制设置和量程的检查工具;锁具则可能包括任务载荷功能检查所需要的工具。

与其他保障与支持设备一样,上述工具种类数量主要取决于无人机系统类型。工具需求在系统设计阶段就会考虑,在系统开发阶段得到修正和确定。工具配备的一个原则是尽量减少所需工具数量,特别是专用工具的数量,主要配备标准的国际通用工具。

六、辅助设备

辅助设备一般被视为无人机系统的一部分,尤其是与控制站车辆配套或集成一起的设备,如发电设备,还有其专有的充电供应和维修设备。以前,警用无人机工作人员对使用的无人机了解比较片面,认为无人机的设计、组装、调试和飞行是无人机的全部,加上没有太多的连续飞行任务,对无人机的维护保养一直不太在意,经常是飞后直接装箱(见图6-19),再飞的时候拿出来组装飞行。

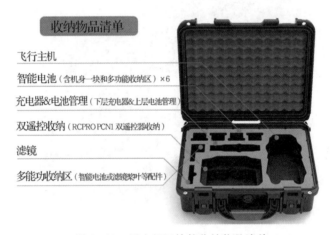

图6-19 无人机运输箱收纳物品清单

(一)典型问题

(1)再次飞行时发现零部件缺失,导致无法飞行。

(2)组装过程中发现飞机有损坏的地方。

(3)飞行过程中经常出现发动机熄火、电池异常,甚至在飞行时发生无人机解体的情况。

(二)产生问题的原因

(1)无人机飞行后没有将零部件和工具归位,导致再次飞行时缺东少西。由于没有规范地管理,回收后的无人机没有固定的存放位置,每次飞行前都需要重新收拾零件、工具和其他辅助设备。加上平时接触无人机的人员比较多,使用工具或者动用无人机零部件没有记录,造成零部件丢失。这是很多无人机操作手初期存在的毛病。只有从开始制定规范,对每个工作人员实行问责制,才能有效地免这种混乱带来的问题。

(2)在飞行后没有对无人机进行全面、彻底的检查,不能发现在使用中造成的损坏。无人机和有人机不同,几乎不在条件良好的机场跑道上进行起降。由于起降场地的条件差,无人机尤其是常规起降的无人机极易在起降过程中因为冲击力大而造成局部损伤(见图6-20)。而且有些结构损伤是不容易从外表发现的。因此,在每次飞行后都应该对无人机本身进行全面细致的检查,及时发现并处理隐患。

图6-20 无人机桨叶脱落导致坠落

(3)重要的设备需要定期检修,避免长时间使用造成损坏。无人机是一种长期、重复使用的工具。在多次使用后,一些重要设备容易出现问题。无人机飞行时间长,环境震动大,对电组的耐用性要求很高。再加上操作手缺乏常识,飞行间隔时间不固定,电池经常满电存储,造成电池性能下降很快。同理,无人机的结构,尤其连接部分由于经常拆装和振动冲击,容易老化损坏。这些都是需要在维护过程中重点注意的地方。

(三)任务执行结束后的维护

(1)飞行平台检查。如果飞行平台以非正常姿态触地,应优先检查碰撞处的损伤情况。检查、记录机载电源电压外观有无损伤,检查吊舱、双目视觉系统、舵机、飞控、电动机的供电线缆连接情况;检查机体、连接件、电机、起落架、天线、飞控、螺旋桨外观有无损伤、变形、污垢,紧固螺栓是否拧紧。

(2)任务设备检查。检查吊舱外观是否完好,吊舱光学设备保护外罩是否有损伤、划痕;检查双目模块、双目主控外观是否完好,是否有划痕、损伤等异常情况,镜头表面应洁净、无污染。

(3)影像检查。检查记录图片数量与预计数量是否相符,相差多少;与POS数据一一对应;检查图片大小是否是最大值,记录单张影像的大小(大概值,单位为MB);检查视频、图片色彩是否饱满,锐度是否清晰(看地物边缘),且反差应适中(看阴影部分);观察地物,判断影像分辨率是否满足设计要求。

(4)整理设备、场所。将无人机系统断电,分解至储存、运输状态;将分解后的无人机装箱,将随机工具放入专用具箱;恢复场所原有秩序。

第七章 无人机警务战术科目

第一节 空中巡逻

无人机空中巡逻,是由可视化指挥调度和无人机空中巡逻(见图7-1)相互配合,为政法机关案(事)件处置、大型安保、道路巡查乃至整个社会面管控提供更及时、准确、全面、直观的参考依据,达到主动预警和快速反应的目的,确保辖区社会治安稳定的一种巡逻方式。此外,通过无人机配备的高清摄像头,可以对人员密集场所、交通拥堵路段、受灾区域等需要及时了解最新动态的地区进行全方位、立体式巡查,同时将相关影像资料通过可视化指挥调度系统实时传输到指挥调度大厅,为领导决策和科学调度警力提供直观、重要的参考依据。

图7-1 公安特警使用无人机开展空中巡逻

一、应用场景

(一)道路空中巡逻

道路是指供车辆和行人通行的工程设施。按其使用特点分为城市道路、公路、厂矿道路、林区道路及乡村道路等。我国幅员辽阔,依靠传统视频监控设备对道路流量、动态进行监控,存在点位少、覆盖率低及发生故障后不能及时修复等因素,造成许多监控盲区。无人机机动、灵活,对地面监控盲区可做到有效监控、补差补缺。无人机在道路空中巡逻过程中,可以完成道路流量统计、辅助设施排查、路面坑洼异物排查、高速公路应急车道违章巡逻等例行巡检,也可以进行交通拥堵事故应急处理、交通设施损坏应急处理等应急巡检。下面按照道路分类作具体说明。

1. 城市道路空中巡逻

近年来,城市道路交通承受着车辆持续增多和人流激增的双重压力。为了充分保障道路交通安全、畅通、有序,更好地开展交通安全保障工作,更加全面快速地掌握城市道路交通状况,可以利用多旋翼无人机进行空中巡逻,同时对市内较易形成拥堵的路段和重点景区周边路段开展交通巡逻,实现空地联勤,形成立体化指挥调度体系。操作时,可在特定时段利用多旋翼无人机对特定路段进行空中巡逻,发现道路拥堵时,可下降到适当高度,指挥车辆有序通行,同时联络地面人员到现场疏导交通。该举措相应地减少了路面巡逻次数,节省了人力及其他资源。

2. 高速公路空中巡逻

高速公路空中巡逻主要是为了满足高速交警现有的业务需求,对管辖内的高速公路路段进行巡查。巡查内容主要包括检查有无占用应急车道、发现道路交通阻塞点、进行重大车祸现场图像回传等。具体操作时可利用固定翼或多旋翼无人机进行空中巡逻(见图7-2)。固定翼无人机的特点是:航速快、航时长,可对路段进行快速巡逻;多旋翼无人机可对交警无法第一时间赶到的现场进行拍照、录像等操作。例如,运用固定翼无人机巡逻时发现一起交通事故,事故已经造成路面车辆拥堵。无人机通过警用数字集群通信技术,将现场画面传输至指挥中心,指挥中心根据现场图传情况,调配警力及时赶赴事发现场。高速交警到达后,由于车辆拥堵无法进入中心现场,此时可利用多旋翼无人机飞抵事故点上空,并指挥车辆避障有序通行,这样就相应提高了处理交通事故的效率。

图7-2 无人机高速公路巡逻

3. 厂矿道路空中巡逻

厂矿道路,是指为工厂、矿山、油田、港口、仓库等行业服务的道路,分为厂外道路、厂内道路和露天矿山道路。厂外道路是厂矿企业与公路、城市道路、车站、港口原料基地、其他厂矿企业等衔接的对外道路;厂内道路是厂区、库区、站区、港区等的内部道路。露天矿山道路是矿区范围内采矿场与卸车点之间、厂区之间的道路,或通往附属厂、辅助设施的道路。厂矿多使用重型车辆,经重型车辆碾压后的道路路面容易损坏,且厂矿多建在山区,连续阴雨天气容易导致地质灾害,如山体滑坡等灾害极易堵塞路面。对此,可利用多旋翼无人机对路面进行巡逻,发现损坏路段应及时修理,对自然灾害造成堵塞的路段应及时清障通行。

4. 林区道路空中巡逻

林区道路建在林区,主要供各种林业运输工具通行。林区道路分为四类:①集材道路,是由木材采伐点至装车场开辟的简易道路,专供集材使用;②运材道路,为林区道路的主体,直接承担木材由装车场到贮木场的输送任务;③营林道路,是根据造林、育林、护林等工作需要所修筑的正规道路;④防火道路,一般情况下该路面较宽,厚度、强度等能满足护林防火的需要。林区道路极易受到地质灾害等自然条件影响,造成道路损毁、堵塞,在灾后可利用固定翼或多旋翼无人机对易受灾路段进行全路段巡逻,及时发现、修复和清障疏通。

5. 乡村公路空中巡逻

乡村公路一般是指连通乡镇及行政村的公路。乡镇公路,是指县城通达乡镇以及连接乡镇之间的公路。行政村公路,是指由乡镇通达行政村的公路。就我国现状而言,乡村公路就是指县乡公路和通村公路。乡村公路空中巡逻可采用多旋翼无人机分时段、分路段,针对路面监控点位无法覆及的区域内的车辆行驶情况进行巡逻,及时发现低速载货汽车、农用车、拖拉机等违法载人、无牌无证上路等违法行为,做到实时发现、记录,以便对其作进一步处理;及时疏导路面车辆拥堵的路段,保证路面交通畅通。图7-3所示为无人机对乡村公路进行巡检。

图7-3 无人机对乡村公路进行巡检

(二)城区空中巡逻

城区是指人口、机构、经济、文化高度集中的区域,主要是以非农业产业和非农业人口集聚形成的较大居民点,一般包括住宅区、工业区、商业区,并且具备行政管辖功能。在城区,利用无人机航拍巡逻查处违法行为,机动性好、时效性强、巡查范围广,可有效消除防控中的隐蔽盲区，从而大大提高执法效率。特别是对交通复杂区域，航拍取证方便、快捷，节约了大量人力、物力。在市容市貌、治安监控、交通治理等领域逐步推进无人机巡逻，可以充分发挥无人机"空中安防"的作用，力促城市管理水平迈上新台阶。

城区空中巡逻要与地面巡逻相辅相成。设置巡逻防控巡区，要讲究实战性和科学性。根据社会面的治安状况及城区重点要害部位安全保卫等治安防控需要，以派出所辖区为边界，以案件发生的地点、时段规律为依据，将城区划分为若干个特定的巡区。将特定巡区内的车站、广场、商业中心等区域均纳入重点巡逻范围，加大巡逻防控力度，做到空地结合、无缝对接。利用空中视野的开阔性，及时发现地面可能存在的警情，引导地面力量迅速抵达事发现场，及时处置。这样既强化了对路面违法犯罪的打击震慑力度，又全面提高了街面见警率、盘查率和管事率。

2015 年 8 月 31 日，合肥女孩夜跑时被歹徒强暴；2015 年 10 月 14 日晚，宝鸡女教师夜跑时被拾荒者杀害；2015 年 11 月 18 日晚，南京江宁九龙湖一带一名女子夜跑时不幸遇害；2017 年 12 月 14 日，四川乐山单亲妈妈夜跑时被害。这些夜跑遇险事件的共同特点为，事发地点照明阴暗、路段偏僻、监控设备缺失，且单身女性自我保护能力不强，给不法分子提供了可乘之机。在这种情况下，除了夜跑者采取必要的自我保护措施，如穿着颜色鲜艳或反光衣服，选择明亮、有人来往的地段活动等，警方利用无人机加强空中巡逻安防，亦是必要的手段。通过无人机搭载照明装置，沿夜跑道路等光照条件差的监控盲区进行空中巡逻(见图 7-4)，发现可疑状况，可随时打开闪光灯示威预警，发出警报，录制清晰视频，为夜间外出者提供一道安全保障。

图 7-4 使用警用无人机开展夜间巡逻

(三)农村空中巡逻

农村即乡村，具有特定的自然景观和社会经济条件，是以从事农业生产为主的劳动者聚居的地区，不同于城市、城镇。我国农村基层一线派出所长期受警力资源少、辖区面积大、社会治安复杂等因素影响，通常采用车巡和步巡相结合的方式开展路面巡逻工作，耗时长、效率低，巡逻压力增大，使一些违法行为未得到有效遏制。

农村空中巡逻即将无人机与地面巡逻相结合，为治安巡逻装上"空中之眼"，在提高巡逻

▶▶▶ 智慧监狱无人机警务

效率的同时,针对派出所日常工作开展相应工作。一是禁毒工作。每年三月是罂粟花开的季节,可利用无人机分区域进行空中巡逻(见图7-5),发现毒品原植物后及时固定证据,及时赶至现场进行清理、拔除,对当事人作出相应处罚。二是日常巡逻工作。对辖区内重点区域发案情况进行分析,对街面侵财类案件高发区域和时段有针对性地进行巡逻:一方面,可利用空中视野开阔的优势及时发现可疑人员,跟踪记录,同时指挥地面人员进行盘查或直接抓捕;另一方面,对于违法犯罪活动也具有一定的震慑作用。三是道路管理工作。每日对乡镇街道车辆高峰时段、路段进行空中巡逻,做到及时发现、及时疏导,保证辖区内道路畅通。同时便于公安机关抓捕罪犯、巡逻防控。

图7-5 北京警方使用无人机助力禁毒工作

(四)水域空中巡逻

水域是指江河、湖泊、运河、渠道、水库、水塘及其管理范围内的水利设施,不包括海域和在耕地上开挖的鱼塘。近年来,我国海事监管面临的情况日益多样化,任务也越来越重,仅仅依靠海巡艇等原有装备已无法满足当今海事监管救助"空、海、地"三位一体化的需要,因而需要借助新的装备和手段来强化对管辖水域的监视和有效控制。为适应当今海洋事务复杂性和多样性的变化,提高海事监管救助能力,将无人机技术应用于海事巡逻中,可为海事部门实现"空、海、地"三位一体化巡航目标提供新的发展思路和更多的选择空间。

无人机作为一种由无线电遥控设备或自身程序控制装置操纵的无人驾驶航空器,技术逐渐成熟,已经在军事、民用领域得到了广泛应用。由于无人机具有灵活机动、时效性高、成本低、损耗低、风险低、监测能力强以及覆盖面广等特点,非常适用于水上安全监管业务。无人机可应用于海上巡逻执法、调查取证和应急反应、海上搜寻和救助、海上船舶溢油、排污监视、航标巡查、航道测量等海事监管业务领域。

水域空中巡逻提高了传统河道巡查效率、减少了巡河人力成本和物资消耗,丰富了巡河方式,提升了作业水平。空中巡逻可对河道内的采砂及作业船只进行实时监控、记录,同时记录河道的船只占用情况;对河湖水域进行环境检测,拍摄视野内水面垃圾、塑料、漂浮物等污染带的实时画面,查看排污口和污染源的分布情况,对于非法排污行为进行取证记录;对河道沿岸堤坝、水利设备进行巡检等，如图7-6所示。

图7-6 使用无人机进行河道巡检

(五)山区空中巡逻

人们习惯上把山地、丘陵分布地区，连同比较崎岖的高原，都称为山区。与平原相比，山区不大适宜发展农业，易造成水土流失，所以山区空中巡逻主要针对山林覆盖及森林防火开展巡逻工作。森林防火尤为重要，火灾是危害森林资源的头号大敌，如果对山区森林火灾防控不当，一场火灾就会烧毁多年积累下来的森林资源，同时还会烧毁林木及林下植物资源、威胁野生动物生存环境、造成水土流失和空气污染等。传统的森林防火巡逻是组织防火巡逻队，配备摩托车、汽车等交通工具，人员配备多、任务繁重、效率低下。利用无人机进行空中巡逻，大大缩减了巡逻时间，提高了巡逻效率，有效节省了人力、物力。随着交通日益便利，山区的治安状况也日益复杂，加上群众防范意识普遍不强，一些不法分子利用山区特殊的地理环境，在山头野外进行聚众赌博、制假贩假、制毒贩毒、非法持枪狩猎等违法犯罪活动。

利用无人机灵巧、高清、可实时查看监控内容等特点，通过网络自动控制或遥杆控制，代替人力无法到达的区域，减少人工工作量。特别是在一些起降条件不好的地区，无人机可以自主升空和降落，无需场地限制，特别适合在山区、林地作业。图7-7所示为使用无人机对森林火情进行监控。

图7-7 使用无人机对森林火情进行监控

二、适用机型介绍

(一)固定(复合)翼无人机

固定翼航空器平台及日常生活中提到的飞机,是指由动力装置产生前进的推力或拉力,由机体上固定的机翼产生升力,在大气层内飞行的重于空气的航空器。绝大多数固定翼无人机由机身、机翼、翼尾、起落架组成。固定翼无人机因其飞行速度快、覆盖面积广、相对续航时间较长等特点,在应急救援中可以做到快速搜寻,在大面积受灾区域可拍摄现场环境,携带三维激光扫描仪、数码相机、数字彩色航摄像机等设备快速获取地表信息,获取超高分辨率数字影像和高精度定位数据,生成DEM、三维正射图、三维景观模型、三维地标模型等二维、三维可视化数据,便于进行各类环境下的救援活动,迅速将灾区实际情况反馈给救援指挥部。但是传统布局的固定翼无人机因其升力由机翼产生,故需要一定的起降场地,而往往在受灾地点选取起降场地比较困难,因此弹射、伞降、手抛、垂直起降固定翼无人机应运而生,它们在应急救援中发挥了至关重要的作用。

对于区域常规巡防,使用混合翼或倾转翼长航时无人机较为适合。在匹配了区域内三维地理信息之后,此类无人机能自主避开区域内高大建筑物以及其他干扰飞行安全的空中障碍,在辖区内发生突发事件需要改变线路赶赴现场时,能确保航线安全。其空气动力性确保了长航时、大挂载,遇到故障时可以通过空气动力确保缓降,安全性能优于常见多旋翼无人机。

混合翼无人机具有续航时间长、航速快、载荷和活动半径大等优点,近年来多被运用于军用无人侦察、民用电力巡线、物流配送、农林植保、新闻影视等领域。

1. ZT-3V电动垂直起降固定翼无人机

(1)概述:ZT-3V是一款电动垂直起降固定翼无人机(见图7-8),采用"旋翼+飞翼"式固定翼复合气动布局,旋翼可以垂直起降、固定翼可以长航时巡航;无须专用起飞场地和传统弹射架,应用范围更加广泛;巡航速度可高达70 km/h,抗风能力达到6级。

图7-8 ZT-3V电动垂直起降固定翼无人机

(2)性能特点:该无人机由飞行器、机载设备、地面基站、吊舱触控终端、遥控器和飞行控制地面站等组成。

1)飞行器:主要由导航系统、飞行控制系统和动力系统组成。

2)机载设备:主要由吊舱设备组成。

3)地面基站:主要由图传及信号中转设备组成。
4)吊舱触控终端:主要由图传屏幕和吊舱控制设备组成。
5)遥控器:主要由遥控系统、数据电台组成。
6)飞行控制地面站:主要由计算机和地面站软件组成。
(3)典型场景。
1)禁毒缉毒:航空禁毒、边境禁毒、边境巡防。
2)暴恐事件:集会骚乱、群体暴力、恐怖事件。
3)公安刑事:远程监控、违法取证、逃逸追踪。
4)应急救援:消防侦察、抗震救援、水面搜救。
5)安保警戒:城市巡逻、区域监控、空中警戒。
6)海事监管:船只侦察、海域巡逻、海事执法。

2. ZT-30V 垂直起降固定翼无人机

(1)概述:ZT-30V 是一款油电混合动力垂直起降固定翼无人机(见图7-9),采用"旋翼+飞翼"式固定翼复合气动布局,旋翼可以垂直起降、固定翼可以长航时巡航,续航长达 6 h;集成 Polaris 三余度安全自动驾驶仪,为飞行安全提供可靠保障,无须专用起飞场地和传统弹射架,应用范围更加广泛;巡航速度可高达 70 km/h,抗风能力达到 6 级。

(2)性能特点同 ZT-3V 电动垂直起降固定翼无人机。

图7-9 ZT-30V 垂直起降固定翼无人机

(3)典型场景同 ZT-3V 电动垂直起降固定翼无人机。

3. 天巡无人机系统

天巡无人机(见图7-10)是一款全电驱动的长航时固定翼无人机,采用常规布局形式,有航时长、速度快、距离远的特点。其优点:全自主起飞,RTK 厘米级精度定点起降,最大任务载荷为 3 kg,基础续航 6 h。

(1)该无人机已经通过高海拔和长航程测试,是目前同级别电动无人机续航世界纪录保持者。其单次起降就能完成任务,大大提高了作业效率。

▶▶▶ 智慧监狱无人机警务

图 7-10 天巡无人机

该无人机采用快拆方式组装,全机分成五部分,10 min 内可完成拆装,拆装后可装进长 150 cm、宽 30 cm、高 60 cm 的箱子里,方便携带。模块化设计允许无人机根据不同任务类型选装两款机翼。无人机可全自主飞行,无须遥控,地面站操作简单,设定航线后一键起降,完成任务自动归航降落。

(2)天巡无人机类型。

1)三米翼展通用版,适用于起飞海拔 2 500 m、航时不超过 6 h 的通用任务。常规布局,结构简单、可靠,拆装方便,无须笨重的起飞和回收设备,150 m 路面即可实现全自动起降。无人机配备工业级飞控与导航系统,专业数据链通信距离为 60 km,可实现高清视频实时回传。

可垂直起降,采用常规固定翼结合四旋翼布局形式,用简单、可靠的形式解决了固定翼垂直起降的问题,大幅降低了常规固定翼对起飞场地的要求。

2)四米翼展留空、高原版,适用于起飞海拔大于 2 500 m 的特种应用场景,实用升限为 5 500 m。在 5 000 m 海拔依然可完成 3 h 的任务。

(3)天巡系列无人机系统组成部件:整机系统由飞行器、机载设备、飞机与吊舱控制一体化地面站终端、备用遥控器组成。

1)飞行器:主要由导航系统、飞行控制系统和动力系统组成。

2)机载设备:主要由吊舱设备组成,亦可根据任务类型选装警灯、跟踪探照灯、地形测绘组件和通信中继等设备。

3)一体化地面站:主要由控制电脑、图传及信号中转设备组成,主要由图传屏幕和吊舱控制设备组成。

4)遥控器:主要由遥控系统、数据电台组成。

(4)飞控系统:集成微型 GPS/MINS 组合导航系统,提供完整的三维位置、三轴姿态、三轴速度、三轴加速度等导航信息;集成三余度惯性器件,主余度为 ADI 高品质陀螺仪和加速计,并可根据状态实时切换备用余度,具有高测量精度和高可靠性双重优势;支持外置差分 GPS,与内部单点定位 GPS 模块互为冗余,系统自动选择使用定位状态好的 GPS 数据;支持外置罗盘;集成气压式高度计;集成压差式空速记专用电压电流测量模块。支持全自动和半自动等多种控制模式,航线规划后自动起飞、自动巡航、自动返航,每次飞行时自动记录飞行数据。

(5)通信系统(数据链):内置工业级高性能 H.264 图像编码器,支持多种接口视频输入,实现了图传、数控、遥控三合一,地面端通过网络接口输出视频码流;采用电脑软件解码,解码软件具有本地存储、转发功能,图像延时最低为 250 ms,工作于 L、S 波段,宽带传输,空中速率为 10 MB/s;通信链路建立/恢复时间小于 10 ms,通信可靠,抗干扰能力强,电磁兼容优异;对 GPS、吊舱、云台无干扰,传输距离长达 60 km;地面追踪天线采用 18 dbi 高增益平板定向天线,指向性强,抗干扰,可大大提高无线信号质量,内置高精度陀螺、GPS+北斗定位系统。

(6)吊舱:可提供目标跟踪、目标锁定等功能,可加装红外模块,可供侦查监控、森林防火、电力巡线等场景的使用。可提供红外或者可见光的视频图像、提供红外测温信息,具有在运动载体上稳定视轴的功能,可以人工操作吊舱方位,作出俯仰和变焦动作,搜索监控区域,可以人工锁定目标并对目标进行自动跟踪。

(7)地面站。天巡系统的地面站高度集成,如图 7-11 所示,其具备以下特点:
1)支持长达 10 h 的开机时间,无需外接电源。
2)集成两块高亮显示器,阳光直射时可见画面,第一视角飞行和任务图像分屏显示。
3)内置温控系统,实测工作温度为-20~50℃。
4)内置数据链接收端以及定向跟踪天线、RTK 基站和天线。
5)全部设备集成在安全箱内,实现 5 min 快速部署开机,运输过程中防水、防震、防尘。

(8)地面站控制软件。该软件具备以下特点:
1)自动生成起降航线,实现任务一键起降,无须人工操作遥控器。
2)支持测绘、监控巡查等应用的快速航线自动生成设置。
3)具备完善的安全地理围栏和飞机失控保护措施。
4)可远程网络连接,实现远程异地任务设定和操控。
5)可实现一站三机控制。
6)具备三维实景地图,可在二维平面地图和三维地图间切换。

图 7-11 天巡系列无人机地面站

(二)无人直升机

无人直升机是指由无线电地面遥控飞行或自主控制飞行的可垂直起降(Vertical Take-off and Landing,VTOL)不载人飞行器,在构造形式上属于旋翼飞行器,在功能上属于垂直起降飞行器。其中,AR-500c型无人直升机如图7-12所示。

图7-12　AR-500c型无人直升机

1. 概述

近年来,随着复合材料、动力系统、传感器,尤其是飞行控制等技术的发展,无人直升机得到了迅速发展。无人直升机系统大体上由直升机本体、控制与导航系统、综合无线电系统和任务载荷设备等组成。

直升机主体包括旋翼、尾桨、机体、操纵系统、动力装置等。控制与导航系统包括地面控制站、机载姿态传感器、飞控计算机、定位与导航设备、飞行监控及显示系统等,该部分是无人直升机系统的关键部分,也是较难实现的部分。综合无线电系统包括无线电传输与通信设备等,由机载数据终端、地面数据终端、天线、天线控制设备等组成。任务载荷设备包括光电、红外和雷达侦察设备以及电子对抗设备、通信中继设备等。

2. 性能特点

与有人直升机相比,无人直升机由于无驾驶人员伤亡风险、体积小、造价低、战场生存力强等特点,在许多方面具有无法比拟的优越性。与固定翼无人机相比,无人直升机可空中悬停,朝任意方向飞行,其起飞着陆场地小。

(1)整体壳承力结构:碳纤维机壳即直升机承力部件,取代了传统的金属骨架承力结构,极大地降低了空机质量,使直升机具有更大的载重比。

(2)大量使用复合材料:整机80%以上使用复合材料,重量轻,强度高,耐腐蚀。

(3)模块化载荷舱:为方便用户添加各类载荷,该系统采用了分离密闭式载荷仓设计,舱内空间大,密闭性好,有效保障了载荷设备的安全。

(4)特有涡轮轴发动机:先进的涡轮轴发动机使得无人直升机具有更强的高海拔、高寒地区作业能力,在恶劣环境下也可以稳定运行。

无人直升机采用整体壳承力技术,可应对恶劣环境,具有极强的抗腐蚀性,保障机舱内电子设备在雨雪天气飞行时不受雨水侵蚀,精心设计的流线型机身可以最大化地减少飞行阻力,机身结构简单紧凑,骨架结构方便用户使用和维护,内部零件使用经过缜密设计的特殊合金材料,质量轻且强度高。

发动机选用了独有的涡轮轴动力系统,安静高效,燃料为航空煤油或者柴油,具有优异的高原特性和低温启动特性,在$-20\sim50℃$都能保持高效工作。

(5)配套设备有地面站系统:便携式屏地面站。

三、气象条件

(一)风雨

在影响无人机运行的诸多外界因素中,有很多方面是值得注意的。首先是风,传统的载人民用无人机由于气象原因飞行事故占总事故数量的25%~33.3%,如大侧风、阵风、风切变等。

在警用无人机系统的使用过程中,由于起降的灵活性与系统的便携性,无人机操作员往往可以调整时间避开一些极端气象条件,但作为最基本的大气流动,风是一定会出现的。然而应急救援总是刻不容缓。无人机在可承载的大风环境中飞行往往困难重重。

在无人机可承载的大风环境下飞行,应注意风在不同环境中的特性。例如,障碍物对风的影响,在城市中实施飞行计划,难免会遇到不规则建筑物。大风天气时风的流向会随着地面地形和大型建筑物而改变,形成湍流。地面湍流的出现会影响无人机的起飞和着陆性能,容易引发险情,尤其对于滑跑起降的固定翼无人机来说,影响更加巨大,如图7-13所示。

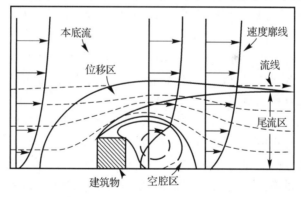

图7-13 建筑物对风的影响

在山区飞行时,这种情况可能变得更加明显,当风从山脚向山顶流动时,无人机会因气流抬升而上升。同样,当气流从山顶流向山脚时,无人机则会因气流下沉而下降,操纵手应密切关注山谷或者峡谷地形对风的影响。强烈的向上、向下气流会导致无人机忽高忽低,造成损伤。因此,无人机在城市有不规则建筑物的区域及山地飞行时,应保持在安全高度以上,尽量减少风对飞行的影响。

在极度恶劣的大风天气,如低空风切变、下击暴流(见图7-14)等大风环境,应尽量避免无人机飞行,从而避免由气象环境导致坠机事件。另外,在雨中飞行时,即便有一些无人机采取了防水措施,但也需要根据雨量大小进行分析,无人机的电机、电调、飞控、电池、伺服器等关键部件均是电子设备,易受雨水的影响。另外,油动无人机发动机由于雨水过大进入空滤,导致发动机熄火,这也是非常危险的。因此,应尽量避免无人机在雨中飞行,以免造成设备损失。

图7-14 下击暴流示意图

(二)昼夜

在昼夜飞行中,造成事故的主要因素是视觉能见度。能见度是反映大气透明程度的一个指标,航空界的定义是具有正常视力的人在当时的天气条件下能够看清楚目标轮廓的最大距离。影响日间能见度的气象环境主要是降雨、雾、霾、沙尘暴等。能见度的大小与无人机起降、执行拍摄任务、寻找救援目标有着直接的关系。驾驶员应在飞行前,在飞行区域周围各个方向选定不同距离的符合要求的目标物,测算出与目标物的距离,然后在观测时找出能够看清轮廓的最远目标。

在夜间飞行时,无人机的起飞降落难度增大,无法准确判断起降点的周围环境,容易造成损伤。尤其是降落过程中,无人机虽有航行灯,但因环境光线较弱,大大增加了视觉误差,驾驶员对无人机的实际高度和距离的把控变得模糊,一些空中障碍物容易被忽略,因此驾驶员要根据地面站信息准确分析。因夜间飞行无法看清空中、地面参照物,无法根据现场环境对无人机飞行轨迹作出有效判断,大大增加了无人机在飞行过程中挂树、撞楼、偏离航线的风险,驾驶员应根据实际飞行环境作好前期判断,在规划航线时,根据地理信息做好高低误差判断,避免上述事件发生。另外,在夜间实施救援时,寻找救援目标较困难,延长了搜寻时间,加大了定点投放救援物资的难度,驾驶员应在飞行时尽量减少转向,确保在安全高度飞行。尤其是在超视距飞行过程中,要明确无人机机头朝向,驾驶员必须确保航线的清洁,务必做到心中有数,对障碍物的判断要明确,要尽量寻找空中发光体作为参照物,避免迷航。图7-15所示为警用无人机夜间执行飞行任务图。

第七章 无人机警务战术科目

图 7-15　警用无人机夜间执行飞行任务图

在日间能见度较差的环境中飞行时,飞行环境受到雾、霾、沙尘暴、吹雪、扬沙等气象环境的影响,大大降低了能见度,缩短了驾驶员的可视距离。因此,在操作过程中,应在确保安全的前提下尽量靠近目标物,使无人机尽量处于视距内,以避免意外情况的发生。在寻找目标的过程中,尽量保持在安全高度飞行,在飞行前尽量采用大气透射仪、激光能见度自动测量仪等测量仪器进行测试,明确飞行安全区域及安全距离。

(三)寒暑

环境温度对无人机运行的影响是多方面的。

温度对无人机的主要影响其实是一种间接影响,准确地说,是低温严重影响了聚合物锂电池的容量和放电能力,进而严重影响航时,也会使最大功率降低。例如,一架在广州续航时间为 30 min 的无人机,搭载一块相同型号的电池,在冬季的哈尔滨只能飞行 10 min。在应急救援中,自然灾害或火灾等往往造成环境温度的不同,驾驶员尤其要观察地面站等设备反馈的信息,时刻关注电压变化,避免因温度变化而影响无人机续航时间减少或增加造成的损伤。

根据现有条件,一般会通过在飞行前给电池做好保温工作来解决实际使用中航时缩短的问题,如使用电池保温桶、保温管家,在飞行时拿出电池,至无人机起飞,电池放电所产生的温度基本可以维持电池所需的温度,如图 7-16 所示。

环境温度对无人机的次要影响则有好有坏,但作用都不够大。

(1)气温高时,空气密度小,旋翼类无人机螺旋桨拉力减小,最大载重和升限都会稍微减少;而对于固定翼无人机,一方面发动机推力会因空气密度的减少而变小,或螺旋桨拉力减小,飞机加速慢,另一方面无人机的升力减小,要求无人机的离地速度变大,因此固定翼无人机的滑跑距离可能会增长。气温低时,空气密度变大,旋翼类无人机拉力增大,无人机最大载重和升限都会稍微增大;而固定翼无人机因空气密度大加速变快,升力增大,因此起飞的滑跑距离要短一些。

(2)气温会影响无人机飞控气压高度计的指示,密度变化会直接影响大气压强变化,起

▶▶▶ 智慧监狱无人机警务

飞降落时环境温度发生改变,气压也会跟着改变。例如,起飞时气压高度计显示地面高度为0时,此时可能已在空中了。因此,现阶段很多无人机采用超声波、GPS等代替气压计,并辅以视频定位模块。

图7-16　无人机电池保温防爆箱

(3)气温对固定翼无人机的平飞速度也有影响。气温低时,空气密度变大,飞行阻力增加,发动机的推力增大,但阻力增加数值小于推力增大数值,综合来看还是使无人机最大平飞速度增加。

(4)气温、湿度的变化可能会导致镜面结雾,影响镜头拍摄,尤其是在救援过程中,从正常环境到火灾现场,温度骤升,这就需要驾驶员在操作过程中不断摸索,积累经验,以免发生镜面结雾的情况。

四、应用战术

(一)不同应用场景下机型的选择

1. 道路巡逻

道路巡逻要求无人机沿预设路线飞行,并通过光电吊舱和数据链路回传图像以及相关参数,其中包括无人机实时位置、飞行高度、自身状态等。地面人员通过地面指挥车观测无人机回传的图像,分析、判断是否有险情发生。如果有险情发生,则需要无人机在发生险情的位置进行小半径盘旋,实时监测险情进展,以便于地面指挥人员根据实时情况作出正确的决策。在道路巡逻应用场景下,需要无人机沿道路进行高速巡航,并且在发现险情时可以在险情位置进行小半径盘旋甚至悬停。

2. 城区巡逻

城区巡逻要求无人机按照工作人员设置好的路线飞行,在飞行过程中同样需要通过光电吊舱和数据链回传图像以及无人机相关参数,其中包括无人机实时经纬度坐标、飞行高度和自身状态等。

地面人员通过地面指挥车观察无人机回传的图像,分析、判断是否有异常,如有异常,地面工作人员需要根据视频图像作出相应的决策,也可使用机上搭载的喊话器指挥和疏散事故现场的人员。此外机载光电吊舱可储存事故现场的视频图像。

在城区巡逻应用场景下,需要无人机沿预设航线进行中低速巡逻,并在事故地点盘旋或悬停。图7-17所示为警用无人机保障武汉马拉松比赛。

图7-17 警用无人机保障武汉马拉松比赛

3. 农村巡逻

农村巡逻需要无人机沿着预设路线飞行,并能够在村庄上空巡逻。地面人员通过地面指挥站观察图像,分析判断是否有异常。如有异常,则需要地面工作人员根据视频图像作出相应的决策,也可使用机载喊话器指挥和疏散事故现场的人员。

在农村巡逻应用场景下,需要无人机沿预设航线进行中高速巡逻,到达村落之前需降低飞行速度。可选用复合翼无人机、无人直升机或者多旋翼无人机,可以实现中低速巡航,并且能够在事故发生地点盘旋或悬停。

4. 水域巡逻

水域巡逻需要无人机沿着河道或者湖泊的沿岸飞行,通过光电吊舱和数据链将光电吊舱图像以及无人机相关参数传回指挥中心,其中包括无人机实时位置、飞行高度、自身状态等。地面工作人员通过观察图像判断,是否有污染排放到水域,是否有人在危险水域游泳,哪些水域上漂浮着垃圾。如果发生上述险情,工作人员可以通过数据链路传回的无人机实时经纬度坐标记录位置,并采取相应行动。

水域巡逻还需考虑水域面积较大的情况,如对海洋岛礁的巡逻,无人机完成巡逻后需要在船舰上降落,进行维护保养。有些船舰上不允许储存汽油,此时无人机应采用重油发动机。

在水域巡逻的应用场景下,需要无人机沿着工作人员原先规划的飞行路线进行高速飞行,发现险情时能够在险情地点盘旋以便获得更多真实的险情信息。

5. 山区巡逻

山区巡逻需要无人机在高空通过光电吊舱和数据链路将光电吊舱图像以及无人机相关参数传回指挥中心,其中包括无人机实时位置、飞行高度、自身状态等。工作人员通过观察图像判断山区是否有火灾发生,是否遇到特殊天气,并可搜寻求救人员等。

在山区巡逻的应用场景下,需要无人机在极小的区域内完成起飞和降落,并且在山区上空实现较长航时的高速飞行。在山区巡逻时还要考虑海拔对无人机性能的影响。一般来说,随着海拔的升高发动机功率会衰减,旋翼气动效率会下降。

(二)制订飞行计划

1. 人员配备

在执行各个任务时都需要以下人员:任务组长(主要负责空域申报、飞行路线规划以及飞行环境安全确认)、操纵手(主要负责操纵无人机)、特设师(主要负责机载设备的正常使用与维护)、地面图像观察人员(主要负责飞行任务中图像的识别并给出相关判断)、机务维护人员(主要负责飞机检查、维护和正常使用以及填写飞行日志)。

2. 装备配备

(1)道路巡逻:适用载机+光电吊舱+喊话器+空投装备。
(2)城区巡逻:适用载机+光电吊舱+喊话器+空投装备。
(3)农村巡逻:适用载机+光电吊舱+空投装备。
(4)水域巡逻:适用载机+光电吊舱+空投装备。
(5)山区巡逻:适用载机+光电吊舱+红外热成像+空投装备。

3. 应急预案

在无人机起飞和着陆阶段务必驱离起降场地的人员。在无人机执行任务的过程中,如果无人机出现异常,应当就近选择合适场地降落,避免发生其他事故造成二次灾害,如图7-18所示。

图7-18 无人机下视设备故障无法降落,电量耗尽坠机

(三)飞行准备与任务飞行

1. 飞行前的准备工作

在开始飞行前要做好充分的准备工作,大致有以下几项:

(1)了解任务内容、执行时间、执行区域。

(2)提前查询任务执行期间的气象条件。

(3)确定运行场地满足无人机使用说明书所要求的运行条件。

(4)提前制定任务飞行航线,并对飞行航线进行模拟验证,规划航线时应尽量避开限制飞行区域,必要时须向主管单位申请获取飞行许可。

(5)检查无人机各组件状况,确认各组件运行正常、电池或燃油的储备充足、通信链路信号等满足运行要求,必要时还需要做好设备的冗余备份,保障设备的可靠、稳定运行。

(6)制定紧急情况的处置预案,预案中应包括紧急情况下的处置操作、备/迫降地点等内容。

2. 空域申请

建立军警联动快捷申请通道,由地方警航牵头调研,根据无人机运用的实际情况,与属地空管军队建立长效沟通申报保障机制,研发或引用成熟的网络申报办法。由于无人机效率高、升空快,尽量不要因为烦琐冗长的申报环节而限制无人机的高机动性和便捷性,要侧重于移动客户端的实时申报。

(四)任务执行要点

1. 道路巡逻要点和注意事项

道路巡逻需要使用相应载机,并搭载光电吊舱、喊话器和数据链等设备。在执行飞行任务时,工作人员应该严格按照飞行计划执行任务,不能遗漏任何一个细节,任务组长、操纵手、特设师、地面图像观察人员和机务维护人员应当做好各自的本职工作。

(1)任务组长在执行道路巡逻任务时,不仅要做好自己的本职工作,还需要统筹机组所有成员的工作,保证任务顺利完成。

(2)操纵手在执行任务时,应保持高度警惕,在无人机起飞和降落阶段应当密切关注无人机姿态,通过无人机姿态、发动机声音、旋翼状态判断无人机的实时工作状况,保证无人机的安全。如有异常,应当按照无人机厂家给予的应急处理预案以及培训时告知的应急处理办法进行处理。

(3)特设师在执行任务时,应当保证机载设备的正常工作,在出现问题时应当能够及时处理,保证飞行任务的圆满完成。

(4)地面图像观察员在执行任务时,应当时刻关注光电吊舱传回的图像,能够准确判断哪些图像内容显示的是正常状况,哪些图像内容是异常的,并且在发现异常时能够迅速作出决策,以便有效解决问题。

(5)机务维护人员在执行任务时,在无人机起飞之前,应该按照无人机厂家给予的使用手册进行飞行准备,并按照厂家提供的飞行前检查清单进行检查;在降落之后应该仔细检查,并对无人机进行维护保养,以延长无人机的使用寿命。在无人机飞行时,机务工作人员应该实时记录数据链路传回的有关无人机本体的数据,如发动机转速、发动机温度、实时燃油剩余量、机载电池电压、飞机某些特定位置的振动情况等,并填写飞行日志。

2. 城区巡逻要点和注意事项

城区巡逻可以使用合适的载机搭载光电吊舱、喊话器和数据链等设备执行任务。执行该任务的工作人员应该严格按照飞行计划,不能遗漏任何细节,任务组长、操纵手、特设师、地面图像观察人员和机务维护人员应当各司其职。

任务组长在执行城区巡逻任务时需要结合本地区的实际情况来规划飞行路线。在执行飞行任务过程中飞行路线起着关键作用,合理规划飞行路线有助于较好地完成巡逻任务,获得相应的巡逻信息,提高巡逻任务的执行效率。操纵手在执行城区巡逻任务时更应该保持高度警惕,因为城区地面人口相对密集,操纵手应该快速处理出现的问题,把损失降到最小。图7-19所示为无人机坠落撞击车辆。

图7-19 无人机坠落撞击车辆

特设师和地面图像观察员在执行城区巡逻任务时的工作要点和注意事项与执行道路巡逻任务时相同。

机务维护人员在执行城区巡逻任务时的注意事项与要点大体与执行道路巡逻时相同,在检查飞机方面应当更加严格。

3. 农村巡逻要点和注意事项

执行农村巡逻任务所需的人员配备、装备配备、人员职责与道路巡逻任务所需的大体一样,只是在任务组长制订飞行路线时略有不同。执行农村巡逻任务时需要对各村落依次进行巡逻,因此要根据各村落间的距离、道路制订相应航线。

4. 水域巡逻要点和注意事项

执行水域巡逻任务所需的人员配备、装备配备、人员职责与道路巡逻任务所需的大体一致,只是在飞行前准备、应急处理和飞行路线的制定方面稍有不同。

水域巡逻时,无人机大多数时间在水上飞行,一旦机身出现问题,根本没有时间寻找迫降地点,因此需要机务维护人员在飞行前准备得更加细心,严格按照飞行前检查清单进行检查。水域巡逻时的飞行路线应该是"之"字飞行航线或者折线航线。

5. 山区巡逻要点和注意事项

执行山区巡逻任务时,海拔较高、空气较为稀薄,无人机动力效率下降,发动机功率衰减,此时需要严密观察发动机状态,机务维护人员应该仔细观测并记录发动机相关参数,判断发动机状态以及无人机的飞行状况。

6. 其他注意事项

(1)在大风天气执行任务,应尽量保证起飞时机头方向为逆风方向。

(2)执行巡逻任务时,需要保证无人机飞行高度为 100～150 m,固定(复合)翼无人机环绕飞行时的最小飞行半径在 200 m 左右,吊舱的变焦倍数为 30 倍,以查看侦察目标的详细信息。

(3)夜间巡逻时,若经过住宅小区或人群聚集地区,为了不影响居民休息,挂载吊舱应避免使用强光探照灯,推荐使用红外或红外可见光吊舱。

(4)若巡逻任务的周边环境比较复杂,任务时间要求比较长,需要提前选定合适地点作为无人机的备降地点,保证无人机在特殊情况下安全降落。

(5)若巡逻区域较大,可先粗巡;发现可疑情况时,可定点盘旋,细致查看。

(6)使用多旋翼无人机进行道路巡逻时要避开道路中央,避免机体意外坠毁导致次生灾害的发生。固定翼或混合翼无人机要在道路的下风区域离路飞行,若经过人口稠密区域,则需绕行至人口稠密区域的下风区。

(五)数据分析与研判

数据分析与研判见本书前述相关内容。

(六)飞行后维护与总结

任何机电系统都需要相应的保障与支持设备,以支持其正常运转,可针对不同的保障级别配置保障与支持设备。对于无人机系统,保障与支持设备中的很多设备在一线使用,必须随装携带,能够即刻保障支持。另外一些保障与支持设备不需要即刻使用,可以存放在室内固定安全的位置。

1. 系统说明书及使用记录

准备系统说明书和系统使用记录,使用记录可以单独使用,也可以作为操作指南与维修手册的一部分。系统说明书说明系统的主要结构及部件、注意事项及操作方式,包括系统架设、配件清单、检查调整。系统使用记录用于记录系统使用的历史信息,包括任务准备和执行,以及任务完成后回收和系统撤收的信息。同时记录的信息还包括操作人员、时间和每次任务持续时间、飞行结果及状态,以及重要的技术观察结果和评判。图 7-20 所示为无人机飞行记录册。

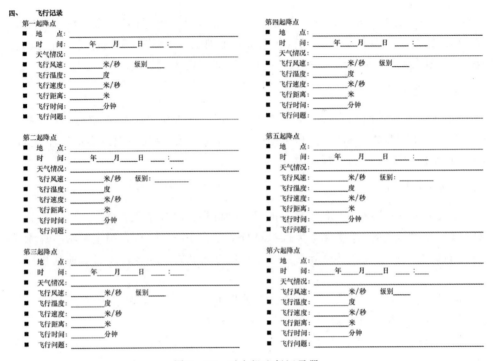

图 7-20 无人机飞行记录册

2. 消耗品

根据系统大小及数量需求,控制站要携带清洁材料、电池、充电设备和其他消耗品,控制站与无人机使用电源设备更是如此。出于安全考虑,电池进行长途运输时需单独存放。

3. 可更换部件

如果无人机系统是移动的,在远离基地或其他支持范围的情况下,根据预定的工作时间,操作人员必须保证所携带的零部件的种类和数量齐全。

4. 易损与视情况更换的部件

易损部件即容易遭到损坏的部件,如在不利的天气条件下降落可能损坏的部件,包括无人机可拆卸的翼尖、螺旋桨和其他部件。视情况更换的部件包括电机电池等,控制站中也包括电池类部件。这些部件在系统开发阶段就已经得到确认,并经过验证实验,最终被列入维修手册。

5. 工具

工具包括日常操作和维修所需要的各种工具,一般可满足电子、电气和机械等类型对象的需要,如电子测量仪表、电池充电器、力矩扳手,以及测试子系统功能所需要的夹具、锁具等。夹具一般包括检查所需的工具,如用于控制设置和量程检查的工具,锁具包括任务载荷功能检查所需的工具。与其他保障与支持设备一样,上述工具种类和数量也主要取决于无人机系统类型。在系统设计阶段就应考虑工具需求,在系统开发阶段得到修正和确定,工具配备的一个原则是减少所需工具数量,特别是专用工具的数量,主要配备标准的国际通用工具。

6. 辅助设备

辅助设备一般被视为无人机系统的一部分,尤其是控制站车辆配套或集成的设备,如发电设备,还有其专有的充电供应和维修设备。

将锂电池的单片电压充放到 3.85 V,需定期对所有锂电池进行充放电操作以保持电池最佳状态。

飞行结束后,机长、领航员负责提取任务数据,进行后期分析研判,地勤人员负责回收无人机及任务挂载设备,对全系统进行检查、维护,并填写飞行日志。

五、案例

(一) 案例背景

在上海宝山区、嘉定区外环附近的大型货运车辆聚集地区,偷盗汽(柴)油违法犯罪行为连年发生,上海警方每年都要花费不少警力蹲点抓捕。如果在此类案例中使用无人机进行蹲点,可以大大降低一线民警的工作强度,鉴于空中视角的优势,也可降低现场民警的危险性,如图 7-21 所示。

图 7-21 无人机远程跟踪拍摄

(二) 无人机搭载设备

本案例采用了 ZT-3V 空中安防监控系统,对外环附近的大型货运车辆集中区域进行了巡查,系统由天空端、地面端和远程指挥中心三个部分构成。无人机采用了垂直起降固定翼机型 ZT-3V,3V 机体配备了 Polaris 三余度飞控和 30 km 数图一体化数据链,同时搭载了 30 倍变焦增稳云台。地面端由地面信号接收基站和两个触屏控制终端组成,地面基站是用来连接无人机、控制终端和远程指挥中心的信号传输中心,各个部分都采用了无线连接方式。控制终端包括一个用于航线规划的 PAD 和一个用于显示航拍图像和实现跟踪等吊舱操作的触摸控制显示终端。

远程指挥中心配备接入了多个显示设备,并能通过 4G 通信接入云端实时查看无人机画面。

(三)无人机应用过程

接到侦察偷盗违法犯罪活动的空中巡逻任务后,上海警方成立了无人机巡逻小组,选择了 ZT-3V 无人机作为巡逻的主力机型,因为执行任务时存在有路灯和无路灯两种场景,载荷上分别选取了 30 倍可见光变焦云台和热成像红外云台。无人机巡逻小组成员包括指挥中心警员一人,经过培训的具有飞行资质的警员操作手两人(一人负责无人机飞行航线的选取和规划,另一人负责视频画面的跟踪、视频画面视角的调整等)。起飞场地选择了巡查区域中心较为开阔的操场,选择开阔地带有利于传输视频数据,同时选择巡检区域的相对中心点有效提升了巡检效率。

经过讨论,巡逻时间安排在案件高发的凌晨 0 点到 3 点。警员预先在地面站软件上规划好巡逻区域,设置好起飞和降落航线,提前给飞行所需的电池充好电。夜晚 11 点 50 分左右到达起飞场地,两名操作手将无人机和地面站设备从运输箱中拿出来进行组装,做好起飞前的准备工作,包括无人机传感器的各项参数状态(电池的电量、动力测试、地面站图传、载荷吊舱)是否有数据以及是否可控,以及指挥中心的图像链接是否有画面等。

地面检查和验证完成,在指挥中心下达起飞指令后,无人机垂直起飞,按照设定高度 200 m 进行巡航。在有路灯场景下 0 点到 1 点的第一个架次,使用了 30 倍变焦星光相机云台,巡逻的路线中很清晰地观察到了路面上的行人。在巡逻过程中发现一可疑男子,指挥中心给出了跟踪侦查的指令,操作手按住跟踪按钮,点击触摸舱屏,可疑男子便一直保持在视频画面中央位置,同时无人机由航线飞行模式进入环绕跟踪模式,无人机主动向可疑男子方向环绕;紧接着指挥中心给出了抵近详细侦查的指令,操作手将控制变焦旋钮加大到 20~30 倍,视频画面随即被放大,可疑男子的面部特征和细节清晰可见;几分钟后,指挥中心排除了此人的嫌疑,下达继续巡逻的指令,无人机退出跟踪重新进入航线巡航状态;1 个小时之后自动飞回并降落在起飞点。

随后操作手更换了红外热成像的云台和电池后继续巡逻。在巡逻过程中发现犯罪嫌疑人正在偷油,指挥中心下令拍照和录像保留证据,同时立即将事发地点坐标发给就近的派出所民警;民警几分钟后赶到现场封堵了犯罪嫌疑人可能逃跑的所有路线,同时时刻观察高空视频回传数据;带队的队长下达了抓捕指令,配合空中实时跟踪和发送的位置信息,民警最终将犯罪嫌疑人抓捕归案。

(四)无人机应用创新点分析

巡逻区域环境复杂,采用了垂直起降固定翼无人机飞行平台,起飞环境要求简单,回航自主精准降落。同时采用了固定翼无人机巡航,飞行速度快,续航时间长,覆盖范围广,取得了预期的效果。

在巡逻过程中使用固定翼机体提供升力,噪声小,不扰民,同时侦查巡逻相对隐蔽。

采用 30 倍变焦跟踪增稳云台,发现可疑情况后,及时放大倍数并环绕,对目标实行跟踪拍摄，可疑人物的画面稳定清晰，始终保持在画面中间。

采用高清视频 30 km"零延时"数据链技术，并采用 4G 云直播、云定位技术，将图像实时传回远程指挥中心。图 7-22 所示为指挥中心实时显示无人机热成像拍摄画面。

采用智能化的地面站系统，一键执行区域巡检路线、兴趣点指点环绕等业务功能。

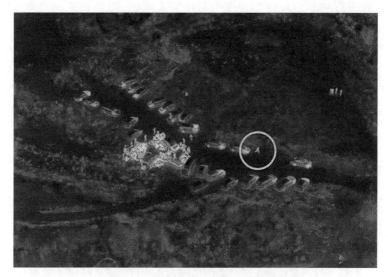

图 7-22　无人机热成像拍摄画面

第二节　空中侦查

一、应用场景

(一)人员侦查

1. 大型活动安保

在大型活动安保工作中，利用无人机空中优势，给指挥员提供全面、直观的现场实时监控画面，便于及时掌握整个活动的环境布局、人员分布情况、流动趋势、易发生踩踏事件的人群密度等各方面信息，合理调配警力部署，如遇突发事件，便于掌控全局，迅速组织应对。

2. 群体性事件现场监控

与大型活动安保工作类似，通过无人机实时回传画面，掌握现场全局态势，方便指挥员合理配置警力，机载设备拍摄的视频、照片可作为事件过程存档，亦可以作为证据使用。

3. 嫌疑人追踪侦查

适用机型：固定翼无人机、垂直起降固定(复合)翼无人机、多旋翼无人机。

机载侦查设备：30 倍变焦侦查取证模块，夜视、热成像侦查取证模块。

▶▶▶ 智慧监狱无人机警务

在犯罪嫌疑人作案后逃往深山、人迹罕至区域的情况下,可利用无人机搭载光学、热成像侦查设备对犯罪嫌疑人疑似藏匿区域展开快速覆盖式侦查,机组成员可于目标人员出没地点1~10 km附近部署无人机。无人机升空后采用在指定点位置盘旋的方式对目标人员进行侦查。载荷操作人员在空中使用手动模式对吊舱进行控制,并对犯罪嫌疑人的活动进行侦查,对其位置进行初步定位。如发现犯罪嫌疑人踪迹,可根据无人机北斗、GPS精确定位,并且能够实时监视犯罪嫌疑人动向,为地面警力指引抓捕方向。

例如,2017年5月2日,云南某监狱罪犯越狱,警方需要在短时间内完成周边区域搜索、定位工作,并实施抓捕。本次任务搜索范围广,常规肉眼搜索任务量大,且在夜间难以看清物体。于是警方采用无人机搜索(见图7-23),总搜索里程200余千米,终于成功完成抓捕工作。

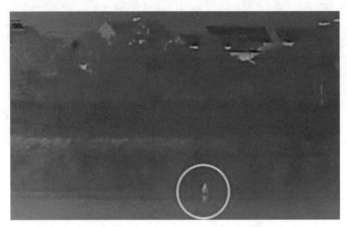

图7-23 无人机热成像辅助夜间搜寻

(二)窝点侦查

适用机型:固定翼长航时无人机、垂直起降固定(复合)翼无人机、多旋翼无人机。

利用光学变焦、热成像、红外夜视等机载设备,划定航线超视距侦查。犯罪嫌疑人的窝点多具有隐蔽、不易进入、有外围人员放哨等特点,传统地面侦查手段很难做到隐蔽、有效侦查。无人机在高空飞行时,声音小,肉眼难发现,隐蔽性极强,利用各型机载侦查设备,对窝点疑似区域快速、隐蔽地实施覆盖式侦查,便于案件侦办人员及时掌握犯罪嫌疑人动态。机组成员可于目标窝点1~10 km附近部署无人机(若距离无法拉近,可采用燃油动力无人机在30 km外部署飞入目标区域)。无人机升空后在指定点位置相对地面300~500 m高度进行盘旋(燃油引擎无人机需要保持在700 m以上高度,以降低被地面人员发现的概率),对目标窝点进行侦查。载荷操作人员在空中使用手动模式控制吊舱,侦查窝点及其附近环境和嫌疑人活动规律。地面控制终端通过4G网络信号将实时画面传回指挥中心,为指挥中心作出决策提供参考依据。

比如,福建省龙岩市新罗区适中镇是电信诈骗的重灾区,四面环山的独特地势成为诈骗集团与警方"躲猫猫"的天然屏障。不法分子在山里搭建帐篷,分工明细,有专人负责盯梢,一有风吹草动立刻作鸟兽散,为警方抓捕增加了难度。龙岩警方利用无人机进行侦查,无人机机动灵活、行动隐蔽的特征和空中视角的优势大大降低了一线民警的工作强度(见图7-24),民警顺利掌握犯罪分子情况,最终成功抓获多名诈骗不法分子,有效遏制了电信网络新型违法犯罪活动的嚣张势头。

图 7-24　警用无人机协助抓捕

(三)车辆侦查

适用机型:固定翼长航时无人机、垂直起降固定(复合)翼无人机、多旋翼无人机。

利用无人机机载光学侦查设备,锁定嫌疑车辆,进行长时间跟踪监视,实时传输现场画面。机组成员在无人机升空后在目标位置相对地面300～500 m高度盘旋,对目标车辆进行侦查。载荷操作人员在空中使用手动模式控制吊舱,对车辆特征、运动轨迹等进行侦查。

若目标移动速度较快,即将离开无人机飞行范围,载荷操作人员则需要开启无人机的目标指引飞行功能。该功能开启后,载荷操作人员只需要跟踪目标车辆,随后无人机将根据车辆移动情况自动调整飞行轨迹进行追踪,防止车辆脱离无人机飞行范围。

无人机用于交通管理工作屡见不鲜,尤其是节假日高峰时段,无人机高效、灵活的特性为交警日常管理和执法工作提供了便利,如图7-25所示。

图 7-26　大疆"精灵"4RTK 无人机抓拍高速违章车辆

(四)物类侦查

适用机型:固定翼长航时无人机、垂直起降固定(复合)翼无人机、多旋翼无人机。

无人机挂载光学相机、多光谱相机、水样分析仪、空气质量检测仪等设备,可完成毒品种植侦查、水质检测取样取证、空气污染取样取证等侦查任务。此类侦查主要是对地面物体形状、特征、类别进行识别,可用视频监控型无人机实时进行图像识别,也可以通过拍照型无人机拍照取证,事后通过软件或人工识别、处理。使用视频监控无人机时,要想看清楚地面物体,则需要根据情况飞得低一些。机组成员在无人机升空后可在目标位置相对地面200～300 m高度扫描疑似地区,在可疑目标地物附近盘旋、拉近侦查。载荷操作人员在空中使用手动模式控制吊舱,侦查地物特征、形状、类别等。使用拍照型无人机,则需要对疑似地区进行大面积的航空拍照,尽量保证所拍照片内含疑似地区,然后将相机拍摄的照片进行拼图处理,生成正射影像,再通过软件或人工识别、判读照片。

无人机之所以可以侦查毒品种植地、查缉毒品,是因为其搭载了单反相机或者多光谱相机,后期生成大面积正射图,或者利用罂粟与其他植物不同的光谱原理,对种罂粟的地区进行侦查识别。无人机低空航拍时,可以短时间、大范围地搜索毒品种植地,节约了人力、物力。不仅如此,在大范围的搜索过程中,无人机可以对地表物品情况进行分析,通过数据搜索到仅靠肉眼难以发现的人和物,这有利于缓解我国现阶段警力不足与警务情况复杂之间的矛盾。

(五)地形侦查

适用机型:固定翼无人机、垂直起降固定(复合)翼无人机、多旋翼无人机。

此类侦查主要是了解和掌握侦查地区的地形、地貌,以便指导后期的行动部署。可用拍照型无人机实现正射影像拍摄和三维立体建模。用拍照型无人机对需要侦查的地区进行航空拍照,如果对地形要求不高,只需挂载普通相机获得正射影像;如果需要三维立体模型,更加详细地了解地形情况,则需挂载倾斜相机进行拍摄,后期再通过软件处理、制作三维立体模型。

五拼倾斜摄影系统是由从专业量测型数码相机演化而来的倾斜相机组成的(将所有组件整合到一个单元里)。其可获取单张2 430万像素的图像,确保足够的覆盖范围;其正射幅宽6 000像素,加上小于1.5 s的曝光间隔,使其具有高效的航拍效率和足够多的影像重叠。无人机五拼倾斜摄影系统如图7-26所示。

图7-26 无人机五拼倾斜摄影系统

由专业设计师进行相机的整体系统和电路设计,保证了相机的可靠性、精密性和稳定性。所采集数据可用于摄影测量。经过整合的倾斜和正射影像相对于普通倾斜相机或单独的正射相机来说有着更广泛的应用,获取的数据亦对基础测绘和三维城市建模非常有用,如图 7-27 所示。

图 7-27　无人机倾斜摄影构建地形、建筑物建模

二、适用机型介绍

(一)固定翼无人机

固定翼无人机可采用弹射、滑跑起飞,伞降、滑降方式回收,可携带光学变焦、热成像、红外夜视、多光谱相机等侦查器材。其优点:操作简单、易于维护、速度快、长航时、侦查覆盖地域广等;可以在地面站、控制平台观看、保存实时传输的视频;具备自主起降、航线飞行、实时回传飞行状态等功能;采用多种安全保护设计,具备低电报警、失控/遥控信号中断自动返航等功能。

(二)CW-10D 复合翼无人机

1. 概述

CW-10D(见图 7-28)是一款复合翼垂直起降无人机,采用固定翼结合四旋翼的复合翼布局,以简单可靠的方式解决固定翼无人机垂直起降的难题,兼具固定翼无人机航时长、速度快、距离远的特点和旋翼无人机垂直起降的功能;配置工业级飞控与导航系统,能够保证无人机全程自主飞行,无需操作人员干预即可完成巡航、飞行状态转换、垂直起降等。CW-10D 无人机不需要跑道,也能保证在山区、丘陵、丛林等复杂地形和建筑物密集的区域顺利作业,极大地扩展了无人机应用范围,是工业级无人机的理想选择。

2. 性能特点

(1)垂直起降:无起降场地和空域要求,作业效率高(可定制移动平台的垂直起降)。
(2)结构简单:模块化设计,快装结构,展开时间短。

(3)RTK/PPK:定点起降,精准作业。

(4)全自主起飞:无需遥控器,一键起降,安全简便。

(5)航空级可靠性:多余度、双GPS、双磁罗盘备份设计,支持空中电打火及各种应急返航措施。

(6)布局形式:常规固定翼结合四旋翼布局,结构简单可靠。

(7)实用高效:具有固定翼无人机航时长、速度快、距离远、载荷大的特点。

(8)成本低廉:无需复杂笨重的发射和回收设备,无需增加额外的回收传感器。

(9)系统紧凑:无需复杂的辅助设备,运输、展开、维护、回收简单。

图7-28 CW-10D无人机

3. 典型场景

(1)作业任务繁重,多旋翼无人机无法快速覆盖的区域。

(2)作业环境复杂,固定翼无人机无法找到合适起降点的区域。

(3)山区、丘陵区域航拍航测。

(4)丛林区域火险巡视,动植物资源勘查。

(5)城市应急监视,快速运输。

(6)水面舰艇突发事件预警。

4. 性能说明

该六旋翼无人机机动灵活,可在狭窄、多障碍等复杂地域条件下垂直起降,具备自主起降、自主悬停、航线飞行、机头朝向锁定、实时回传飞行状态等功能;采用多种失控保护设计,具备失控返航、低电报警、返航、降落等功能;携带光学变焦、热成像、红外夜视、多光谱相机等侦查器材,回传的图片、音视频可以在地面站、控制平台实时观看,可保存实时传输的视频,由指挥中心远程控制。该无人机操作简单,易于维护,可定点侦查。

(三)四旋翼无人机

"精灵4"无人机延续了此前的外观设计,对电调和螺旋桨进行了更新,有效降低了飞行噪声,1 m外噪声下降4 dB,噪声功率降低60%。得益于OcuSync图像传输系统,图传距离最大可达 7 km，分辨率为 1 080P，同时还支持 DJI 飞行眼镜，支持一键全景图制作功能。

三、气象条件

(一)风雨

由于警务工作的特殊性，警用无人机需要在某些风雨天气起飞执行紧急任务，所以在选择警用无人机时要尽量选择抗风大于六级，且具有一定防雨等级的无人机。这是非常有必要的，尤其是山区气候条件复杂，无人机起飞时的起飞点可能风和日丽，但飞行到七八千米以外几百米高度的天空时可能遇到大风及阵雨，这些都是不可预测因素。无人机的高抗风防雨等级是安全飞行及顺利完成警务任务的硬件保障。

(二)昼夜

无人机夜间飞行比白天飞行难度高，最主要难点在于夜间能见度低，无人机容易撞山或者撞击建筑。解决办法有以下几种：

(1)在山区侦查时需要在笔记本电脑上下载离线高程地图包，离线高程查看地图时不依赖网络。利用高程地图查看侦察范围内的高程信息，飞行航线建议设置在侦察范围内最大高程点高度加 150 m 航高，避免撞击架设在山顶的信号塔及高压线。

(2)在市区夜间飞行时，建议将多旋翼无人机的避障功能全部打开，使用 GPS 模式，将无人机失控返航高度设置在飞行范围内最高建筑高度＋50 m 以上。开启避障，以实现在无人机操作手操作失误、无人机距离建筑物过近时自动紧急刹车。使用 GPS 模式时，无人机可以定点飞行，不受风力的影响，防止无人机因风力导致漂移而撞楼。

(3)搭载红外热成像相机或者星光级相机。

(4)开展针对性训练。

(三)寒暑

寒暑气候条件下的飞行问题主要是低温下的电池保暖问题，因为锂离子电池的物理特性，其在低温环境中活性下降、内阻增大，放电能力下降，放电时会出现电压急剧下降、输出电流降低的现象，导致无法正常带动负载。复合翼无人机的多旋翼电机启动需要电池提供足够的输出电流，如果电池温度过低，其多旋翼动力组将无法获得足够的能量将无人机拉升或保持平飞，若处置不当容易发生意外事故。因此为了能够在低温环境下正常运行复合翼无人机，需要对复合翼无人机所使用的各类电池采取预热、保温措施。当环境温度低于 15 ℃时，电池必须采取预热及保温措施，建议使用市面上常见的暖宝宝贴给电池保温。在环境温度低于 0 ℃时，推荐使用输液加热贴类型的暖宝宝贴，此类加热贴发热量较高，在低温下效果更加理想，如图 7-29 所示。

(1)动力电池及其他电池的预热。

为了保证电池被装载进入无人机机舱之前温度足够高，必须对电池进行预热，使得电池自身温度高于 25 ℃，保证其能正常释放电能。通常外场的操作方式，建议使用汽车前车窗的热风加热电池。此方法在外场实际使用时较容易操作：在车辆发动机水温上升后，将电池放置在车前挡风玻璃风口上方，将空调风机选择为热风，调整好温度后，给电池加热，等电池温度上升至 25℃ 后即可完成电池预热。

图 7-29　使用暖宝宝贴对无人机电池进行预热

(2) 动力电池及飞控电池的保温处理。

电池预热完成后,在电池装载进入无人机前 10 min 左右,开始给电池粘贴暖宝宝贴,给电池保温。通常,对于复合翼无人机的两块动力电池,仅需在前后各贴一块暖宝宝贴即可满足需求,其余供电电池会在余温下保持适宜温度;还需要在其悬停动力电池及前拉电池上各贴两块暖宝宝贴(两块电池共四块暖宝宝贴)以满足保温需求。为提高暖宝宝贴的保温效果,建议有条件的可以在电池仓的空余部分塞入海绵以提高保温效果。

(3) 低温环境下电池的装载时机。

因为环境温度较低,为了减少电池在低温环境下的暴露时间,降低热量散失的速度,做好保温措施的动力电池在起飞前 5 min 左右再装载进入无人机内部,不要过早地装载动力电池。不建议在飘雪天气使用固定翼无人机,因为固定翼无人机配置了空速管,这是无人机自动驾驶的重要部件——在飘雪天气飞行会导致空速管堵塞、引起飞控误判从而导致炸机。

四、应用战术

(一) 不同应用场景下机型的选择

1. 人员侦查

(1) 大型安保活动及群体性事件。

适用机型:固定翼无人机、垂直起降固定(复合)翼无人机、多旋翼无人机、系留无人机(见图 7-30)。

大型安保活动及群体性事处置一般任务时间都比较长,固定翼无人机、垂直起降固定(复合)翼无人机、系留无人机续航时间较长,适合执行此类现场侦查任务。在任务过程中,规划好航线,采用无人机自主飞行模式,即可发挥监控掌握全局的作用,如警示、震慑、驱散等任务,可随时派出机动灵活的多旋翼无人机执行。

第七章　无人机警务战术科目

图7-30　可滞空161h的系留无人机

(2)犯罪嫌疑人追踪侦查。

适用机型：固定翼无人机、垂直起降固定(复合)翼无人机。

在犯罪嫌疑人作案后逃窜至深山、人迹罕至区域的情况下，搜索面积大、区域广，多旋翼无人机续航时间较短，无法满足任务需求。须使用航程较长的固定翼无人机、垂直起降固定(复合)翼无人机挂载光学、热成像侦查设备在疑似藏匿区域开展快速覆盖式侦查。

2．窝点侦查

(1)郊区、山区的窝点侦查。

适用机型：固定翼无人机、垂直起降固定(复合)翼无人机。

此类任务突出隐蔽性，多旋翼无人机受航程、升限等方面条件限制而无法胜任。固定翼无人机、垂直起降固定(复合)翼无人机可利用其高空、长航时的优势，挂载光学、热成像等侦查设备，对疑似地区昼夜搜索、侦查。

(2)城市环境条件下的窝点侦查。

适用机型：轻小型多旋翼无人机。

城市的人员、地形、电磁环境比较复杂，不适合大型无人机展开作业，轻小型无人机具有质量轻、噪声小、机动灵活的优点，且外观与消费级无人机相仿，具有一定的迷惑性，适合侦查城市中的院落、天台等疑似窝点。

3．车辆侦查

(1)嫌疑车辆追踪侦查。

适用机型：固定翼无人机、垂直起降固定(复合)翼无人机。

嫌疑车辆追踪是警务工作中较为常见的任务，地面警力随时受到道路、建筑物、社会车辆等各种因素的干扰，无人机在空中则不受这些不利因素制约。使用固定翼无人机、垂直起降固定(复合)翼无人机这类长航时无人机，利用机载光学侦查设备，锁定嫌疑车辆，进行长时跟踪监视，实时传输现场画面，为地面警力指引方向(见图7-31)。

(2)道路交通、高速公路交通违法、事故现场侦查。

适用机型：固定翼无人机、垂直起降固定(复合)翼无人机、系留无人机、多旋翼无人机。

▶▶▶ **智慧监狱无人机警务**

固定翼无人机、垂直起降固定(复合)翼无人机可用于高速公路巡线飞行,在车流高峰时期实时获取所巡线路的交通状况,如有堵车、事故等情况应及时引导地面警力处理。在重要交通节点可安排系留无人机升空长航时侦查巡逻,以利于问题早发现、速处理,将发生拥堵的概率进一步降低。在发生拥堵的高速路段,处置警力可携带机动型多旋翼无人机,侦查造成拥堵以及抢占应急车道的车辆,对违法车辆进行拍照取证。

图 7-32 无人机为地面警力指引方向

4. 物类侦查

(1)毒品种植侦查。

适用机型:固定翼无人机、垂直起降固定(复合)翼无人机。

不法分子为获取高额利润,偷种罂粟等制毒植物,种植地块多选择在深山密林、人迹罕至的地域。利用固定翼无人机和垂直起降固定(复合)翼无人机续航时间长、升限高的优势,挂载光学、多光谱侦查设备,可对毒品种植疑似区域进行大面积扫描式侦查。根据机载GPS、北斗系统,精确定位毒品种植疑似点,组织警力取证,铲除毒品,抓捕嫌疑人。

(2)水质、空气污染,资源非法开采侦查。

适用机型:固定翼无人机、垂直起降固定(复合)翼无人机、多旋翼无人机。

环安部门评估资源非法开采、环境破坏情况时,可使用固定翼无人机、垂直起降固定(复合)翼无人机对目标地域进行大面积侦查取证,从空中直观地分析具体情况。可利用多旋翼无人机携带水样采集设备、空气质量检测设备,快速到达水源、空气污染源等人员无法到达的区域进行侦查取证。

5. 地形侦查

(1)突发警情任务地形侦查。

适用机型:固定翼无人机、垂直起降固定(复合)翼无人机、多旋翼无人机。

对于突发警情,对方所处地形不明确,可先行派出无人机对目标区域进行侦查,以便现场指挥员快速掌握态势,合理安排部署警力。

(2)电子地图制作。

随着我国经济高速发展,城乡建设水平不断提高,执行任务时,通过快速调取相应的电子地图,可以合理、准确地进行部署。

1)高清正射图制作。

适用机型:固定翼无人机、垂直起降固定(复合)翼无人机、多旋翼无人机。对目标区域扫描飞行,后期通过无人机实景建模软件处理拼接高清正射图(一般使用 PIX4D、Tai5D等),如图 7-32 所示。

图 7-32 高清正射图

2)全景图。

适用机型:多旋翼无人机。

利用多旋翼无人机 360°多角度环绕拍摄,制作全景图利用(PTGui 软件或者利用无人机一键全景功能),如图 7-33 所示。

图 7-33 全景图

3)实景三维数字地图。

适用机型:复合翼无人机、多旋翼无人机。

利用复合翼无人机、多旋翼无人机挂载倾斜摄影相机,设置航线飞行拍摄,后期通过 Tai5D 无人机倾斜摄影实景建模软件生成建筑、地貌实景三维数字地图(见图 7-34)。不需要实时地图的,可以下载相关电子地图使用。

图7-34 实景三维数字地图

(二)制订飞行计划

根据不同的任务和警务需求,合理配置安排警用无人机人员、装备,科学制订飞行计划,做到合理规划、应急预案、安全飞行。

1. 警用无人机机组构成

(1)人员配备。警用无人机机组人员标准配置为4人,分别为机长1人、领航员1人、地勤2人。机长为无人机机组领导者、任务总体负责人,负责任务的总体规划、空域申报、起降地点和飞行路线选择、飞行控制、应急处置、任务结果研判、总结汇报等工作。领航员负责起降点飞行空域分析、航线规划、飞行任务设备控制,协助应急处置、任务结果研判、任务总结汇报等工作。地勤负责地面指挥车辆驾驶、无人机全系统维护、任务设备维护、飞行前设备检查准备、飞行后设备检查、充电(加油)、观测瞭望、警戒等工作。经济配置3人:机长、领航员、地勤各1人。最低配置2人,即机长、领航员各1人,地勤工作由此二人分担。

(2)设备配置。警用无人机系统主要由地面指挥控制车辆、无人机飞行平台、任务挂载设备三部分组成。地面指挥控制车辆用于无人机的操控以及连通警务处置现场指挥中心的各种无线链路,无人机飞行平台及任务挂载负责具体执行警务任务。

2. 任务时间分析

考虑到无人机的续航问题,要预估行动的大体时间,保障重点时间段的飞行任务。如果活动整体时间较长,要考虑在合适时间使用备用机,进行任务更替,实现任务无缝衔接。对于系留无人机,要考虑发生市电中断或车载燃油耗尽等问题。

3. 任务空域分析

对于任务飞行范围内的地形地貌、周边建筑物的高度要有所了解,确保航线飞行时的安全,如果在有风天气飞行,要注意由地形或建筑物引起的强风切变和对流干扰。要提前了解飞行区域中的可迫降点。

第七章 无人机警务战术科目

4. 禁飞区域、干扰因素分析

要了解飞行任务区域周边的禁飞区级别及边界,如果任务需要在禁飞区域内飞行,要提前请示,与空军管理部门做好协调。对于高压电线、铁矿、大型金属框架、雷达、大功率无线电发射设备等会对无人机飞行造成干扰的来源要提前知悉,在任务执行中尽量规避。

5. 航线规划

在充分考虑任务时间、空域、禁飞、干扰等因素后,在尽量避开人群活动上空的情况下规划航线。规划航线时要尽可能地避免重复路线,设置航线高度时必须保证无人机飞行高度高于地面物体的最高高度,要注意返航高度的设置。不可完全依赖避障系统,特别是在光线不足的情况下。可以下载离线高程地图,提前查看飞行区域内的高程信息。

6. 应急预案

在任务执行过程中要考虑到警情变化需求、无人机及任务设备出现故障等各种不确定因素,要提前做好应急预案,机长、领航员须提前规划应急降落点,地勤人员须时刻准备电池、燃油以及备机,以备不时之需。

(三)飞行准备与飞行任务

1. 飞行准备

(1)了解任务内容、执行时间、执行区域;

(2)提前查询任务执行期间的气象条件;

(3)确定运行场地满足无人机使用说明书所要求的运行条件;

(4)提前制订任务飞行航线,并对飞行航线进行模拟验证,规划航线时应尽量避开限制飞行区域,必要时须向主管单位申请获取飞行许可;

(5)检查无人机各组件状况,确认各组件运行正常、电池或燃油的储备充足、通信链路信号等满足运行要求,必要时还需要做好设备的冗余备份,保障设备的可靠稳定运行;

(6)制订出现紧急情况的处置预案,预案中应包括紧急情况下的处置操作、备/迫降地点等内容。

2. 飞行任务

(1)人员侦查。

1)大型安保活动及群体性事件。在接到飞行任务命令后,机长、领航员先熟悉任务地区空域详细情况,下载相关地图,制订行动方案、应急预案;地勤人员按照相关操作流程检查无人机飞行平台、地面站、任务挂载,做好燃油补充、电池充电准备等工作,由无人机协助地面警力对人员聚集场所进行巡逻,如图 7-35 所示。

应提前准备备用机和多套任务设备组件,若条件允许,可多机协同。到达任务现场后,机长、领航员根据地面警力部署确认任务空域,并根据行动部署确定飞行路线。地勤人员展开无人机及设备并通电检测,完成各项准备工作后报告现场指挥员,等待起飞指令。接到起飞指令后,由机长操纵无人机起飞,飞行至指定作战地点,执行侦查监视任务。领航员负责

▶▶▶ **智慧监狱无人机警务**

实时监视地面站无人机各项回传数据,随时报告机长,并开启现场实时录像,方便后期分析、取证,开启通信链路连接现场指挥员,方便现场指挥员了解实时情况,安排警力部署。地勤人员负责瞭望无人机行进方向,及无人机周边空域安全状况,随时报告机长,并负责指挥车周边警戒。

图7-35 无人机协助地面警力对人员聚集场所进行巡逻

2)犯罪嫌疑人追踪侦查。接到任务命令后,由机长、领航员熟悉任务地域空域详细情况,下载相关地图,制订行动方案、应急预案,规划航线;地勤人员按照相关操作流程检查无人机飞行平台、地面站、任务挂载,做好燃油补充、电池充电准备工作。完成各项准备工作后报告现场指挥员,等待起飞指令。接到起飞指令后,由机长操纵无人机起飞,进入航线后,扫描侦查嫌疑人疑似藏匿区域。领航员负责实时监视地面站无人机各项回传数据,随时报告机长,并开启现场实时录像,方便后期分析、取证;开启通信链路,连接现场指挥员,以便现场指挥员了解实时情况,安排警力部署。地勤人员负责瞭望无人机行进方向,及无人机周边空域安全状况,随时报告机长,并负责指挥车周边警戒。

(2)车辆侦查。

1)嫌疑车辆追踪侦查。此任务需要无人机机组快速反应。地勤人员快速展开无人机,机长操纵无人机升空,根据指挥快速飞往目标地域,寻找、发现并锁定嫌疑车辆。领航员负责实时监视地面站无人机各项回传数据,随时报告机长,并开启现场实时录像,方便后期分析及取证。地勤人员负责瞭望无人机行进方向及无人机周边空域安全状况,随时报告机长,并负责指挥车周边警戒。

2)道路交通、高速公路交通违法、事故现场侦查。此项任务的地勤准备工作应常态化,地勤人员应保证无人机全系统随时处于值勤状态,常备侦查任务组件。机长、领航员提前熟悉巡逻线路周边地域空域情况,提前准备巡逻区域电子地图。由机长操纵无人机起飞进入航线,侦查区域沿线交通状况。领航员负责实时监视地面站无人机各项回传数据,随时报告机长,如有事故、拥堵发生,开启现场实时录像,方便后期分析,并报告指挥中心,安排警力处置。处置警力可根据事故、拥堵现场情况使用便携型多旋翼无人机,侦查造成拥堵以及抢占应急车道的车辆的情况,对违法车辆进行非现场拍照取证。

(3)物类侦查。

1)毒品种植侦查。机长、领航员提前熟悉任务地区空域详细情况,下载相关地图,制订行动方案、应急预案,规划航线;地勤人员按照相关操作流程检查无人机飞行平台、地面站、任务挂载,做好燃油补充、电池充电准备工作。完成各项准备工作后,由机长操纵无人机起飞进入航线扫描拍照,侦查毒品种植疑似区域,如图7-36所示。领航员负责实时监视地面站无人机各项回传数据,随时报告机长。地勤人员负责瞭望无人机行进方向,及无人机周边空域安全状况,随时报告机长,并负责指挥车周边警戒。

2)水质、空气污染,资源非法开采侦查。机长、领航员提前熟悉任务地区空域详细情况,下载相关地图,制订行动方案、应急预案,规划航线;地勤人员按照相关操作流程检查无人机飞行平台、地面站、任务挂载,做好燃油补充、电池充电准备工作。

完成各项准备工作后,由机长操纵无人机起飞进入航线扫描拍照,侦查目标区域环境破坏情况。领航员负责实时监视地面站无人机各项回传数据,随时报告机长。地勤人员负责瞭望无人机行进方向及无人机周边空域安全状况,随时报告机长。进行水源、空气污染取样取证作业时,由机长操纵无人机飞至取样点,进行取样作业,如图7-37所示。

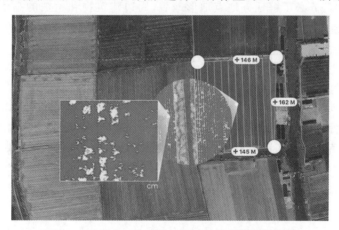

图7-36 无人机多光谱相机对种植作物进行分析

图7-37 使用无人机调查水资源危害事件

(4)地形侦查。

1)抓捕处突任务地形侦查。此任务需要无人机机组快速反应,地勤人员快速启动无人机,机长操纵无人机升空,指挥无人机快速飞往目标地域侦查作业。领航员负责实时监视地面站无人机各项回传数据,随时报告机长,并开启现场实时录像,方便后期分析及取证,并将侦查实况传送至指挥中心。地勤人员负责瞭望无人机行进方向,及无人机周边空域安全状况,随时报告机长,并负责安排周边警戒。

2)电子地图制作。此项任务的地勤准备工作应常态化,地勤人员应保证无人机全系统随时处于值勤状态,常备侦查任务组件。机长、领航员提前熟悉周边地区空域情况。机长、领航员规划任务航线,设置相应参数,无人机起飞后自主完成作业,降落后取回任务数据,制作电子地图。

(四)任务执行要点

1. 了解任务地点周边空域

执行任务之前,务必了解任务地点地形地貌,周边建筑物和植被的高度,飞行任务区域周边的禁飞区级别及边界,以及高压电线、铁矿、大型金属框架、雷达、大功率无线电发射设备等干扰源,以便在制订飞行计划、执行任务过程中做好规避。

2. 气象条件

在任务执行过程中,气温、雨雪、风力等气象因素均能干扰无人机,机长要根据现场气象条件判断任务是否进行。在低于-15℃环境下飞行,需要将电池放入保温桶提前预热或者使用机动车暖风预热到25℃,在无人机起飞前安装电池;不建议带有空速管的固定翼无人机在雪天飞行,以免堵塞空速管;在5级风以上天气不建议使用无人机,逆风返航时要预留更多电量。

3. 飞行控制

执行群体性事件处置飞行任务、嫌疑人追踪侦查任务、车辆侦查任务时,由于现场情况复杂多变,不适合无人机自主飞行,应由机长操控无人机,根据现场实时回传画面和指挥员指令,实时控制无人机飞行。领航员监控无人机实时数据,汇报给机长。地勤负责瞭望,向机长实时汇报空域中有无危险障碍。道路交通违法、高速公路交通违法、事故现场、毒品种植、水质及空气污染、资源非法开采的侦查工作应根据疑似区域实际情况规划任务航线。机长操纵无人机起飞,无人机自主飞行侦查航线区域;领航员监控无人机实时数据,汇报给机长;地勤人员负责瞭望,在视距范围内向机长实时汇报空域中有无危险障碍。

4. 应急预案,应急处理

在执行任务过程中,要考虑警情变化需求、无人机及任务设备出现故障等各种不确定因素,执行任务之前要做好应急预案,机长、领航员应根据任务点实际情况提前规划应急降落点,地勤人员应确保无人机机载定位器工作正常,并时刻准备电池、燃油以及备用机,以备不时之需。如果任务过程中无人机出现故障,应根据故障情况,由机长现场采取无人机返航、降落迫降点、紧急降落等应急处置措施,根据任务紧迫性决定是否使用备用机继续执行任务。

若无人机发生坠机事故,由领航员确定坠机点精确坐标。根据任务紧迫程度,由机长确定是否由机组搜救,或提供坐标信息给现场指挥员另行安排搜救。

5. 安全事项

首先,做到系统设备检测正常,方可执行飞行任务,做到无伤、无隐患飞行,有伤不起飞;其次,设备检查调试过程要严格按照操作规程执行,牢记设备启动顺序,避免人员被设备打伤;再次,在飞行任务过程中尽量避免无人机在人员上方飞行;最后,无人机机组人员在飞行前8 h内不得饮酒,执行任务前保证休息,执行任务过程中做到精力集中。

(五)数据分析与研判

无人机机载设备都具备拍照、录像、画面实时传输的功能,并且这些信息可以由地面指挥控制车辆实时传送给现场指挥员。

1. 实时数据的分析与研判

在任务执行过程中,机长、领航员要能够根据无人机传回的实时影像、系统参数、坐标等数据信息,实时修正无人机航向、姿态,以及操控任务设备,并将现场画面传送给现场指挥员,以便及时掌握全局态势,迅速作出现场判断分析,根据实时画面研判,随时调整警力部署,为任务顺利完成提供有力支撑。

2. 后期数据的分析与研判

机载设备在任务过程中的拍照、录像,通过分析提取,可以作为对犯罪嫌疑人定罪的最直接证据;通过对整个任务过程的记录,经过后期分析,能够系统总结各类任务中各个环节警力配合的优缺点,为今后处置类似事件提供经验;通过对无人机机载影像资料进行后期分析,从各个角度、高度对目标侦查监视实际效果进行比对,总结合适的战法,分析复杂条件下无人机的飞行数据,为机组积累任务操作经验,更好地发挥无人机的优势。

要培养一名能熟练掌握PIX4D、3dmax、GlobalMapper、Photoshop、PTGui等专业软件的警员,他要能熟练制作正射影像图拼接、三维建模、720全景图,这是图片后期处理的核心。要培养一名图像研判员,能够研判正射影像图、720全景图、三维模型、热成像视频等,从中发现线索,这需要经过大量的训练。对于无人机挂载单反相机航测任务来说,相机各项参数(见图7-38)直接关系到图片的质量。调整原则如下。

(1)光圈(F)对拍照的影响:光圈控制拍照时的进光量。光圈值越小,光圈开度越大,单位时间内进光量越大;光圈值越大,光圈开度越小,单位时间内进光量越小。另外,光圈开度增大后会缩短拍照景深,光圈开度减小会增大景深。

(2)快门速度对拍照的影响:快门用于控制每次拍照时的曝光时间,快门速度的表示方法为1/××。快门速度越快,每次拍照的曝光时间越短,同等条件下照片的亮度越低;快门速度越慢,每次拍照的曝光时间越长,同等条件下照片的亮度越高。快门速度的调整范围为

▶▶▶ 智慧监狱无人机警务

1/800～1/1 600,光照条件越好其值越小,反之越大。

(3)感光度(ISO)对拍照的影响:ISO用于控制拍照时感光元件的感光度。ISO值越大,感光元件的感光灵敏度越高,同等条件下照片的亮度更高,但点会增加,照片质量下降;ISO值越小,感光元件的感光灵敏度越低,同等条件下的照片亮度变暗,噪点减少。ISO的调整:使用AUTO挡位推荐将自动范围调整到100～1 600,不能大于1 600。固定挡位使用:固定挡位推荐使用250或320,不建议大于400。

图7-38 无人机拍摄参数设置界面

(4)光圈的调整:光圈调整范围为5.6～7.1,光照条件越好其值越大,反之越小,最低不得低于5.6。

(5)相机档位设置:推荐使用M(手动)挡位,并调整光圈和快门。S(快门优先)挡位的作用是保持快门速度不变,光圈会根据实际进光量的不同自动调整大小,以保证照片亮度一致。但光圈的变化会造成景深的不同,在光照不好的情况下会造成光圈值过低、照片不清晰的情况,因此需谨慎使用。

(6)直方图的查看:直方图用于表示照片曝光过后明暗像素的多少和分布。一张曝光正常的照片应该表现为直方图中各个像素范围均有分布,没有特别暗和特别亮的分布状况。若分布的像素靠左,则表示曝光不足;若分布的像素明显靠右,则表示曝光过度。

正式拍照前,务必试拍几张观察照片曝光情况,如有不合适的地方可参照以上内容更改相机设置,以达到最佳的拍照效果。

(六)飞行后的维护与保养

任何机电系统都需要对应的支持与保障设备,以保证其正常运行。保障与支持设备可针对不同的级别进行配置。保障与支持设备中很多无人机设备已应用在一线,必须随装携带,保证随时能够提供保障支持。而对于一些不需要即刻使用的保障与支持设备,可以存放在室内固定的安全位置。

1. 使用记录及系统说明书

使用记录不仅可以单独使用,也可以作为操作指南与维修手册的一部分。系统使用记录可应用于记录系统使用过的信息,如任务执行过程中的操作时间、人员和任务持续时长,以及在任务完成之后回收和系统撤收的信息。系统的结构及部件、注意事项及操作方式是系统说明书的主要内容。

2. 消耗品

根据机电系统的使用和数量要求,清洁材料、充电设备、电池和其他消耗品应在指挥车上常备以便于使用,特别是指挥车和无人机使用的电源设备尤其如此。电池长时间使用时,考虑到安全因素,应尽量远离其他设备放置。

3. 可更换部件

对于移动的系统设备,根据计划的工作时间,操作人员应保证其所携带的零部件数量和种类满足在距离基地较远或其他支持范围内使用。

4. 易损与视情况更换的部件

尽管无人机机身材料更加坚固,且具备耐腐蚀性等性质,但无人机仍有易损部件。如在不利的天气条件下,无人机可拆卸的翼尖、飞机螺旋桨等部件极易在降落过程中受到损伤,且在实际使用过程中电池应该视使用情况更换。这些易损部件在系统开发阶段就已经得到确认,并经过试验,最终被列入维修手册。

5. 工具

为满足多个类型的对象(如电子、电气和机械等)的需要,工具包括任务执行过程中的操作工具和任务结束后的维修工具,以及测试子系统功能所需要的夹具、锁具等。检查所需要的工具属于夹具,包括控制设置和量程检查工具等。任务载荷功能检查所需要的工具被称为锁具。总体来说,上述工具的种类和数量应按照尽量减少所需工作数量的原则,特别是专用工具的数量,由无人机的类型所决定。

五、案例

(一)窝点侦查

(1)案件时间地点:2013年6月,广东省陆丰市某村。
(2)任务机型:固定翼无人机。
(3)起降方式:弹射起飞,伞降回收。
(4)任务高度:200 m。
(5)任务概况:专案组利用固定翼无人机挂载热成像设备,经过8个架次的无机飞行,根据热源分析,摸清该村进出路线、暗哨位置等信息,并锁定248个疑似制毒窝点。为保险起见,专案组最终决定将其中77个坐标定为抓捕目标。根据鹰眼无人机飞行数据,专案组制

▶▶▶ 智慧监狱无人机警务

定了详细、周密的抓捕预案。2013年12月29日,在指挥部统一号令下,"雷霆扫毒"行动开始收网,109个抓捕小组共6 700余名警力分头对某村内外18个制贩毒团伙的重点目标展开集中清剿,摧毁以陆丰籍大毒枭为首的18个特大制贩犯罪团伙,捣毁77个制毒工场和1个炸药制造窝点(坐标全部来自鹰眼无人机,见图7-39),该案的破获刷新了我国制贩毒犯罪案件记录。

(二)物类侦查——毒品种植探查

(1)案件时间地点:2015年6月,保定五县。
(2)任务机型:固定翼无人机。
(3)起降方式:弹射起飞,伞降回收。
(4)任务高度:150～200 m。
(5)任务概况:2015年5月9日—6月7日,在河北省保定市唐县、阜平、涞源、涞水、易县五县深山,利用固定翼无人机挂载光学侦查设备扫描式飞行侦查,通过后期数据分析比对,划定罂粟种植疑似点,组织警力取证后铲除,并蹲守抓捕犯罪嫌疑人。

图7-39 警用鹰眼无人机

(三)人员侦查

(1)任务机型:固定翼无人机。
(2)机载设备:热成像仪。
(3)起降方式:弹射起飞,伞降回收。
(4)任务高度:200 m。
(5)任务概况:2015年7月11日,赤峰市红山区文钟镇村民张某某在家中被人杀死、卞某某被人捅伤,犯罪嫌疑人孙某某杀人后持刀逃离现场。7月13日,承德鹰眼接警方协查通报迅速赶往案发地,于7月14日凌晨3时许,利用固定翼无人机挂载热成像侦查设备,侦查犯罪嫌疑人疑似藏匿区域。无人机降落后,经数据读取分析,清晨6时精确定位犯罪嫌疑人在新城区的疑似藏匿地点,指挥中心迅速组织警力前往搜索,9时30分于疑似点以西3 000 m处成功将犯罪嫌疑人合围,犯罪嫌疑人见逃跑无望,畏罪自杀,案件成功告破。

第三节 空中全景

一、应用场景

近年来,城市现代化进程不断加速,对精细化社会治理的要求越来越高。随着日常警务工作中无人机技术的广泛应用,一大批以往必须通过人工完成的警务工作正借助无人机技术得以快速完成。例如,在警务指挥工作中,传统的侦查人员现场熟悉地理环境或依靠普通二维地图进行指挥调度的方式已经远不能满足公安机关扁平化、可视化、多维化的警务指挥工作需求。而无人机空中全景技术的产生和应用是近年来虚拟现实、计算机视觉技术、无人机技术领域中的又一个新的研究和应用方向。尤其是在治安防控、刑事侦查、交通管理、消防救援等警务活动中,利用多旋翼无人机进行空中拍摄,获取任务区域内各关键点的多角度航拍影像,后期利用专业拼接软件进行全景拼接处理,可以实现在拍摄地点特定时间内的720°全方位空中全景获取(见图7-40)。同时,因多旋翼无人机自身特点,适合在城市、村庄、水域、山区等不同地形条件下的小空间区域实现快速部署,适用于对群体活动现场情况的全局掌控、事故现场的拍照、灾害现场的勘测、刑事案件区域的前期侦查等多种应用时机和场合,为各级指挥机构的决策调度提供大数据空地影像支撑。

图7-40 720°全景照片

(一)道路全景

在人们的生活中,道路是交通运输的重要组成部分,绘制地图时,交通道路一般都是由工作人员驾车往返,利用车载的导航设备和一些观测设备记录行走的路线和周边的设施,但是这种方式速度慢、视野小、效率低(绘制一段路程要花费几个小时),而且观测到的范围比较小,需要往返多次才能真正完成地图绘制任务。利用无人机进行道路测绘工作,速度快,机动性能强,机载的摄像装置观测范围广,减少了人力、物力,即使在交通堵塞的情况下也可以顺利执行道路全景绘制任务。

(二)城区全景

随着城市化进程的不断推进,城市中高楼林立,人口大幅增加为了更好地进行城市治安管理,需要了解城市结构组成、地形地貌、交通设施等信息。普通的二维城市地图绘制周期长,加上城市化进程快,使得地图更新速度慢。通过驾车方式进行平面测绘,往往时间长、效率低而且观测范围受楼层影响比较大,导致绘制一幅完整的城市街区图要投入很大的人力、物力。利用无人机进行道路测绘工作,速度快,机动性能强,机载的摄像装置观测范围广,能够快速完成全景绘制工作。

(三)农村全景

一般而言,农村距离城镇较远而且基础设施建设比较缓慢,绘制农村地区的地形地貌往往要花费较长时间。地图绘制人员只能驾车在农村道路上往返进行测绘,而且一些农村道路崎岖,无法行车,这就严重影响了农村地区地图绘制效率。再加上农村房屋建筑错综复杂,无法通行的道路只能靠绘制人员行走观测,乡间阡陌纵横,使绘制人员对道路和周边的建筑物观测不全。利用全景测绘无人机快速的机动特性,可以快速制图,弥补人工绘制的图弊端。

(四)水域全景

大型水域可以利用摩托艇或民船进行巡视测绘,但是摩托艇和民船速度相对较慢,需要的人员较多而且观测范围有限,不能快速测绘。同时,对于一些浅水水域或沼泽地区不适用摩托艇这类工具,人力划船不仅费力,速度也慢,而且船只搬运需要多人协作才能完成。因此用普通方式测绘一片水域周期较长。利用无人机进行水域巡航,快速扫描,极大地提升了测绘的效率。

(五)山区全景

在山区,有道路交通线的区域可以依靠驾车进行地形地貌的测绘,但是这样无法测绘道路两边的山体全貌。对于没有道路的山地,只能依靠人力跋山涉水进行地形绘制,在山区工作体能消耗极大,测绘队伍需要携带大量的补给品,这就加大了测绘人员的负重,降低了绘图的效率,而且具有一定的危险性。无人机可折叠便携运输,利用无人机的高机动性和垂直起降特性在山区自由飞行,快速绘制地图,极大地减轻了测绘人员的劳动强度,降低了作业风险。

二、适用机型介绍

目前市面上可应用于全景航拍的无人机机型较多,包括垂直起降固定(复合)翼、多旋翼无人机,并挂载测绘专用任务模块组件。通过不同的任务模块组件,可以制作高清正射影拼图、区域全景图、三维实景电子地图。其中,应用最广泛的是多旋翼无人机。常用的多旋翼无人机有四旋翼、六旋翼或八旋翼无人机,它们具有体积小、质量轻、飞行操作灵活、起降方便等特点,在空中可完成前飞、倒退、悬停、垂直飞行等飞行姿态,转弯半径小,拍摄条件受气流等自然条件影响相对较小,并且可以到达很多载人飞行器无法到达的空域或危险地区进行现场作业。无人机空中全景科目与常规的载人飞行器航空摄影相比,优点主要为飞行平台的低空化、相机的小型化和任务执行的便捷化等。

(一)垂直起降固定翼无人机

垂直起降固定翼无人机,以多旋翼方式垂直起降,以固定翼方式巡航,可携带光学变焦、热成像、红外夜视、多光谱相机等器材,可在狭窄、多障碍等复杂地域条件下起降,兼有固定翼无人机速度快、长航程、侦查覆盖地域广等优势。

(二)多旋翼无人机

1. "御"Mavic 3 系列无人机

"御"Mavic 3 的影像传感器为 4/3 CMOS,有效像素 2 000 万,最大照片尺寸 5 280×3 956,视频最高分辨率为 5.1K,即 5 120 × 2 700@24/25/30/48/50fps,上下左右前后六向避障。其外形如图 7-41 所示。

图 7-41 DJI Mavic 3 无人机

2. DJI Air 2S 系列无人机

DJI Air 2S 的参数为 1 in CMOS 影像传感器,2 000 万像素,最大照片尺寸 5 472 × 3 648(3∶2);上下前后四向避障。其外形如图 7-42 所示。

图 7-42 DJI Air 2S 无人机

三、气象条件

气象条件是影响无人机空中全景任务结果的重要因素之一。通常情况下,大多数多旋翼无人机机体未采取防雨防雷处理,所以当出现雨雪、雷暴等天气时,原则上不建议执行飞行任务。但较小的雨雪对无人机损伤较为轻微,在某些应急情况下可短时穿越雨雪区域。影响多旋翼无人机飞行的气象因素主要包括低云、能见度、风、气温、气压、雷电、积冰等。

(一)低云

对多旋翼无人机飞行影响最大的低云,主要是指云底与地面距离在 300 m 以下的云。该影响主要来自低云所伴随的强天气,尤其是积雨云和浓积云引起的天气变化。

(二)能见度

空中全景应用要求能清晰地看到地面、地形、地物情况,因此对能见度要求较高,同时能见度也是影响多旋翼无人机飞行状况的一个决定因素。建议各类无人机执行空中全景任务要在较高的能见度下进行,避免造成飞行安全事故或任务质量结果达不到预期效果。

(三)风

风对无人机空中全景任务效果影响较大。一是影响飞行安全。风对多旋翼无人机飞行安全的影响主要来自低空风切变。出现强风切变天气时,飞行操作员应随时注意多旋翼无人机的对地速度与偏航情况,及时修正航线并计算航行时间,确保多旋翼无人机能顺利往返。二是影响空中全景任务效果。通常情况下,4 级以下风切变天气对无人机空中全景任务影响较小,5 级风切变天气会增加全景图后期拼接难度,6 级以上风切变天气建议取消空中全景飞行任务。

(四)气温

室外温度过高或者过低都可能对多旋翼无人机电子设备的正常运行产生影响。温度过高时,多旋翼无人机的电机、电池等部件散热负荷增大,长时间飞行容易出现飞行安全隐患;温度过低时,多旋翼无人机电池的使用时间缩短或无法正常工作,影响任务的执行。

(五)气压

由于 GPS 在垂直高度的检测精度较低,多旋翼无人机多内置气压高度计来检测飞行高度。飞行过程中区域气压的强烈变化将会对标定飞行高度造成影响,特别是在多旋翼无人机执行拍摄任务及回收阶段,标定高度错误可能会造成比较严重的后果。

另外,在雷雨天气及高纬度寒冷条件下,雷电和积冰等气象因素会影响多旋翼无人机的飞行安全,原则上不建议在这种天气下执行飞行任务。

四、应用战术

(一)不同应用场景下机型的选择

根据实际制图面积需要,选择固定翼、垂直起降固定(复合)翼、多旋翼飞行平台执行制图飞行任务。实施大面积制图作业时,应选择长航时的固定翼、复合翼无人机平台。小范围场景、起降条件差的区域可选择多旋翼平台作业。单点及多点全景图制作任务,选择多旋翼飞行平台执行飞行拍摄。

1. 常规基础数据采集

（1）对于范围较大的常态化数据采集，可选择简单快捷的飞行装备进行全景数据采集，以提高基础数据采集效率；

（2）对于重点管辖区域的全景数据采集，可选择携带高清设备的无人机对重点区域进行高清数据采集，建立重点区域高清基础数据库，以备后期警务工作使用。

2. 案事件数据采集

（1）案事件发生前的全景数据采集，可以选择具有隐蔽性、机动性、快捷性、低噪声的飞行数据采集装备，以不同的坐标点位全方位采集。

（2）案事件发生时的数据采集，可以选择多套具有隐蔽性、机动性、快捷性、低噪声、长航时的飞行数据采集装备，在案事件发生时、执行任务时进行多方位、交替的任务数据采集。

（3）案事件发生后的数据采集，对隐蔽性和即时性要求不高的案事件，可选择高清数据采集飞行装备，高清数据可与案前、案时数据进行比对，以获取更多有效数据信息。

3. 执行消防救援、刑事抓捕、交通监管等应急任务

在任务情况非常紧急且对任务区域图像质量要求不高的情况下，建议选用携带方便、部署快速、操作简单的消费级多旋翼无人机。如近几年投放市场的"晓""御""御 Air""御 Pro""精灵 4"等消费级无人机，该类机型大多自带"一键全景"功能，能够实现任务区域内快速起飞、拍摄和自动生成空中全景图，确保各级警务指挥机构快速获取事发现场第一时间的空中全景影像数据，掌握现场情况，快速部署决策，图 7-43 为大疆无人机"一键全景"设置界面。

图 7-43　大疆无人机"一键全景"设置界面

4. 执行大型活动安保、案事件侦查、违法取证等警务任务

由于警务工作对任务区域图像质量的要求较高，且任务准备时间充分，因此建议选用航拍成像质量效果较好的专业、准专业或警用无人机，通过自主或手动方式拍摄，人工后期处

理形成最终的空中全景图。例如,"精灵 4Pro""精灵 4Pro+""悟 2""经纬 M300""经纬 M600""经纬 M600Pro"(见图 7-44)等准专业、专业级无人机或各类警用多旋翼无人机。

图 7-44　经纬 M600Pro 无人机

需要注意的是,部分专业级、警用级多旋翼无人机挂载相机具备变焦功能,为了提高后期拼接成功率,建议在空中全景图拍摄过程中采用广角定焦拍摄。同时,多数警用无人机应提前取消拍摄影像图中的时间、字幕图片标注内容,以确保后期全景图拼接的质量和成功率。

(二)制订飞行计划

任务小组根据任务情况制订飞行计划,进行飞行前准备。指挥员按照飞行计划确认采集任务,根据区域范围、飞行时间,安排申请飞行空域,确定任务机型。飞行操控员检查飞行系统及挂载设备,为飞行器电池、遥控器、显示器及挂载等其他电子产品充电,检查主数据卡及备用数据卡是否正常,数据是否清空;根据卫星图研究数据采集区域地理环境及相关数据,确定数据采集点位、无人机起降位置(包括备用起降点),设计飞行线路,计算飞行时间及数据采集量。根据警务任务的类型确定采用常规任务流程或案事件任务流程。

1.常规基础数据采集飞行

(1)人员配备:任务人员三人以上,分别为指挥员、飞行操作员、观察员等。确认任务当日是否具备飞行条件,分工协作,安全作业。

(2)装备配备:根据数据采集区域面积、环境,准备飞行平台、挂载、备用电池、数据储存卡等装备。

(3)空域申报:按照空管要求和警用无人驾驶航空器相关管理规定进行。

(4)起降地点:根据预先数据采集计划,通过卫星地图确定多个提前申报空域。对于起降点位(包含备用起降点位),到达现场后如果起降点位不符合起降要求或存在安全飞行隐患,则须及时更换第二起降点位。

(5)飞行区域:按照申报空域进行数据采集飞行,根据卫星地图及经纬度坐标,选择无人机,计算飞行时长及飞行距离。

(6)飞行线路:根据预先数据采集计划,通过卫星地图提前测算,规划飞行线路,结合现场情况优化飞行线路。

(7)应急预案:强化风险管理意识,坚持做到不违规操作、不带故障作业;在无人机的使用与保养中,一律严格按照规章办事。如遇风险事故,应充分履行政法机关职责,启动应急救援预案,最大限度地保护群众生命财产安全,维护公共安全和社会秩序,保障警用无人驾驶航空器应急救援和事故善后处理工作安全有序进行。

2. 案事件数据采集飞行

(1)人员配备:任务人员三人以上,分别为指挥员、飞行操作员、观察员等。飞行小组与案事件负责人员进行对接,了解简要案件,明确任务要求,快速制订飞行计划,确认飞行条件,分工协作,安全作业。

(2)装备配备:根据案事件任务情况、环境,准备飞行平台、挂载、备用电池、数据储存卡等装备。

(3)空域申报:按照空管要求和警用无人驾驶航空器相关管理规定,及时申报空域。

(4)起降地点:根据案事件发生位置,迅速通过卫星地图(PC版或手机端)提前确定案事件位置坐标,以坐标为中心快速确定多个起降点位(包含备用起降点位);到达现场后如果发现起降点位不符合起降要求或存在安全飞行隐患,须及时更换第二起降点位。

(5)飞行区域:按照案事件地理位置及相关要求确定飞行区域,根据卫星地图及经纬度坐标选择无人机,计算飞行时长及飞行距离。

(6)飞行线路:根据任务计划,结合现场情况,通过卫星地图提前测算,规划飞行线路,到达现场后优化飞行线路。

(7)应急预案:强化风险管理意识,坚持做到不违规操作、不带故障作业;在无人机的使用与保养中,一律严格按照规章办事。如遇风险事故,应充分履行公安机关职责,启动应急救援预案,最大限度保护群众生命财产安全,维护公共安全和社会秩序,尽力做好案事件数据采集工作。

(三)飞行准备与任务飞行

1. 数据采集类型

(1)高清正射影拼图制作。类似于卫星正射影地图,其清晰度、分辨率要求高于卫星地图,制作区域高清拼图。无人机进行航线飞行,根据任务要求设定航向间距、航线间距、飞行高度、飞行速度、照片重合度等参数,由机载飞控根据地面站生成POS点控制拍照,降落后导出照片数据;后期由多张高清照片拼接整个任务区域高清大图。此类电子地图制作可作为日常警务工作的积累,如遇突发事件时可随时调取,便于指挥人员掌控全局,合理部署警力。

(2)单点、多点360°全景图制作。对重点区域、景区、地标建筑,360°拍摄多张照片,降落后导出照片数据,后期制作360°全景拼图,可从空中多角度查看重点区域、景区、地标建筑的周边环境布局;区域范围相对较大时,可选取多点拍摄,制作多点联动全景图,可快速切换观察点,了解点与点之间的位置环境布局。

(3)实景三维建模。通过倾斜摄影相机对任务区域扫描拍摄,后期制作生成带有地理、距离、高度信息的电子地图,能够实时读取图上任意点的高度、坐标信息,以及任意两点之间的距离,并可以多角度查看图中建筑、植物等内容。

2. 飞行准备(以 DJI 无人机采集全景数据为例)

起飞前,查看 DJI 无人机 APP 是否有异常提醒,注意校准指南针;检查遥控器模式(遥控器模式错误会导致严重事故);设置返航高度(返航高度要高于周围最高建筑的高度)。出于安全考虑,可以手动在 APP 中设置限制飞行高度及距离,以防操作不慎导致飞行器飞远。一般情况下,建议新手操作时飞行器不要超出视距范围,并控制飞行高度低于 120 m。

确认起飞前,检查卫星信号情况、SD 卡容量、飞行器电量、GPS 信号(建议卫星数在 10 颗以上,且信号大于 4 格),确保飞行器能够稳定飞行、安全使用智能返航等功能。

如果飞行航线遇到逆风,飞行器返航,建议提高低电量报警电压设置。

飞行器对尾起飞,在起飞后建议先保持飞行器悬停约 30 s,以便观察是否存在飞行姿态异常情况,确认无异常情况后,再开始飞行任务。

飞行时应注意天气变化。一旦出现较大阵风或者下雨,应立刻控制飞行器降落,以免发生意外。

此外,在冬季飞行时,应注意环境温度是否适宜飞行,并先等待电池电芯温度上升到 20 ℃,确保电池动力正常,再开始飞行。

飞行时,需随时关注电池电量情况,预留足够的电量返航。需要注意的是,在顺风和逆风环境下,飞行器往返的飞行速度和耗电量会存在差异。逆风返航时需要预留比平时多的返航电量。

暴力操作导致的操作失误,是许多飞行发生意外的原因。操控飞行器时不可快速把摇杆推到极限位置,遥控器摇杆杆量与飞行器的飞行加速度成正比。杆量小,飞行器加速度小,最终的飞行速度也小。飞行时建议慢速推杆,小杆量飞行。若在飞行过程中发生紧急情况,要保持冷静,切勿乱推杆操作。

在飞行过程中,尤其是当飞行器不在视线内时,由于飞行环境难以预料,应避免向后倒退飞行,以免撞上未知障碍物而发生意外。

降落时要选择平坦场地,注意操作手要与飞行器着陆点保持安全距离,在飞行器距离地面 1 m 左右时先保持悬停,再缓慢降落到地面。待螺旋桨完全停止时,先关闭飞行器电源,再关闭遥控器电源。

3. 全景拍摄

空中全景图可以通过手动和程序两种方法进行拍摄。在拍摄过程中需要保持无人机稳定悬停,并保证每张图片之间有 30% 的重叠,否则素材在后期拼接过程中会出现模糊或无法拼接的情况。而且每次拍摄时,需要保证无人机电量充足,能一次性完成一套 360°全景拍摄任务(耗时 3~10 min)。

拍摄空中全景图时,按照"0°—30°—60°—90°"的方法进行拍摄:水平 0°至少拍摄 8 张照片,斜下 30°拍摄 8 张照片,斜下 60°拍摄 6 张照片,垂直 90°拍摄 2 张照片,如图 7-45 所示。

(1)手动拍摄。手动 360°全景图可以按照以下方法拍摄：
1)无人机飞到拍摄高度。
2)设置相机参数(设置正确的曝光值)。
3)无人机悬停开始拍摄。
4)360°转向,每转向 30°～45°拍摄一张照片,每圈拍摄 8～12 张照片。
5)云台每拍完一圈下摇 30°～45°,再拍摄一圈。
6)最后面对地面拍摄一张照片,再转向 90°拍摄一张照片。

图 7－45　拍摄画面保留 30％重叠

多旋翼无人机起飞前、后要进行现场图像数据检查,防止空中全景拍摄的影像数据达不到后期拼接要求。必须保持飞行器高度稳定不动,水平转动云台开始拍摄,遵循每两张图片之间至少有 30％及以上重合部分的原则。

记下拍摄第一张图片时取景框内的主体,拍摄完一圈回到该主体时,调整云台俯仰角度,继续拍摄第二圈。俯仰角度应与第一圈拍摄图片一样,且有 30％及以上的重合部分。

在水面拍摄全景图时,因水面的特殊性,可能无法制图,实际拍摄时重叠率要高于60％。在有条件的情况下,可在水面搁置标识物或是通过手动添加特征点的方式在合成软件中逐一操作。

(2)自动拍摄流程。
1)在 DJI GO 4 APP 拍照模式中选择球形全景选项。
2)起飞到达预定高度后,点击拍摄即可自动完成全景拍摄任务。
3)点击右侧拍摄键,等待自动拍摄完成。
4)拍摄完成后点击"回放",选择刚拍摄的全景照片,进行自动合成(通过此方式获取的全景图像像素不高)。

注意事项:需要较高像素的全景图像,后期可通过 PTGui 或 Lightroom 等软件对拍摄照片进行合成。DJI GO 4 APP 中的全景模式设置如图 7－46 所示。

▶▶▶ 智慧监狱无人机警务

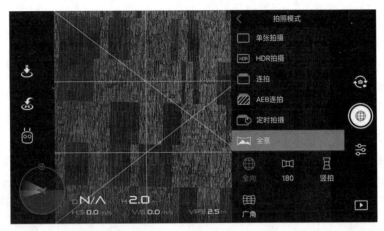

图 7-46 DJI GO 4 APP 中的全景模式设置

(四)任务执行要点

1. 环境安全检查

飞行前,首先要观察飞行环境,确保周边没有影响飞行安全的障碍物。

2. 机身检查

检查机身是否有裂纹,螺丝钉或紧固件有无松动或损坏,螺旋桨有无损坏、变形以及安装是否紧固,电池安装是否牢固。

3. 控制系统检查、校准

检查无人机电池电量是否充足、温度是否正常,遥控器电池电量是否充足,指南针是否正常(如有异常需要进行校准),飞行模式是否正确,GPS卫星数量是否满足安全飞行要求,云台系统是否正常,数据存储卡运行是否正常,失控后执行选项是否为自动返航,返航高度设置是否符合环境要求。如不符合要求,则进行校准。

4. 起飞后检查

启动无人机时必须先开启遥控器再开启无人机,确认返航点已刷新,起飞到一定高度(2～5 m)后轻微操控摇杆,检查无人机飞行状态与遥控器操控是否一致。

5. 空中数据采集

无人机飞行至预设点位,飞行高度控制在 50～120 m,镜头俯仰环拍至少 3 圈,第一圈水平拍摄 8 张,第二圈镜头俯视 45°左右拍摄 8 张,镜头垂直地面拍摄 1 张,总共拍摄 17 张照片。拍摄时镜头旋转一定角度后,稳定 1～3 s 再按快门,保证图像清晰,数据存储完整。若使用具有一键全景功能的无人机,则只需选择一键全景功能选项,自动完成拍摄。

6. 无人机返航

无人机按照预定路线进行返航,当返航至起飞高度(2~5 m)时,观察降落地点是否安全,无人机下降后,先关无人机再关遥控器。

7. 紧急情况处置

遇到紧急情况时,操控人员必须保持冷静,稳控摇杆,确认机头方向。一是图传信号中断。保持无人机悬停,调整天线方向位置,退出系统后重新进入,重插数据线,若依然无图传,则应操控无人机返航或执行自动返航并降落。二是无人机失控。无人机失控后会执行自动返航,先上升到设定好的返航高度,再回到起飞点上空,最后下降。此时应观察无人机姿态,待遥控器信号恢复后,再取得控制权,并根据实际情况选择继续飞行或降落。三是无人机悬停不稳,可能是卫星信号较差或指南针干扰导致的。首先检查无人机是否在 GPS 模式,若在此模式下依然不稳(指南针异常应切换到姿态模式返航),则应当操控无人机降落到安全地面,并检查卫星信号或校准指南针。四是智能低电返航。当 APP 提示电量过低时,应当执行返航,等待无人机飞回视距内,控制无人机降落在起飞点位或自主飞回返航点。返航过程不可轻易取消,否则无人机可能因电量不足而无法返航。五是空中突遇强风。此时应当侧降无人机高度,迅速退出气流,安全返航并降落。

注意:以上为常规基础数据与案事件数据采集的共同要点。在空中数据采集环节,无人机采集案事件数据需根据具体情况和要求,选择飞行线路和高度(如隐蔽侦查要考虑安全起降点位、安全飞行路线及安全高度),按飞行计划飞行至预设点位开展数据采集。

(五)数据分析与研判

1. 实时数据分析与研判

在飞行任务过程中,需实时分析采集数据,确认数据采集有效。保证拍摄的照片曝光准确、对焦清晰,保证照片之间有效重叠,确保拍摄数据完整。

2. 后期数据分析与研判

飞行任务结束后,迅速将采集数据导入计算机,将数据按点位分包,使用 PTGui 软件进行全景数据拼接,再使用 Photoshop 软件进行天空修补。如果情况紧急,可以不修补天空,直接使用全景查看器进行全景数据的分析和研判。

(1)后期拼接与成图。多旋翼无人机原始影像数据拍摄完毕后,为了获得高质量的空中全景图,还需要对这些影像数据进行后期拼接和计算机处理,因此后期拼接与成图是完成无人机空中全景任务的核心环节。具体步骤分为软件准备、图像拼接、影像处理及全景生成等计算机图像加工处理过程。

1)软件准备。开始手工拼接原始航拍图片前,先要准备好相关的计算机软件,主要有 PTGui、Photoshop 和全景制作软件(如 720 云)等。其中,PTGui 是目前应用较多的一款全景影像拼接软件,操作简单,效果良好(见图 7-47);Photoshop 是一款强大的图像编修与绘制软件,可以有效地进行图片编辑工作;全景制作软件主要用于生成空中全景警务项目。

▶▶▶ 智慧监狱无人机警务

图7-47 PTGui软件拼接的无天空全景图片

2)图像拼接。

第一步,打开PTGui全景影像拼接软件,首先按影像顺序加载某全景项目点空中航拍原始影像。

第二步,点击对准图像,自动合成全景图。如出现相邻影像控制点无法自动匹配的情况,需要人工手动寻找同名控制点,再进行自动匹配。

第三步,点击创建全景图,进入下图页面。设置文件格式和品质,建议设置为100%;同时指定全景图导出的位置,也可以使用默认设置;最后,点击创建全景图选项自动生成全景拼接图。

3)影像处理。使用PTGui自动合成的全景图,由于无人机拍不到天空的画面,所以天空部分会有缺失。解决办法是先利用Photoshop的扭曲工具,将平面的影像转换为极坐标模式,结合天空影像素材进行修补、过渡,将天空补全。再将补好的天空影像从极坐标模式转换为平面坐标模式。这样天空就成了一个闭合的区域。然后对补好天空画面的全景图进行色温、色调、曝光、对比度、阴影、亮光、饱和度等一系列参数的调整,使得全景图的清晰度、色彩等达到较好的效果。其间,要注意放大检查影像,主要检查线状地物是否有错位、移动的车辆和行人重影等问题,并逐一修改。最后将全景图旋转180°,利用极坐标与平面坐标的转换实现对全景图最左和最右的接边检查。

4)全景生成。将完成补天处理的空中全景图导入全景生成软件,即可获得任务所需的警务全景项目。目前,能够完成全景生成的软件较多,市面上有720云、光影鱼等多个品牌软件,有条件的公安机关还可以在公安网络中部署自己的全景管理系统。

以上步骤可完成制作720°全方位空中全景效果图,为下一步开展警务实战应用做好准备。

(2)数据标注与研判。空中全景效果图制作完成后,根据警务工作要求,通过空中全景管理系统或软件管理、应用空中全景影像数据。下面介绍通过720云全景客户端管理、应用空中全景影像数据的方法,如图7-48所示。

1)项目建设。通过720云全景管理软件新建或编辑空中全景警务项目。导入一个或多个空中全景图,实现对任务区域空中全景影像的浏览、调阅。

2)数据标注。选择热点功能,将警力配置、技防设施、警车、警犬等警务数据要素在全景项目中进行标注,并将平面图、文本、视频等多种因素与空中全景结合。当项目中有多个全景图时,可通过图上标注的全景点或沙盘功能进行不同场景间的快速切换。

3)项目推送与保存。将项目保存后,非涉密类警务工作全景项目可以通过网络上传到服务器云端,通过公网或专网推送到任务民警移动警务终端。涉密类警务工作全景项目采用单机版脱机导出独立执行文件,并放置在专用光盘或涉密U盘中,方便警务决策、沙盘推演、警力部署等实战应用。

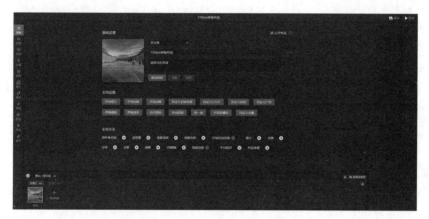

图7-48　720云全景客户端

(六)飞行后维护与保养

1. 无人机的降落与回收

无人机完成任务后按照预定路线返航,当返航至起飞高度(2～5 m)时,先观察降落地点是否安全;无人机下降后,先关闭无人机电源,再关闭遥控器,取出机身存储数据卡放入卡保护盒内,再将无数据的备用储存卡插入无人机,安装保护罩,最后将无人机装入保护装备内。

2. 无人机的维护与保养

无人机属于精密电子设备,任何部件的微小变动都会影响其飞行状态和使用寿命,因此在日常使用无人机的过程中应小心谨慎,定期维护和检查。确保无人机在作业时安全可靠。

(1)无人机及遥控器维护。

每次飞行结束后,需要对无人机进行全面、彻底的检查和清洁,由于无人机在起飞时会使尘土飞扬,使无人机表面和部件沾满灰尘,所以需要全面清洁;而飞行的震动和操作手的操控有可能造成无人机部件松弛,所以需要对无人机进行全面检查。在检查、清洁过程中应尽可能关注无人机机体或部件是否有损坏、松动或缺失,特别是电机、锁扣、螺旋桨等。

(2)无人机电池维护。

电池主要用于为无人机动力系统提供能量,是保证无人机安全飞行的关键因素之一。

▶▶▶ 智慧监狱无人机警务

电池使用一般要求不能过放,使用时要充分利用电池报警器,一旦报警就应尽快降落,不贪恋飞行时长。电池充电时不能过充,充电时一定要按照电池规定的C数或更低的C数,不可超过规定充电电流,并且充电时一定要有人照看。电池需长期存储的,应将电量控制在中间值储存,并且两个月充放电一次。日常使用电池应分配两组,一组满电储存,一组半电储存,3~5天轮换一次,保障突发事件时使用。如需长距离运输电池,需将电量放至50%~60%后运输。冬季低温或高原低温应对无人机进行预热保暖,并且尽量将时间缩短到常温状态的一半,以保证安全飞行。

(3)无人机整机保养。

1)保证无人机各部分整洁,变形或转接部分无可见污垢。

2)观察外观有无变形,有无明显缺陷。

3)晃动机身,仔细听机身内部有无松动零件或者螺丝,如有则应拆解机身或者采用倾斜机身的方法,及时将零件取出并进行更详细的检查。请勿在未取出的情况下将无人机通电,否则容易导致无人机内部短路从而造成更严重的故障。

4)飞行后若无人机机身沾上较多的尘土,请在断电后用清水擦拭,切勿使用酒精、煤油等有机物清洗。

(4)动力系统保养。

1)检查桨叶情况以及有无裂痕、磨损等,若发现紧固件(如防脱桨扣等)松脱或者失效,建议停止使用并更换桨叶。

2)在不安装螺旋桨的情况下启动电机,若启动后电机出现异常响声,可能是轴承磨损,建议更换电机以消除隐患。

3)在不安装螺旋桨的情况下启动电机,观察电机转子的边缘和轴在转动中是否同心,电机壳下方的缝隙是否均匀,电机壳是否变形,以及是否有较大震动。若出现以上情况,可能是电机轴变形,建议更换电机以消除隐患。

4)检查电机下方的固定螺丝是否稳固,周围塑料零件是否出现裂缝。若螺丝松动,应立即拧紧;若塑料件出现裂缝,应立即更换,防止发生塑料零件开裂失效等情况。

5)避免无刷电机长期工作在高温环境(70℃以上)。

6)避免电机进水,保持内部干燥。

7)定期检查电机的动平衡情况:拆掉螺旋桨后驱动电机,正常电机转动时有轻微振动,如果电机动平衡失效,则电机振动较大,用手接触会有麻木感。

8)避免电调持续过热(温度在70℃以上),否则有可能烧毁电调或发生故障;必须保持良好散热,避免在密闭环境中工作,保持电调干燥,避免进水。

(5)电池保养。

1)电池的保存环境要求必须干燥,潮湿环境会导致电池短路,有可能引起自燃等危险。

2)为保持电池活性,电池在充满电后应尽快使用,切勿满电储存,满电储存会造成电池鼓包等不可逆转的损害。智能电池自带自动放电系统,建议自动放电周期为五天。

3)若长时间存放,存放温度建议在0~25℃,建议将电池电压保持在3.85 V储存,三个月内必须充放电一次以保证电池活性。

4)避免长时间亏电(单片电芯低于3.7 V)存放。

5)避免电池跌落,跌落可能会造成电池短路,引起自燃。

6)必须使用官方充电器为电池充电,任何并充板、非官方充电器都可能对电池造成伤害,而且不会得到官方保修。

7)请勿刚飞行完就给电池充电,应当放置一段时间,直至电池温度降低至允许充电的温度再充电。最佳充电温度是 20℃。

8)每次充电务必充满,充电完成,四颗指示灯熄灭后才可以拔下电池。

9)应经常检查充电接口、数据接口是否有异物并且及时清理,如图 7-49 所示。

图 7-49 检查电源接口

(6)注意事项。

1)飞行中应尽量避免高速飞行、急停等大幅度动作,剩余 30% 电量时务必返航。

2)冬季飞行时,电池会因低温导致性能下降,先在地面低空悬停 1 min,待电池温度上升至 30℃ 左右后再进行其他作业。

3)相较于长期使用低电流充电的锂电池,长期使用大电流充电的锂电池寿命会更短。

4)因过充、过放、碰撞等其他因素导致电池鼓包,请停止使用。

(七)飞行任务分析与总结

警用无人机作为警务航空建设的一部分,具有低成本、易操作、易维护等优势,同时能有效获取空中主动权,填补低空领域的空白,既能侦查也能打击,采集获取的数据还能进行深度应用,成为现阶段警务工作的必然需求。因此警务工作中警用无人机的常态化应用已成为新的趋势。我们需要总结和提炼如何安全高效地进行管理和完成各类飞行任务。

警用无人机应用建设是一项系统工程,要充分发挥其在警务活动中的功能优势,就必须建立一支具有思想统一、分工明确、相互配合、技术精湛的无人机专业飞行队伍,为警用无人机的发展与应用奠定坚实的基础。空中全景科目飞行任务总体分为常规基础数据采集飞行与案事件数据采集飞行,其本质区别在于任务状态的不同。前者数据采集可按照飞行计划有序逐项执行。而后者不仅要考虑全景任务本身,还需根据案事件要求、环境条件等及时、高效地制订任务计划,从飞行系统及挂载、飞行人员、执行任务的车辆到无人机起降点、起降时间、位置、线路、突发事件应急方案等的选择和制订都需要高效完成,每个环节的失误都有可能导致任务失败。所以平时需对人、机、料、法、环进行严格管理,特别是在专业人员方面,要以人为根本,保证警用无人机在警务任务中的安全性和可控性。必须建立一支政治素质过硬,能高效运维无人机系统且具备很强的安全风险意识和应急处置能力的队伍。

警用无人机作为新型的高科技装备,最终操控者还是人,所以必须以培养专业人员为根

▶▶▶ **智慧监狱无人机警务**

本,加强政治理论学习、心理辅导、无人机理论学习、飞行技术训练、警务战法研究等,并及时取得相应飞行资格证书(见图 7-50)。

图 7-50 AOPA 民用无人驾驶航空器系统驾驶员员合格证

五、案例

随着无人机技术在警务工作中的深化应用,无人机空中全景技术的使用也将越来越普及。在刑侦抓捕工作中,通过空中全景影像,辅助计算、分析出一定时间内罪犯可能逃窜的区域,进而确定设卡堵截的合理位置,方便指挥员及时掌握局势、有效部署警力、快速调度处置;在大型活动安保及驻地警卫工作中,利用警用无人机进行空中全景作业,确保指挥部对安保路线、警卫驻地、制高点、重点部位等现场情况了然于心,辅助警力部署和预案推演,确保万无一失;在消防和灾害救援工作中,利用警用无人机拍摄空中全景,及时获取现场灾情信息,为指挥调度决策、救灾设施部署、救援路线制订等工作提供有力依据。

(一)案例背景

2018 年 4 月 15 日,由中国田径协会、山东省体育局、泰安市人民政府主办,泰安市体育局、泰安传媒集团等承办的"2018 泰山国际马拉松赛"在泰山脚下隆重举行。此次马拉松赛设全程马拉松、半程马拉松、迷你马拉松三个比赛项目,来自中国、俄罗斯、美国、德国、澳大利亚、意大利、埃塞俄比亚、尼日利亚等 23 个国家的 23 359 名运动员参加比赛,参与活动的群众超过 30 万人,该活动使用警用无人机全程监控赛事情况,如图 7-51 所示。

此次警务安保工作时间紧、任务重,从着手准备到马拉松赛开幕仅有一周时间。同时,比赛线路穿越泰安市的时代发展线、金融商务区、居民区及部分景点等繁华地段,全程42.195 km,隶属 3 个辖区公安分局管理。如何合理、高效地快速部署警力,形成有效的安保防控圈成为安保指挥部前期组织筹划工作的难点。通过无人机空中全景航拍,将赛事全程要点部位制作成空中全景警务项目,为各级任务分配、要素部署等前期警务安保规划工作提供直观、方便、迅捷的数据保障。同时,为进一步提升安保工作效率和精细化程度,在利用无人机空中全景航拍的同时,通过无人机三维精细建模等技术,进一步收集完善赛事相关区域空地影像数据。通过建设安保线路、警力部署、视频监控等多个安保要素图层及相关功能,精心规划、部署分配各类技防资源,为安保活动的顺利进行提供了全方位的大数据支撑。

图 7-51　使用警用无人机全程监控赛事情况

(二)应用过程

1. 无人机系统简介

根据警务安保任务需求,本次任务空中全景航拍采用"精灵 4Pro+"无人机拍摄制作。其基本性能如下:

"精灵 4Pro+"是一款专业级航拍无人机产品(见图 7-52),拥有 1 英寸、2 000 万像素的传感器和 12 挡动态范围。"精灵 4Pro+"无人机的机械快门可有效防止快速移动过程中形成拖影,并增加自动对焦功能,为后期制作提供更广阔的空间。"精灵 Pro+"无人机的避障功能得到进一步增强,三对视觉系统组成的六目导航系统可以感知前方、后方及下方的障碍物。此外,"精灵 4Pro+"无人机的电池容量为 5 870 mA·h,最长理论飞行时间提升为 30 min。配备的一体式遥控器集成 5.5 英寸 1 080 p 显示屏,最高亮度可达 1 000 cd/m^2。遥控器还集成了新一代 Lightbridge 高清图传,传输距离最远达 7 km。

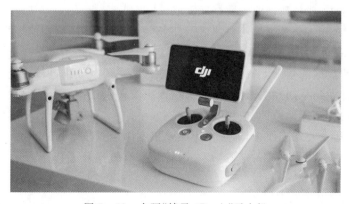

图 7-52　大疆"精灵 4Pro+"无人机

2. 过程分析

（1）任务受领与装备选择。赛事安保任务准备时间短，任务区域分布广，同时对要点部位的空中全景影像图质量要求较高。

（2）任务分解与人员配备。结合赛事全程线路的具体设置，将全程线路上的30个重点部位或道路交叉口作为无人机空中全景航拍的项目点。在拍摄影像图时，派遣两名警航队队员各携带1架无人机，对预先选择的项目点逐一进行拍摄。

（3）飞行区域控制。该赛事线路全程无机场、军事禁区等禁飞限飞区域，故向赛事组委会和公安机关治安部门申请审批后即立展开拍摄工作。执行空中全景航拍任务的多旋翼无人机飞行高度均控制在120 m以下，飞行区域是以各全景项目点为中心半径约50 m的区域。

（4）气象情况及飞行场地。任务飞行期间，赛事区域天气晴朗、风力3～4级、能见度高，满足多旋翼无人机安全飞行条件。同时，由于多旋翼无人机对起降场地的要求不高，在各个全景项目点附近均能找到适合起降的飞行场地。

（5）后期拼接成图。将拍摄完成的项目点空中全景影像原始素材及时复制到用于后期制作的计算机上。安排多名队员同时进行后期全景图的加工处理。在团队的协同配合下，仅用时两天就完成了警务全景项目中30个任务项目点的制作。

（6）项目下发与数据标注。将制作完成的警务全景项目导出分发到涉及安保任务的各辖区分局及交警、刑侦、特巡警等警种部门；各级各单位依据警务全景项目结合各自担负的工作任务将警务要素标注在图中，做到职责任务明确、部署定位快速、辖区掌控清晰。

（7）数据的收集与融合。将各级各单位标注在图上的本级警务要素收集汇总、融合完善，形成安保任务全程全要素的综合性空中全景项目，为安保指挥部指挥调度的快速部署、方案推演完善、内部监督管理等后续工作提供保障。

（三）应用创新点分析

（1）多旋翼无人机能够在城市内空间狭小的现场快速部署，适用于无人机空中全景拍摄。

（2）全景影像数据采集处理快、清晰度高，数据更新便捷，可360°浏览查看，可放大、缩小，在任意位置标注，并与其他业务数据库关联。

（3）整体效果突出，全景影像可快速显示任务要点现场位置、标志建筑物和道路情况，细节与宏观掌控兼备。

（4）可在现有数据的基础上，深入分析、预测趋势，对预案效果进行一定程度的模拟和估计，对灾情和事件做到早期探测预警，从而为指挥决策提供依据和分析手段。

（5）整个战法应用操作便捷、应用效果明显、入手简单，可随时进行预案修改和推演。

在本次大型活动安保工作中，通过使用无人机空中全景技术，在全面提高安保全要素部署速度、全程警力安排效率、装备定位精度的基础上，有效提升了警务安保工作效率，节约了警务工作成本。

第七章 无人机警务战术科目

第四节 搜索救援

一、应用场景

(一)道路救援

发生道路交通事故时,无人机沿道路飞行巡检,可将拍摄内容实时传输至地面站终端,供救援人员作下一步决策,并可利用无人机在特定位置设立临时信号灯,防止其他车辆继续进入事故区域导致交通拥堵。

"工欲善其事,必先利其器。"在各种抢险救助过程中,在各方人员有序配合的同时,救灾工具科技含量越来越高,近几年大热的无人机更是频繁地出现在报道中,为救灾工作贡献了许多力量。例如,九寨沟地震后,由于当地 301 省道神仙池岔路口段道路损毁严重,造成了严重的交通堵塞,森林中队的官兵使用无人机对道路的受灾、断路情况进行了侦察搜救(见图 7-53)。又如,2018 年 5 月 27 日,京台高速发生三辆汽车碰撞事故,导致 1 人死亡、21 人受伤,其中一辆事故车辆为危化品车辆。在车祸事故处理过程中又发生意外,车辆装载的危化品发生爆炸,多辆汽车被爆炸引燃,高速公路附近的房屋、防护林严重受损,麦地也燃起熊熊大火。在压车的情况下,救援队伍借助无人机立即从部署地自动飞抵指定区域,将实时视频转播到指挥网络,全程提供空中视角的情报支持,便于指挥决策,及时完成搜救任务。

道路灾害分为两类,即自然灾害及人为灾害,在道路救援中这二者尤为突出。人为灾害有交通事故、爆炸物爆炸、起火等情况,自然灾害有山体滑坡、路面塌陷等情况,这些灾害往往会导致道路中断、大面积拥堵并造成人员伤亡。灾害发生后,救援人员无法快速到达现场,失去了第一时间确定现场环境的有利时机,因此,无人机救援被广泛用于道路救援。

图 7-53 武警九寨沟中队用无人机进行道路侦查

无人机道路救援的实施过程如下:
无人机机组于待搜救道路中点附近,寻找制高点部署无人机及地面站系统,构建良好的

▶▶▶ 智慧监狱无人机警务

链路通视条件,同时获得最大的道路覆盖能力。系统内事先录入待搜救道路的坐标信息及高程数据,以此规划带状路径扫视任务,保证扫视范围足以覆盖搜救道路。无人机在道路上空 300~500 m 高度,距离道路横向距离 300~500 m 处,随规划线路飞行;载荷操作员启动光电球自动路径扫视功能,使光电球自动指向道路位置进行观察,载荷操作员可随时对自动巡视视野中的画面进行变焦观察、切换红外传感器以及位置微调操作。

当载荷操作员发现疑似救援目标时,可立即暂停无人机路线自动巡视功能,执行环视指令,在观察点上空盘旋,对目标进行仔细判读,通过 30 倍(或 10 倍)变焦可见光传感器观察目标位置。若判断其并非救援目标,则取消环视继续执行巡视任务。若确认其为救援目标,可通过光电球的位置解算功能定位目标位置,并通过数据链路或无线电通信将位置信息传达到搜救指挥中心,为地面救援力量提供定位信息。同时,无人机停止前进,执行定点观察指令,持续观察救援目标;地面控制站通过 4G 数据网络将实时视频传回指挥中心,为指挥决策提供实时画面依据。

若存在无线电通信中断区域,则需要依赖光电球的内部视频存储功能;待无人机返航降落后,读取机载存储视频,若发现可疑目标则依靠视频 OSD 信息对目标位置进行初步定位,并将定位信息告知指挥中心。

(二)城区救援

当前,面对日益复杂的事故救援和社会救助形势,传统现场侦查手段的局限性已日益凸显,如何有效实施消防预警和现场侦测,并迅速、准确处置灾情显得尤为重要。

随着人口迅速膨胀、城市扩容加快,现代城市呈现出人口高度密集、高层建筑增多、抢险救援难度加大等特点,一旦发生事故、灾害、火灾,不仅会危及群众生命财产安全,还会波及其他地区,造成严重危害。城市应急救援成为摆在世人面前一个国际性难题。利用无人机,可快速甄别现场环境、受灾原因,通过影像制定救援方案,尤其是在城市火灾救援中,可通过不同高度、角度迅速找出火源。

无人机城市救援的实施过程如下:

无人机机组在离建筑物可控距离范围内,寻找制高点部署无人机及地面站系统,构建良好的链路通视条件,可视范围覆盖城市整体建筑物。无人机在建筑物上空 300~500 m 高度(尽量高于城市最高建筑)搜寻目标建筑物,载荷操作员可随时对巡视视野中的画面进行变焦观察、红外传感器切换以及位置微调操作。

城市中可能出现的待救援情形与道路救援要复杂得多,如地震中房屋倒塌人员被困、火灾现场人员被困、危险物品储存事故救援等。由于事故种类多,更要求操作员掌握无人机性能和作用。当载荷操作员发现目标建筑物时,可立即暂停路线自动巡视功能,执行环视指令,无人机在建筑物上空盘旋对目标进行仔细判读,通过 30 倍(或 10 倍)变焦可见光传感器观察目标位置,通过光电球的位置解算功能定位目标位置,通过数据链路或无线电通信将位置信息传达到搜救指挥中心,为地面救援力量提供定位信息。同时,无人机停止前进,操作员根据救援现场情况确定无人机观察的对象(例如,在火灾现场可能需要操作员观察附近消防栓位置、周围人员集散情况等);地面控制站通过 4G 数据网络将实时视频传回指挥中心,为指挥决策提供实时画面依据。发现建筑物灾情及等待救援的事件,可通过实时画面指导地面救援人员第一时间解决突发事件。

(三)荒野救援

荒野地区虽然地势平坦,但往往杂草丛生,搜救人员在地面观测时视野容易受到影响,很难发现远处被困人员。利用无人机空中视角可以排除视野影响,有效区分并识别人、物等不同信息。

无人机可以利用人与周围物体不同的红外线反射原理,在荒漠、山林等地区侦查和救援受困群众。无人机低空航拍可以在短时间内大范围地搜索目标,节约了人力、物力。不仅如此,在大范围的搜索过程中,无人机可以客观分析地表物品情况,通过数据搜索到靠肉眼难以发现的人和物,这有利于缓解我国现阶段警力不足与警务情况复杂之间的矛盾。

例如,2017年10月30日晚,5名驴友在广东省惠州市象头山野外失联两天,救援队接到紧急支援请求,启动应急救援程序,迅速召集相关人员携带无人机等装备赶赴现场开展搜救工作(见图7-54)。搜救途中无人机搭载30倍高清变焦相机在高空巡视,配合地面人员,形成地面空中协同一体化搜寻。经14 h搜救,救援队于31日上午9:30在山上五级电站附近找到5名被困失联人员,顺利完成此次搜救任务。

无人机荒野救援的实施过程:

无人机机组于荒野附近10 km左右,寻找制高点部署无人机及地面站系统,构建良好的链路通视条件。不同于道路搜救路线简单明了的特点,荒野面积的大小和形状存在不确定性,需根据情况制订巡视方式和路线。若荒野区域较大则采用等距间隔扫描航线覆盖搜救荒野;若荒野面积较小则以固定线路在荒野上方往复盘旋覆盖搜救荒野。无人机按照预定计划在搜救荒野区域上空300~500 m处飞行,载荷操作员根据需要可以手动操纵光电球或采用按线路自动扫视的方式对目标区域进行地毯式搜索,配合热成像传感器对视野内温度异常位置进行搜索。

图7-54 无人机参与博罗象头山人员搜寻

当发现救援目标时,通过30倍(或10倍)变焦可见光传感器对目标位置进行观察,确认

▶▶▶ **智慧监狱无人机警务**

目标后,通过光电球的位置解算功能定位目标位置,通过数据链路或无线电通信将位置信息传达到搜救指挥中心,为地面救援力量提供定位信息。同时,无人机停止前进,执行定点观察指令,持续观察救援目标;地面控制站通过4G数据网络将实时视频传回指挥中心,为指挥决策提供实时画面依据。

若待搜救荒野区域内存在无线电通信中断区域,则改用自动路径侦查方式对该区域进行侦查,并对该区域规划一套光电球扫视路径;在进入该区域前启动光电球路径观察模式,光电球自动扫视规划好的路径;待无人机返航降落后,读取并检视机载存储视频,若发现可疑目标,则依靠视频OSD信息对目标位置进行初步定位,并将定位信息告知指挥中心。

(四)水域救援

救灾的第一要务就是救人,所有重要的救援工作几乎都是以人为中心。由于灾后地区情形变化较大,而人群又比较分散,这时无人机高视角的优势就显露了出来。

例如,2017年7月的湖南发生洪灾,救援人员利用无人机定位到一位因洪水受困于四楼长达两天的老人和她的女儿,并在无人机的指引下,成功将受困人员救了出来。再如,2015年6月1日晚,从南京驶往重庆的客船"东方之星"在长江中游湖北监利水域突遇罕见强对流天气发生翻沉。事发客船共有458人,其中旅客406人。事发后,救援方迅速出动红外热成像无人机加入长江沉船的搜救工作中,解决了江面能见度极低带来的搜救难题。而各媒体出动的航拍无人机也向公众传达了现场的直观影像。

从长江沉船救援中无人机的使用情况来看,鉴于其灵活机动的特性,无人机已成为灾后救援、紧急事故救援的标配。除了航拍功能之外,无人机云台可搭载多功能的传感器设备,为搜救工作提供宝贵的现场信息及最佳救援时机,如图7-55所示。

图7-55 无人机水域救援现场

2017年,美国、法国、德国、巴西和新西兰在海滩无人机应急救援方面作出了巨大的贡献,对于水面救援来说具有重大意义:救生员可以在岸边直接控制无人机巡视大片海岸线,若游泳者遭遇大风浪需要求救,无人机可以快速抵达并投放游泳圈,大大缩短了营救时间。

无人机水域救援的实施过程如下:

无人机机组于水域附近或待搜救水域附近的制高点或较高的空旷处部署无人机及地面站系统,构建良好的链路通视条件。与荒野救援相似,无人机水域救援的巡视方式和航线由水域情况决定:若水域较大则采用等间隔扫描航线覆盖搜救水域;若水域较小则以固定线路在水域上方盘旋覆盖搜救水域。无人机按照预定计划在搜救水域上空 300~500 m 处飞行,载荷操作员可手动操纵光电球或采用按线路自动扫视的方式对目标区域进行地毯式搜索;配合热成像传感器对水域温度异常位置进行搜索。

当发现救援目标时,通过 30 倍(或 10 倍)变焦可见光传感器观察目标位置,确认目标后,通过光电球的位置解算功能定位目标位置,通过数据链路或无线电通信将位置信息传达到搜救指挥中心,为地面救援力量提供定位信息。同时,无人机停止前进,执行定点观察指令,持续观察救援目标;地面控制站通过 4G 数据网络将实时视频传回指挥中心,为指挥决策提供实时画面依据;指挥中心可根据现场实时画面调度力量进行救援。

(五)山区救援

山区由于地形起伏大,植被情况复杂,一旦发生人员或车辆被困情况,搜救活动的进展将十分缓慢,且搜救人员活动量大、工作难度大。利用无人机进行山区搜救可以无视地形的影响,对整个范围进行细致的拍摄观察。无人机通过搭载热成像仪等系统,可以观测到火源等求救信号,为山区搜救提供最有力的支持。

我国山区(包括山地、丘陵和高原)面积为 6 636 000 km²,占全国国土总面积的 69.1%。山体滑坡、地震、森林大火、山洪暴发等灾害时有发生。在山区救援时,其地形特点对无人机飞行环境的影响是最为严重的,山体高低落差、不规律的气象环境容易造成无人机失事,使得山区低空飞行的难度加大。

在传统的人工搜救模式下,救援人员往往要深入林木茂盛的山区,面对悬崖峭壁、高山深涧的威胁,搜救工作危险系数高、效率低、耗时耗力。直升机因体积庞大、飞行成本高且飞行限制较多,不适于山区搜救。而无人机搜救具有机动性强、灵活性高、成本低的优势,搜寻一座山只需十几分钟,其中还包括一些危险地形和人员无法到达的区域。

例如,一位 80 多岁的老人迷失在南京市汤山地区,汤山地区山地面积广,加之老人患有轻度老年痴呆症,随时有生命危险。当地派出所出动 20 余名警力搜山 3 h 未果后,而出动无人机进行低空搜寻,飞行半个小时就在句容地界的一处山沟里发现了走失的老人。再如,2018 年 3 月 12 日,一名 20 岁女生在山东省玉泉山失踪。家属经多方联系无果后,向警方报案。一支由公安、消防、专业救援队组成的救援力量进山开展搜救工作。经过无人机空中搜索,最终锁定失踪女孩倒在半山腰一处山窝盲区。通过众人接力托举,医疗直升机 7 min 接女孩飞抵医院,为抢救生命节约了宝贵的时间。

无人机山区救援的实施过程如下:

无人机机组于山区附近 10 km 左右,寻找制高点部署无人机及地面站系统,构建良好的链路通视条件。若山区较大则采用等间隔扫描航线覆盖搜救山区;若山区较小则以固定线路在山区上方往复盘旋覆盖搜救山区。无人机按照预定计划在搜救山区上空距离山顶 300~500 m 处飞行,确保无人机飞行安全以及无线电通视条件。载荷操作员可手动操纵光电球或采用按线路自动扫视方式对目标区域进行地毯式搜索;配合热成像传感器对局部温度异常位置进行搜索。

当发现救援目标时,通过 30 倍(或 10 倍)变焦可见光传感器观察目标位置,确认目标后,通过光电球的位置解算功能定位目标位置,通过数据链路或无线电通信将位置信息传达到搜救指挥中心,为地面救援力量提供定位信息。此外,山区情况复杂,悬崖峭壁、高山深涧等人工救援难以抵达,而无人机可以轻松飞抵并开展搜寻。正因为救援人员难以抵达,险恶地形可能导致救援或物资输送滞后的情况,载荷操作员在实施山区救援过程中还应该根据现实险情采取措施。例如,救援目标被困上述地点又身中蛇毒时,操作员可以利用无人机搭载抗毒血清前往目标地点,节约宝贵的救治时间,拯救伤员;同时,地面控制站通过4G数据网络将实时视频传回指挥中心,为指挥决策提供实时画面依据。

若存在无线电通信中断区域,则该区域改用自动路径侦查方式进行侦查,为该区域规划一套光电球扫视路径,在进入该区域前启动光电球路径观察模式,光电球自动扫视规划好的路径;待无人机返航降落后,读取并检视机载存储视频,若发现可疑目标则依靠视频OSD信息对目标位置进行初步定位,并将定位信息告知指挥中心。

二、适用机型介绍

(一)固定翼无人机

固定翼无人机具有飞行速度快、覆盖面积广、相对续航时间较长等特点,在应急救援过程中可做到快速搜寻,在大面积受灾区域可拍摄现场环境照片,携带各种机载设备快速获取超高分辨率数字影像和高精度定位效据,生成DEM、三维正射图、三维景观模型、三维地标模型等二维、三维可视化数据,为各类环境下的救援活动提供数据支撑,迅速将灾区实际情况反馈给救援指挥部。目前,弹射、伞降、手抛、垂直起降固定翼无人机应运而生,在应急救援过程中发挥了至关重要的作用。图7-56所示为垂直起降长航时无人机。

图7-56 垂直起降长航时无人机

对于区域常规巡防,使用混合翼或倾转翼长航时无人机较为适合。在匹配了区域内三维地理信息之后,此类无人机能自主避开区域内高大建筑物以及其他干扰飞行安全的空中障碍,在辖区内发生突发事件时需要改变航线赶赴现场以确保航线安全。其空气动力性确保了长航时、大挂载,遇到故障可以通过空气动力确保缓降,安全性能优于常见多旋翼无人机。

第七章　无人机警务战术科目

混合翼无人机具有续航时间长、航速快、载荷多、活动半径大等优点,近年来多被运用于军用无人侦查、民用电力检查、物流配送、农林植保、新闻影视等领域。

(1)光电吊舱。

1)概述:轻小型高清光电吊舱在稳定云台上集成了红外摄像机、视觉摄像机和激光测距仪,广泛应用于搜索与救援、反走私、安全监测、环境监测、森林防火,还可以应用于侦查、监视和防御等领域。

2)功能:承载高清可见光电视摄像机;承载红外摄像机;具有在运动载体上稳定视轴的功能(二轴稳定);从外部系统中接收目标位置信号,使瞄准线跟随该位置;准确、实时报告瞄准线位置和移动角速度;能进行在线零位校准、零漂修正等维护操作;可实现搭载光电设备的调焦、变倍、视域切换功能;能人工操作瞄准线运动,锁定目标并自动跟踪;能按照预定的路径,自动搜索操作员指定的区域;能通过通信接口将分系统的状态信息对外输出,并接收系统外设备发出的指令信息。

(2)图传系统。

1)概述:图传系统采用 COFDM 数字调制和 H.264 压缩编码技术,提高系统传输速度和图像质量;能同时传输图像、语音和数据信号;适合在非视距和高速移动中传输;设备采用紧凑便携式结构设计,便于单兵、广电级摄像机、UAV 等应用,主要应用于大型实时转播、应急救援、现场监控等场合的无线高清图像传输。

2)特点:配置 COFDM 调制技术,支持高速移动传输;配置 H.264 编码技术,支持高质量图像应用;支持复杂环境中多径传输、非视距传输;输出功率 32dBm 可调;系统延时小,近似于实时传输;工作频段可选 UHF、L、S 波段;支持多种传输带宽和图像传输码流;在 1.25/2.5MHz 带宽下可传输高质量高清图像;提供 HD-SDI/HDMI 视频输入接口,模拟音视频、串数据输入;内置数字加密功能;支持 16 频道多用户应用;结构设计合理,散热效果良好;质量轻、体积小、携带方便、应用灵活;电压范围宽,支持 DC+10~16 V 供电;设备功耗低,可支持电池长时间工作。

(3)地面站控制系统。

1)概述:地面站控制系统内置 N920 电台,实现通信协议的编解码、加解密,是 APCommander 软件与飞控系统交互的枢纽;具备便携性强、处理能力强、外设接口丰富、可靠性高等特点;配置数字无线图像传输设备;采用 COFDM 数字解调和 H.264 编码技术,提高系统传输速度和图像质量;设备具有视频告警、频道切换、信号接收指示、数字解密等功能,方便故障诊断和操作使用;设备输出带有数字视频接口,能够支持 SDI 输出、IP 输出、ASI 输出及复合视频、音频和数据信号输出。

2)特点:①地面站系统采用分体式结构。采用控制终端与无线电外置基站分离式设计,外置基站与天线放置在无线电通视较好的位置,控制终端放置在室内或车内,提供良好的操纵环境;外置基站与控制终端采用光缆进行高速数据交换,提供较好的扩展性与极低的控制延时。固定架设或移动布设都可简单部署。②控制距离远,通视有效控制半径为 80 km;满足绝大多数城镇应用以及跨区域巡查的距离需求。③载荷控制延时低,能帮助载荷操作员对现场目标快速作出反应。④光电球采用收放式结构设计,航向可进行 360°回转,可观察任意方向目标,观察视野无死角。

(二)多旋翼无人机

(1)"悟"Inspire 系列。

该系列无人机可配置多款镜头,不同镜头影像传感器及最大照片尺寸均有不同,型号有"Inspire 1""Inspire 2"。

(2)"筋斗云"Spreading Wings 系列。

该系列无人机可配置微单系列相机,获取更好精度影像,或搭载多目全景相机或一体式全景相机,型号有"Spreading Wings S900""Spreading Wing S1000""SpreadingWing S1000+",如图 7-57 所示。

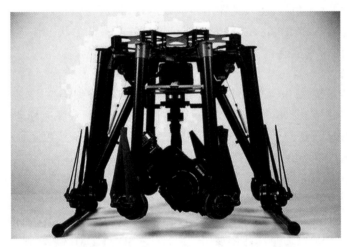

图 7-57 折叠状态下的 Spreading Wing S1000 无人机

(3)经纬 Matrice 系列。

该系列无人机可配置相应镜头,或搭载小型一体式全景相机,型号有"Matrice100";可配置多款镜头,或搭载多目全景相机或一体式全景相机,型号有"Matrice200""Matrice600"。

(4)性能说明。

多旋翼无人机可在狭窄、多障碍等复杂地域条件下垂直起降,机动灵活,携带光学变焦、热成像、红外夜视、多光谱相机等侦查器材,操作简单,易于维护,可定点侦查。

三、气象条件

(一)风雨

在进行空中搜救活动时,需要注意很多影响无人机运行的外界因素。首先是风力因素,诸如大侧风、阵风、风切变等气象造成的飞行事故颇多,占总事故数的 1/3~1/4。

应急救援过程中使用的警用多旋翼无人机起降灵活、方便携带,无人机操作员通常利用这些特性调整飞行时间进而避免一些不利于飞行的气象条件,但无论如何调整飞行时间,风这种最基本的大气流动是不会消失的。应急救援分秒必争、刻不容缓的特点使无人机必须在可承载的大风环境下升空,而这种环境下的飞行往往困难重重。

无人机在可承载的大风环境下飞行,必须要注意风在各种环境下的特性,如不规则建筑物和山区对风的影响。在城市中,风的流向会随着地形和建筑物的改变形成湍流,而地面湍流会对无人机的性能,尤其是对滑跑起降的固定翼无人机的性能产生严重影响,使无人机难以起飞和降落,容易造成险情。在山区飞行时,这种情况更为明显,无人机会随着山风而上升或下降,而且这种垂直气流非常强烈且易变,使飞行中的无人机忽高忽低,造成机体损伤。因此操作员应密切关注城市、山区地形对无人机的影响。在这些区域飞行时,应保持在安全高度以上,从而减少地形、建筑物对飞行造成的影响。

在低空风切变、下击暴流等极度恶劣的大风天气中,应尽量避免飞行,从而减少坠机事件及其他次生灾害的发生。

无人机在雨中飞行时,要根据雨量进行分析,即便有些无人机已经采取了防水措施,也应尽量避免雨中飞行。旋翼类无人机的电调、电机、电池、伺服器和油动无人机的发动机进水后会停止运行,造成严重的设备损失。

(二)昼夜

视觉能见度差是昼夜飞行中事故发生的主要原因。能见度在航空界的定义是具有正常视力的人在当时的天气条件下能够看清楚目标轮廓的最大距离。降雨、雾、霾、沙尘暴是影响昼夜间能见度的主要原因。能见度的高低对无人机的起降、执行任务、寻找救援目标有着直接的影响,无人机操作员应在飞行前做好充分准备,选定不同距离的目标物并测出距离,在观测的同时找出能够看清轮廓的最远目标。

无人机在夜间飞行时,由于无法准确辨别起降点的周围环境,起降的难度大大增加,尤其是在降落的过程中,更加容易造成机体损伤。虽然大部分无人机配备了航行灯,但由于夜间环境光线较弱,操作员视觉误差增加,难以把握无人机的实际高度和与障碍物的距离,因此无人机操作员需要根据地面站数据进行分析判断;由于夜间飞行时操作员无法看清空中、地面的参照物和障碍物,无人机挂树、撞楼、偏离航线的风险增高,这就要求操作员根据实际飞行环境作好前期判断,规划航线时要根据地理信息做好高低误差判断,避免危险的发生。另外,在夜间进行空中搜救时,很难迅速定位到目标地点,这加大了空中搜救时间和定点投放救援物资的难度,因此无人机操作员必须确保在安全高度飞行及航线、航路的清洁,尽量以空中发光体作为参照物,减少机体损伤的风险。

影响昼间能见度的气象环境主要有雾、霾、沙尘暴、风雪、扬沙等。在这些能见度较低的气象环境中飞行时,操作员的可视距离短,因此应保证无人机在安全的前提下尽量靠近目标物,同时应保证无人机处于视距内,以减少发生危险的风险。在飞行前,操作员应使用大气投射仪、激光能见度自动测量仪等测量出安全空域,并尽量保持在安全高度飞行。

(三)寒暑

温度对无人机的运行有着间接的影响,主要表现为低温严重降低了聚合物锂电池的容量,进而缩短了无人机运行时间。在空中搜救过程中,受到如火灾、冰雪等灾害的影响,环境温度往往不同,操作员需要及时关注地面站等设备反馈的信息,避免因温度变化导致的无人机损伤。现代科技还不足以完美解决温度对无人机的影响,处理这种问题一般会对电池做保温处理,如使用电池保温桶,在飞行前应将电池拿出使用,这样基本可以维持电池的温度,进而保证航行时间。

气温对无人机还有以下影响。

1. 气温与空气密度

气温高时,空气密度小,旋翼类无人机的螺旋桨拉力减小,因此旋翼类无人机在高温中的最大载重和升限都有所减少;对于固定翼无人机,螺旋桨拉力同样减小,飞机的增速变慢,另外,由于无人机升力减少,要求无人机离地速度更快,因此须加长固定翼无人机的滑道。

气温低时,空气密度变大,无人机拉力增大,旋翼类无人机最大载重和升限会增加,而固定翼无人机的加速会变快,因而起飞的滑跑距离可以稍短一些。

2. 气温与气压

气温高低变化直接影响无人机气压高度计的显示,起降时的温度发生改变,气压也随即改变,起飞时的气压便无法与降落时的气压相对应,高度显示也会出现差错,进而造成事故,因此现阶段很多无人机采用超声波、GPS、视频定位等设备辅助或代替气压计。图7-58所示为"悟"Inspire 2的前视和下视双目视觉系统辅助无人机精准定位。

3. 气温与速度

气温低则空气密度变大,使飞行阻力增加,发动机的推力随即增大,但阻力增加数值不及推力增大数值,综合结果是增大了固定翼无人机的平飞速度。

4. 气温与湿度

无人机上搭载的摄像头会因温度和湿度的变化而结雾,影响搜救效率。造成这种情况的因素很多,这就需要操作员在操作无人机的过程中不断摸索、积累经验,以避免这些情况发生。

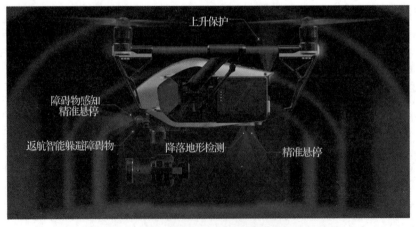

图7-58 "悟"Inspire 2的前视和下视双目视觉系统

四、应用战术

(一)不同应用场景下机型的选择

我国是世界上自然灾害发生率极高的国家之一,自然灾害种类多、频率高、损失严重,每年的搜救工作烦琐且复杂。传统意义上的搜救工作急需空中给予支援,而受灾环境可能使有人机起飞难度变大、效率变低,因此无人机救援走上了历史舞台。

突发事件的主要特征有三点:突发性和难以预见性、破坏性、紧迫性。因为是突然发生的、非正常的、带有破坏性的事件,极易造成群众恐慌,所以处理突发事件具有紧迫性的特点。突发事件对应急管理的要求是迅速判明情况,查明事件原因;实现快速响应,尽快到达现场;果断采取措施,实施正确指挥;进行紧急救援,防止事态发展;妥善安排善后,尽量减少损失。在这些环节中,无人机都能够发挥出重要作用。具体来说,无人机在处理突发事件过程中的主要作用体现在以下方面。

(1)实现快速响应,在第一时间到达现场,迅速展开作业。常规布局无人机操作便捷,携带方便,可快速展开,只需3~4人即可操作,因此机动性较强。比如在道路被毁的情况下,无人机可快速飞至事故现场。

(2)采集现场数据,迅速将现场音视频信息传送到指挥中心,供指挥者进行判断和决策。无人机能方便地使用摄像机、热像仪等各种载荷,即使是普通的民用级数码相机,也能安装到无人机平台上,配合自动曝光摄影等一系列先进技术,就能自动获取高清数码照片。

(3)具有通信中继功能,快速恢复现场局部通信。空中通信中继是无人机的一个重要用途。当发生自然灾害(如地震、洪水、泥石流、海啸等)时,灾害地域内原有的有线、无线通信系统均遭到破坏,在最需要通信联络的时候信息传递就成为一个大问题。而无人机可以作为一个便捷的通信中继机,在指挥中心与现场之间搭建一座无形的信息"桥梁",快速构建应急局域无线通信网,以解燃眉之急,为救灾赢得宝贵时间。

(4)跟踪事件的发展态势,帮助指挥中心不间断地指挥处理事件。由于无人机使用便捷,到达现场后能够迅速展开,展开后就能不间断地跟踪事件的发展,利于指挥中心及时掌握事件态势。在追踪事件态势方面,无人机有大飞机无法比拟的优点。由于其机体小巧、速度容易控制、机动性好,在需要急转弯时,无人机可以迅速转身,大飞机就不行。此外,无人机能超低空飞行,适应性更强,相对而言,大飞机在山区飞行受到一定限制。

在不同救援场景中使用的无人机也是不同的,具体如下。

1. 道路救援

道路救援主要指交通事故、自然灾害、爆炸、火灾等情况,导致道路中断、大面积拥堵,同时造成人员伤亡的救援,因此无人机的选用主要以勘察现场情况、运送救援物资为主。

针对此情况所选用的无人机机型以多旋翼无人机、无人直升机为主,这两款无人机可搭载可见光及热成像相机,同时挂载照明、喊话设备,可保障昼夜工作。其展开时间短、起飞时间短、起飞场地要求低的特点,在到达事故发生区域后即可迅速开展救援工作,并将现场画面通过实时图传传送给指挥中心;其具有的定点悬停功能可携带应急救援包、饮用水、救生

▶▶▶ 智慧监狱无人机警务

锤等,并将应急救援物资投递给被困或救援人员,遇到爆炸、着火等情况,可将灭火器、阻燃弹投递给救援人员紧急灭火。

在应对复杂环境时,无人直升机在抗风性等方面更为出色,相同载荷下续航时间可以更长、载荷能力可以更大,但对操作员操作能力的要求较高,而且市面上无人直升机系统价格相对较高。而多旋翼无人机虽然续航、载荷与无人直升机相比较低,但操作难度较小,价格相对低廉,因此使用率较高。

2. 城区救援

利用固定翼无人机可快速获取地表信息,获取超高分辨率数字影像和高精度定位数据,生成 DEM、三维正射图、三维景观模型、三维地标模型等二维、三维可视化数据,通过获得重点受灾区域地理信息图,救援人员能够直观地看到受灾现场环境情况;利用多旋翼无人机或无人直升机机动灵活、在障碍物间灵活穿梭的特点,可有效地从空中将地面无法到达的现场区域情况传回指挥部,以最佳的视野、全天候地获取灾情数据,将受灾信息同步传到后方,为救援人员寻找最优路径、制订合理的救援方案提供决策依据。同时,可利用多旋翼无人机在重点区域进行三维拍摄,能有效弥补固定翼无人机的不足。可以拍摄现场全景图片,使周围环境清晰可见,为救援人员提供最为直观的现场环境信息。

同时利用多旋翼无人机搭载热成像相机,可搜索障碍物、倒塌建筑物内的人员情况,大大缩短了挖掘搜索的时间。

当城市建筑物高层着火时,可利用无人机搭载喊话器引导被困人员前往救援出口,同时也可以利用无人机喷射阻燃弹,投送救生物资。图 7-59 所示为无人机高层消防演习。

图 7-59 无人机高层消防演习

3. 农村救援

(1)在农村遇到人员突发疾病、事故灾害等紧急情况时,及时救援存在两大困难:一是严重缺乏专业的救援队伍和设备;二是伤员转运时间过长,因道路崎岖,路程较远,救护车不能及时到达。因此,无人机救援在农村救援中就派上了大用场,可快速传递救援物资,不受现场环境及道路中断的影响,无人机可通过图传设备将受灾人员实际情况传送给救援专家,以便专家给出专业的指导意见。

(2)农村遇大面积自然灾害时,如地震、洪水、火灾,无人机可有效将现场环境传回指挥部,明确受灾人员聚集区域,从而制订快速有效的解救方案;同时,可对人员迷失或走失的情况进行地毯式扫描搜寻,大大节省了救援时间。

4. 水面救援

在海事灾难救援中,无人机搭载图传设备和应急设备不仅可以高空俯瞰全局,通过回传视频快速发现船舶漏水点、逃生人员聚集区域,而且可以快速抵达救援现场,投放急救设备,为营救争取更大的机会。

无人机可以和船舶协同进行水上搜寻,利用固定翼无人机飞行速度快、续航时间长的特点进行拍摄,记录POS数据。由于无人机可飞行至一定高度,其可视范围要比船上的可视范围扩大数十倍甚至几十倍;发现疑似人员时,可通过飞行系统记录的POS数据读取坐标,提高了搜救的准确性、时效性。

5. 山区救援

山区地理环境复杂,遇到大面积灾害时,固定翼无人机可迅速起飞,携带三维激光扫描仪、数码相机、数字彩色航拍摄像机等设备快速获取地表信息,以及超高分辨率数字影像和高精度定位数据,生成DEM、三维正射图、三维景观模型、三维地标模型等二维、三维可视化数据,便于进行各种环境下的救援,使救援环境清晰明了,从而确定救援重点区域。与此同时,多旋翼无人机或无人直升机迅速升空,对重点区域进行三维拍摄或全景拍摄,同时可搭载可见光、热成像相机,将现场画面实时传回指挥部,从而确定救援人员进场的最佳路线。

无人机还可搭载中继设备,使通信中断的村落恢复通信;可搭载照明光带,为夜间搜救提供光源;可搭载应急救援包,投递给救援人员;遇到山区起火时,可迅速确认火灾重点区域。

(二)制订飞行计划

1. 确认飞行任务

(1)了解飞行区域的详细情况;
(2)确定飞行距离、飞行高度、任务区域面积;
(3)确定起降点位置;
(4)规划路线,评估飞行时间。

2. 制订飞行计划表单

根据不同的任务和应用场景,合理配置警用无人机操作人员、装备,科学制订飞行计划,做到合理规划、应急预案、安全飞行。

3. 规划飞行任务要点

(1) 应急飞行地点确认及周边环境调研。

(2) 机组人员部署、安排及任务分配。

(3) 了解飞行地点的天气情况及地理环境。

(4) 制订高效的飞行作业时间计划。

(5) 出发前的清单检查。

(6) 作业期间衣食住行的合理安排。

(7) 起飞前的清单检查。

4. 人员配置

无人机飞行操作不仅仅是一项需要奔波的体力劳动,而且需要有很强的组织和管理能力,需要整个团队各个成员之间全力配合。一般航拍需要以下主要人员:

(1) 机长,负责整个无人机系统运行和安全的责任人员。

(2) 驾驶员,对无人机的运行负责,并在飞行期间操作飞行的人。

机长及驾驶员需要做到以下几点:

1) 熟练掌握飞行技能,能严格按航线飞行,在紧急情况下操控无人机达到需要的飞行航线、角度、速度等,从而做到最高效的应急处理。

2) 熟悉了解地面站控制系统、通信链路,能迅速规划有效航线,并找准救援区域及位置。

3) 通过日积月累的训练积攒丰富的实战经验,既能够确保安全飞行,也能处理任何突发事件。

4) 能够有效把控飞行的条件、环境以及实际飞行状态,并能作出有责任的决断,一切操作均需要在保证安全的情况下进行。此外,对能否飞行的判断也是专业机长、驾驶员所需要具备的能力。

5) 驾驶员需要为飞行做好充分的准备工作,如飞行前的评估和调试等,要做到任务一来,即刻启动。

6) 驾驶员要熟悉飞行设备、控制系统、地面站控制系统、任务载荷系统、图传系统等,能及时检查出并处理设备出现的问题。

(3) 技术人员,最了解飞行设备、飞控系统、地面站系统、任务载荷系统及图传系统等相关设备的专业技术人员。一般情况下,由于飞行人数的限制,这项工作主要是由机长独自来承担的,但有时机长需要把主要精力放到规划航线及处理飞行问题上,所以需要技术人员做好技术支持、辅助和分担工作。技术人员需要100%确保整个系统以最佳的状态完成所需要的拍摄任务。

(4) 后勤人员,在整个飞行活动中起着必不可少的作用,需要做好整个飞行活动的运作协调工作。其主要职能如下:

1) 提前对整个飞行团队的衣、食、住、行做好周密的安排。

第七章　无人机警务战术科目

2)对于整个飞行作业计划,包括拍摄的内容、时间和地点,都需要清晰了解,并提醒其余人员以确保飞行活动顺利运作。

3)需要实时了解每个成员的情况以及周围环境的变化,切勿因为一个成员的缺席而影响整个团队任务的执行。

4)要对整个航拍活动的实效性和安全性负责。

5. 装备配置

根据不同救援需求携带不同的装备,如道路救援时需携带无人机系统,在山区大面积环境下救援需携带固定翼无人机系统,在水面、农村等复杂环境下救援需携带无人直升机系统。每套系统分门别类,做到有效区分,配备飞行记录手册、检查清单、物品清单,当遇到紧急情况时,立即根据报案所描述情况携带不同的任务载荷。图 7-60 所示为鹰眼科技警用无人机任务载荷。

图 7-60　鹰眼科技警用无人机任务载荷

一般在应急救援过程中,会由于环境、机械、操作等原因给无人机造成一定的损伤,因此要根据任务情况的难易程度携带不同数量的备用无人机,保证即使发生意外也不会影响任务的正常进行。

6. 飞行计划申报

在收到飞行任务指派后,第一件事情就是申报飞行计划,无论是在融合空域或是隔离空域实施飞行都要预先申请,经过相应部门批准后方能执行。常规飞行计划申报应于北京时间前一日 15 时之前向所使用空域的管制单位提交,包含以下基本内容:

(1)飞行单位、任务,预计开始飞行与结束时间。

(2)驾驶员姓名、代号(呼号)。

(3)型号与架数。

(4)起飞、降落地点和备降地点。

(5)飞行气象条件。

(6)巡航速度、飞行高度和飞行范围。

(7)其他特殊保障需求。

在执行紧急救护、抢险救灾或者其他紧急任务时,最晚应在飞行前 1 h 提出飞行计划申请。飞行计划得到批准后,正式飞行前要通知管制办公室,得到批准后开始起飞。在飞行过程中,若发生意外也应通知管制办公室,飞行结束后告知管制办公室飞行结束。

7. 起降场地、空域的选取

(1)根据大、小、轻、微型无人机尺度,120 m 高、500 m 半径的视距内外作业方式,选择具有合法空域的起降场地。

(2)在应急救援过程中,尽量选择郊区、野外、人员稀少的地区作为起降场地;尽量远离指挥中心、公共区域,坚决避开高压线、移动信号基站以及军民用雷达等区域。

(3)选择视野开阔、地面平坦区域起降。固定翼无人机滑跑起降要确保跑道标准,多旋翼无人机要确保起降场地以草坪或松软土质为主,尽量避免沙粒、小石子等对无人机平台、任务设备造成损害,环境周围无湖泊、小河流、积水区域、森林、公路等。

(4)尽量在晴天、无大风情况下起飞。5 级风以上,大尺寸多旋翼无人机不可盲目起飞;4 级风以上,小尺寸多旋翼无人机不可盲目起飞。

(5)如果周边无人机较多,尽量在独立区域内完成飞行,以免互相干扰。

(6)驾驶员所处位置地面应平整,利于小幅度移动,防止摔伤,与操作无关的人员应远离地面站区域,防止对操作造成干扰。

(7)若有人员围观,尽量将围观人员安置在驾驶员面向飞行空域的后半段;若背后有人,尽量不要起飞。

8. 应急情况处理

(1)民用无人机机长对民用无人机的运行负有直接责任,并具有最终决定权。在飞行中遇到紧急情况时,机长必须采取适合当时情况的应急措施。

(2)在飞行中遇到需要立即处理的紧急情况时,机长可以在保证地面人员安全的范围内,根据自己的实际经验合理处理。

(3)大型固定翼无人机在起飞降落过程中需准备消防灭火设施,谨防发生意外起火。

(4)在无人机起飞过程中若发现异常,应立即停止起飞;起飞后发现异常应立即降落,降落或迫降过程中要注意远离人群。

(5)若无人机出现远距离迫降甚至失控,地面站要尽可能确定事故的方位并估算大概距离。

(6)无人机迫降时,尽量选择在空旷的草地或不高于 2 m 的灌木丛、农田等区域,尽量减少损失。

(7)外场飞行前可在无人机上用贴纸(或使用无人机等级标识牌)标记出联系人姓名、电话,以方便事故后寻找,如图 7-61 所示。

(8)发生意外后,必须向所处区域管制办公室报告实际情况。

图 7-61 民航局无人机等级标识牌

(三)飞行准备与任务飞行

飞行前机长及驾驶员需根据既定的飞行计划清单进行无人机系统的准备,保障油料充足。在山区和复杂环境中需要准备充电设施,以确保电池充足;根据不同的救援需求携带救援物资,并确保物资充足;携带备用无人机做应急准备,确保完成飞行任务。

1. 起飞前准备

无人机驾驶员需完全掌握所使用的无人机系统的关键性能,例如,起飞性能、着陆性能、飞行速度性能、续航时间、发动机性能、转弯半径、起落架性能、载荷物品使用性能等。

起飞前,驾驶员必须仔细检查无人机,以保障飞行安全,由于无人机系统的不同,部分检查需要由机务或者专业的地检人员来完成。

(1)油动固定翼无人机检查。具体包括:无人机外观及对称性检查;无人机称重及重心检查;舵面或结构及连接检查;起落架、起飞、降落装置检查;螺旋桨正反向及紧固件检查;GPS 天线安装情况检查;伞仓、叠伞检查;电池安装、油料配比检查;电池电压、遥控器电压检查;起飞前控制站电源、天线、电台、软件检查;卫星定位系统检查;航线规划及航电检查;起飞前通信链路检查;链路拉锯或场强检查;飞行摇杆舵面及介风门反馈检查;外部控制盒舵面检查;动力装置启动后检查;发动机油量检查;发动机油料管路检查;发动机外部松动检查;发动机启动后急速转速、震动、稳定性检查;发动机大车转速震动检查;发动机节风门、大小油针、控制杆检查;发动机节风门跟随性检查;微型无人机进行不同姿态发动机稳定性检查;发动机正反转向检查;动力装置启动后与其他系统的干扰检查。

(2)多旋翼无人机检查。以目前市面上较多的多旋翼无人机为例,进场前已经将飞控固定好,标注各个插拔环节并做到尽量简化,到场后只需安装、飞行。

1)装机。按工序,分布组装;组装好后轻微晃动,检查是否有异响,及时清理杂物,归拢线路;握住相邻两个支臂,用手掰动,检查是否有松动;检查电机内是否有异物,用手转动带桨的电机,听是否有异响;轻轻拉动各线路连接处,检查是否有松动;握住电机,检查桨安装得是否牢固;通电,推一下小油门,检查是否有异响,桨面是否平稳;在不起飞状态下,尽量提前试一下遥控器各个通道以及功能,检查是否有异常。

2)热机：动力电池测电压后，装机，周围无人靠近，慢推油门起飞。将多旋翼无人机固定在 10 m 范围内不超过 3 m 高度，切勿猛推油门，整个过程必须平缓推油门进行热机，同时检查异响；待飞行两三分钟后降落，检查各个部分温度，检查是否有松桨、松螺丝等现象，根据飞行过程中出现的状况进行检修。

2. 无人机任务规划

无人机任务规划，是指根据无人机需要完成的任务、无人机的数量以及携带任务载荷的类型，制订无人机飞行路线并分配任务。

任务规划的主要目标是依据地形信息和执行任务的环境信息，综合考虑无人机的性能、到达时间、耗能、威胁以及飞行区域等约束条件，为无人机规划出一条或多条最优或次优航线，保证无人机高效、圆满地完成飞行任务。

在任务规划过程中，机长及驾驶员要充分考虑到可能影响飞行的一些约束条件。比如，环境约束：障碍物、险恶地形、地磁干扰、信号干扰遮挡，以及大风、雷暴云、风切变区域等；再如，物理限制：最小转弯半径、最大俯仰角、最短航线长度、最低安全飞行高度、续航时间等。

在应急救援中，需根据不同环境所需的不同机型制订相应的飞行任务规划：

(1)任务分配。充分考虑救援现场所处环境以及救援目标所需物品，选取所需要的无人机类型，可在多任务、多目标的情况下协调无人机与载荷资源之间的配合，以最短的时间、最小的代价完成既定任务。

(2)航迹规划。在规划前首先要熟悉救援区域所处环境，在无人机避开限制风险区域以及油耗最小的原则上，制订无人机的起飞、降落、接近救援区域、离开救援区域、返航及应急飞行等任务过程的飞行轨迹，规划应急航线、紧急返航点，预防环境改变造成意外，同时确保无人机可以安全返航。

(3)仿真演示航线。无人机系统利用地面站编辑航线时，需进行飞行仿真演示、环境威胁演示、拍摄效果演示：可在数字地图上规划航线，仿真整个飞行过程，检验飞行高度和油耗指标的可行性；可在数字地图上标记禁飞区，使无人机在执行任务过程中尽可能避开这些区域；可进行基于数字地图的合成图像计算，显示不同坐标与标记位置上的地图景象，以帮助地面操作人员为执行任务选取最佳方案。一切准备就绪后，由机长向所处区域航空飞行管制办公室申请起飞，得到批准后开始执行既定的飞行任务。

(4)注意事项。禁止粗心或鲁莽的操作，任何人员在操作无人机时不得粗心大意和盲目蛮干，以免危及他人的生命财产安全；无人机驾驶员在饮用任何含酒精的液体之后的 8 h 之内或处于酒精作用之下或者受到任何药物影响及其工作能力对飞行安全造成影响的情况下，不得操控无人机。

3. 执行飞行任务

(1)无人机起飞。迅速赶到现场布控，将现场信息实时反馈给指挥中心。

(2)锁定目标。了解周围环境，指挥中心作出进一步作战决策。

(3)实施指挥中心的决策。无人机全程监控，如有特殊情况，对突发情况进行作战计划调整。

(4)任务完成。无人机返航、降落。

第七章 无人机警务战术科目

4. 注意事项

（1）明确应用环境是否匹配，确保飞行安全。

（2）规划任务时根据现场环境预判作战半径以及飞行高度、速度、航线。

（3）在巡逻过程中发现异常，需要锁定目标时，将无人机切出全自主巡航模式，通过实时图像手动操控无人机锁定、追踪目标，完成待锁定或追踪任务后，再切入全自主巡航模式。

（4）飞行任务执行完毕后，确保返航线路及降落场地的环境安全。可以通过遥控器人工操控无人机飞行，也可以通过飞控系统控制无人机自动飞行，其具备增稳飞行、航线飞行等飞行模式。鉴于其优秀的安全设计，无论何时停止操控遥控器，无人机都会自动悬停；若遥控器信号中断时间超过 30 s 或者电池电量过低，无人机会自动缓慢降落到地面或按照预定方案自动应对。遇到特殊情况，操作员可以随时发出指令让无人机自动返航。

（四）任务执行要点

1. 航拍画质的稳定

无人机在使用过程中会遇到阵风、建筑物遮蔽等多种环境干扰事件，这就对操作员提出了较高的要求。通常来说，现在的航拍无人机产品在风力小于 3 级时都能够提供较为稳定的拍摄画面，但新闻画面对质量有更高要求，需要加装增稳设备并掌握一些拍摄技巧。

警用无人机与消费级无人机有很大的不同。消费级无人机的拍摄比较随心随性，通常拍摄出分辨率较高的俯瞰画面就能够让消费者满意了。警用无人机需要在一定的时间内对目标物体持续进行拍摄，并且其拍摄距离和角度都要符合警用拍摄的要求，对目标凝视和画面防抖都有一定的要求。

为了同时满足平稳飞行和拍摄高质量画面两个条件，在警用无人机上安装稳定平台是必要的。该平台可以隔离空气吹拂和机体振动等干扰，使无人机能持续提供清晰的视频图像。另外，有的平台还能快速响应控制信号，使摄像头的视轴能够时刻跟随目标，进行跟踪拍摄。因此，带有云台的无人机需要无人机操作员和云台手的通力合作才能更好地完成拍摄任务。

对云台的熟练应用可以让无人机在较大的风力中也能拍摄出画质较好的影像，云台则能隔离无人机本身的姿态变化对摄像机的影响，使无人机安心应对阵风干扰。

无人机上的减振垫和减振橡胶可以改善拍摄质量，减少机体振动对飞控部件的影响，如图 7-62 所示。这一点往往会被初次使用无人机的操作员忽略。实际上，再好的云台也难以完全消除无人机因飞控受机体振动激发出来的飘摆运动对画面的影响。当飞控没有通过减振垫与机体连接时，无人机拍摄出来的画面会产生扭曲现象。这在拍摄高层建筑的外墙或者笔直公路时尤其明显。

2. 特殊环境的使用

在零下十几度的环境中使用无人机持续作业，这对无人机和操作员都提出了更高的要求。减振橡胶的减振效果对温度较为敏感。在温度较低的环境中作业时，要注意提前更换减振橡胶或者减振柱，使用针对低温环境进行过特殊处理的橡胶，以确保其在低温环境中的减振效果。

▶▶▶ **智慧监狱无人机警务**

另外,对于将锂电池驱动的无刷电机作为动力来源的航拍无人机来说,低温环境对电池的影响是个不容忽视的问题。在中国北方冬季进行作业时经常遇到智能手机因在低温环境中通话而迅速失电并自动关机的情况。当电池温度低于15℃的时候,其化学活性已开始降低,电池的内阻开始增大。因此,在低温环境中无人机正式进行航拍作业之前,要带电低空短暂悬停,以便操作员了解无人机在低温环境中的表现情况,调整飞行计划,同时利用电池的自身发热来抵御严寒的不利影响。在掌握当地天气情况并对光照和风力等因素进行通盘考虑后,还应时刻监控无人机的状态。

在高原地区进行飞行拍摄任务时,较低的空气密度使无人机的旋翼需要更高的转速来产生足够的升力,此时无人机的耗电速度比平时快。操作员要注意时刻监控电池状态,以免无人机坠落。另外,高原地区往往阵风频发,无人机在抵御大风时也会加快耗能。因此,在高原上,操作员要准备多块电池,随时准备替换。

图7-62 云台减震垫与三轴稳定器的设置保持拍摄画面稳定

3. 操作方法的转变

无人机的引入对警务工作人员的专业技能提出了更高的要求,进行跟踪作业的无人机,典型的操作流程是:摄像头在转台带动下扫描,以确保无人机拥有较大的搜索范围,便于发现地面目标;一旦发现目标,地面操作员须快速判断其是否为需要监视的目标;采用人机交互的方式通过数据链上传目标初始种子点坐标;当目标位置确定后,无人机便按照预先设定的跟踪算法来跟踪。由此可见,无人机虽然有发现目标和跟踪目标的能力,但是在目标选择、信号传输以及最终决策等环节,仍然需要警务人员的参与。在警用无人机提供的信息足够大,而被跟踪目标的移动速度又非常快的情况下,警务人员识别和判断目标的压力会变得非常大。而警务人员的侦查载具由警车变为警用无人机时,其思维方式也应该由二维转变为三维,其决策过程中接收到的信息量会激增,而用于决策的时间则会骤减。以上需要任务操作人员具备熟练的操作能力,以应对不同场景下的任务。

4. 搜救方式

无人机山区搜寻会面临复杂的地形条件,当地形起伏不规律或者岩石杂乱分布时,会给无人机的搜寻造成很大限制,在执行这些区域的搜寻任务之前,必须为无人机规划出一条安全、高效的搜寻路径,以确保无人机的飞行安全。而搜寻任务的最终目的是通过科学高效的搜寻方法找到受困人员,并予以救援。搜寻方法应该是立体的、全方位的,能够全面覆盖需要搜寻的区域。山区搜寻的范围有其特殊性,面对的是崇山峻岭,山体表面、山谷内部都需顾及,并且搜寻区域的海拔高度、地势复杂程度都会对搜寻工作产生影响。因此,根据地形构造和无人机的性能确定总体的山区搜寻方案,对搜寻工作的顺利开展起着至关重要的作用,下面就具体搜寻方法进行阐述。

(1)扇形搜寻方法。在较小的范围内搜寻并定位受困人员,扇形搜寻被认为是最有效的搜寻方式。以基准点为中心的圆形区域便是扇形搜寻的整体范围。无人机在该区域飞行,可以不用考虑躲避障碍物,仔细搜寻有可能的目标。由于辐射的范围并不大,因此扇形搜寻不适合多架无人机在相同或相近高度同时参与搜寻行动。在完成一次全方位的扇形搜寻后,无人机将其转动到第一次搜寻半径一半的位置,换个角度进行第二次搜寻。

(2)扩展方形搜寻方法。若确定受困人员离无人机距离较近,按照扩展方形开展搜寻工作被认为是最有效的方式。搜寻的起始点便是扩展方形搜寻方法的基准点,搜寻路径以同心方形逐渐向外扩展,以基准点为中心的整个区域将逐步被扩展方形的搜寻路径全面均匀覆盖。基准点可以是个点也可以是一条短线,若基准点为一条短线,搜寻路径应该由向外扩展的方形改为向外扩展的矩形。扩展方形是一种相对而言精度较高的搜寻方法,它要求无人机具有精确的点对点飞行能力。在扩展方形搜寻中,起始的两条搜寻路径长度等于搜寻线间距的长度,以后每两条搜寻路径的长度将在原基础上叠加一个搜寻线间距长度。

(3)"8"字搜寻方法。以"8"字尾点为基准点,根据"8"字尾点依次按照规定的线路盘旋。采用"8"字搜寻方法,无人机以尾点为起点,按照"8"字轨迹在盘旋过程中可以最大限度地避免漏搜,在相同的半径下沿"8"字飞行一周可以兼顾基准点的左右两侧,使搜寻范围达到最大。其起始搜寻点和终止搜寻点相互重合,都为基准点,有利于无人机继续按照规划好的搜寻路径飞行,提高了继续搜寻的效率。在山区条件下,搜救人员应当随时采取各项应急措施:一是由于山区地势复杂,飞行路线广阔,若无人机在续航时间内无法达到返航地点,操作人员需第一时间作出判断,选择异地降落,利用载荷选择一块安全区域降落。二是无人机失联,操作员需记住无人机失联前最后的地理位置,向该区域靠近,尝试重新连接无人机。三是无人机意外坠落,操作员确定无人机坠落后,指挥员需立即派人前往坠落地点寻找无人机,尽快将无人机收回,并检查无人机坠落的原因,总结经验教训。四是无人机出现指南针异常及 IMU 异常情况时,操作员需立即将无人机降落至起降点,重新校准无人机后再次执行任务。

5. 注意要点

(1)在应急救援过程中,应当严格遵守相关法律法规,必须申报,做到依法飞行。图 7-63 为民用无人机飞行活动申请审批表。飞行前申报,飞行后汇报,切不可盲目飞行,更不可不明环境就飞行。

民用无人机飞行活动申请审批表							
单位名称			联系人			联系电话	
承飞单位			联系人			联系电话	
无人机机型		产品SN		DJI账号	驾驶员	联系电话	
飞行目的					飞行区域		
飞行区域坐标	北纬				预计飞行半径 米	飞行高度	米
	东经						
飞行起止时间		年 月 日起 至 年 月 日止						
公安机关审批意见	（盖章） 年 月 日		民航部门审批意见	（盖章） 年 月 日		空军部门审批意见	（盖章） 年 月 日
备注							

图7-63 民用无人机飞行活动申请审批表

（2）快速有效地开展救援活动。在应急救援中,时间就是一切,要求救援具备快速性及针对性,因此在前期准备时进一步优化,要做到快速有效地制订救援方案及明确救援物资。

（3）按照日常训练标准飞行,在飞行过程中保持平常心,做到胆大心细,切不可使用日常训练中未涉及的飞行方式,要确保操作员心中有数。

（4）在飞行前依据检查清单检查无人机、任务载荷、设备设施、电台链路等项目,做到心中有数,切不可盲目飞行,造成二次事故。

（5）在飞行前需严格规划航迹。接受任务后进行查阅显示与保存,将任务中所包含的时间、受灾目标区域进行分析理解,对目标区域的地形环境、禁飞区与障碍物,以及飞行时间段内的气象信息进行飞行区域环境评估,对载荷物品、通信设备、人员安排、紧急应急航线等进行任务分配;然后规划航迹,需考虑燃油、电池、设备性能、航速和高速、申请频域空域、申请气象保障等因素,进一步优化航迹参数,如最小转弯半径、最大俯仰角、爬升速度、上升下降速度等,最后生成计划并保存、发送。

当航迹规划完成后进行航线规划,可分为两部分——预规划与重规划,根据受灾区域以及救援区域环境的不同,结合环境限制与飞行约束条件、从整体上制订最优参考路线从而进行预规划;执行飞行任务后,重新进行规划,即根据飞行过程中遇到的突发状况,如地形、气象变化、未知禁飞因素等,局部动态地调整飞行路径或改变动作任务。

（6）制订应急航线,制订任务规划时需考虑到应急措施,其主要目的在于确保无人机可安全返航,应规划一条安全返航通道及应急迫降点,以及航线转移策略。

1）固定翼无人机飞行:在飞行前需检查完毕且得到空管批准。传统固定翼无人机首先在地面滑行,寻找逆风方向起飞,节气阀开到最大,达到核定速度后,缓慢改变俯仰角;进入爬升阶段,爬升过程中节气阀保持在100%即最大油门量,还需时刻观察无人机速度与姿态,当速度变小时应适当减小俯仰角,同时,长时间爬升容易造成发动机过热,要注意检测及调整;进入平飞阶段,保持节气阀开到适当位置(如45%),根据地平仪位置关系,判断无人机的俯仰状态和有无坡度情况,根据目标点方向不断检查空速、高度、航向指示,同时关注发动机指示,了解发动机工作情况。当总体数据趋于稳定后进入自动驾驶模式;各高度下降,均将节气阀保持在15%左右,下降时保持飞行状态的方法与平飞时基本相同,严格控制速度,适当增减俯仰角度;飞行结束后应进行无人机外观检查、各系统电量检查、下载飞行参数并检查,燃油动力无人机还需要进行称重检查,总结飞行过程,并填写飞行日志或飞行记录本。

2)多旋翼无人机飞行:各项检查结束且得到批准后进行起飞操作,驾驶员与无人机保持5 m以上安全距离,解锁,慢推油门,使无人机转速逐渐趋于稳定,当油门量趋于中位时,匀速推油门,观察是否有偏移转向,微调以修正起飞动作。起飞后无人机油门保持中立位置,当无人机悬停平稳,且地面信息全部获取后慢推油门到60%左右进行爬升,到达指定高度后进入自动驾驶模式或开始执行飞行任务。多旋翼无人机布局问题很容易出现视觉差,因此在其降落过程中,一般选用"之"字航线降落。在飞行过程中驾驶员应时刻关注无人机姿态、飞行时间、位置以及控制模式,确保无人机与驾驶员处于安全距离,否则应调整或降落;出现超视距飞行操作时,驾驶员需密切关注地面站中无人机飞行高度、速度、电压、卫星数量等信息,若出现丢星状态导致无人机失控,应切换飞行模式,重新获取飞行控制权并迅速降落检查,自动返航是一项保障功能,由于返航成功与否涉及因素过多,不能确保万无一失,一般不主动使用,若无人机发生不可避免的较大故障,应首先确保人员安全。飞行结束后,先关闭无人机,再关闭遥控器,检查无人机电量、机身、机载设备,下载飞行参数并检查,总结飞行经验,并填写飞行日志或飞行记录本。

(五)数据分析与研判

1. 数据收集准备

数据准备包括数据采集、清洗、转换和集成四个步骤。数据采集既包括具体案件发生后无人机执行现场勘查任务中所采集的图像数据、结合获取的现场历史数据,也包括准备的与案件相关的大平台数据,更重要的是按照相关性理念,向社会采集的各种相关数据。数据清洗是指清除与主题明显无关的数据与数据噪声。数据集成是将来自多个数据源、不同结构的相关数据组合在一起。数据转换就是对数据进行一定的格式转换,使其适应数据挖掘系统或挖掘软件的处理要求。

2. 技术利用

对于互联网、大数据时代来说,数据是最重要的警用装备之一,是从数据中挖掘的智能和情报。运用大数据分析挖掘、图数据库、自然语言学习等技术,可以实现百亿级别记录的收集、存储和秒级的实时分析,有效地解决大数据时代数据分散、割裂、难以统一处理的难题。无人机AI自主学习系统如图7-64所示。

3. 数据存储

无人机图像数据收集后需要将其存储,目前一般的存储方式是本地存储,适用于侦查人

▶▶▶ **智慧监狱无人机警务**

员小范围的查看、分析,但这样的数据存储方式无法满足深度数据挖掘的需求,而且也不适合一个更大、更分散的团队。将收集到的数据上传至大数据服务器,便可极大地扩充数据存储的空间,并获得完整的历史飞行数据,有利于开展挖掘深度数据。

图 7-64 无人机 AI 自主学习系统

4. 明确问题和确定分析思路

搜救过程是一个问题(比如是谁在什么时间用什么工具作案等一系列问题)的求解过程。根据现有数据如现场勘查、现场访问等收集的信息以及采集到的海量数据情况,明确搜救需求解的问题,并将问题具体化和数据化,进而制订具体分析方法。

5. 确定目标和验证阶段

通过大数据分析,可能会产生两种结果:一种是缩小了搜救范围,另一种是确定了搜救对象,均需要线下查证。这是因为数据只是事实的反映,数据的确定只是一种概率以及数据证明与法律证明体系的间隔,所以需要从数据确定转化为法律确定,从现实关系上进一步查证。

要详细记录在应急救援任务过程中出现的各种情况,包括地面记录及飞行系统记录,制成纸质版本与电子版本,并记录在飞行记录本上,通过对记录信息的比对以及后期分析,系统总结在飞行任务过程中各个环节警力配合的优缺点,通过无人机机载影像资料的后期分析、制图软件制作分析,可有效了解受灾情况以及救援环境,从各个角度、高度对目标受灾地点、人员的实际情况进行比对,制订合适的救援方案,分析复杂条件下无人机的飞行数据,为机组积累任务操作经验,更好地发挥无人机的优势提供理论支撑。数据分析包括飞行任务路径的分析和视频数据的分析。任务飞行后第一时间下载飞行日志文件及保存于机载录像机的视频和图像资料。通过任务路径分析,研判执行任务计划的合理性并总结任务经验,目的是通过积累和总结来提升作战水平,为今后处置类似事件提供经验;以至更快更高效地实施救援方案,保障人民群众生命财产安全。

第七章 无人机警务战术科目

(六)飞行后维护与保养

无人机日常的维护检查应该形成习惯,最好能通过罗列检查单来逐步进行检查,做到不忘不漏,并且能够形成可以保存的工作记录。一般日常的维护检查有以下几点:

(1)机体结构各部位是否歪斜,结构上是否出现裂纹或破损,起落架山创角度是否左右对称。

(2)电机/发动机是否歪斜,电机内线是否有熔断、异物残存,电机壳下方的缝隙是否均匀,以及判断电机壳是否变形,节气阀是否有污染。

(3)不安装螺旋桨启动电机/发动机,观察电机/发动机转子的边缘以及轴在转动中是否同心,以及是否有较大震动。

(4)桨面是否有瑕疵、挫损、断裂,或者明显的裂痕。

(5)将螺旋桨安装于电机上,电机启动并让无人机停留在地面,在尽可能远的地方观察每个螺旋桨在转动过程中是否出现双层现象(此现象常被称为双桨,会严重影响无人机的震动,需要修复或更换)。

(6)电调外包装是否完整,是否有破裂、烧痕或者烧焦气味。

(7)飞控和数据链以及任务载荷接线是否排列有序,连线及插接件(插头)是否布局合理,有无松动;飞控安装是否水平,整体板子是否有熔断、烧焦,元器件焊接是否有凸起,各个焊接点是否有明显断裂、焊锡点变形等。

(8)检查 GPS 天线上方以及每个起落架的天线是否贴有影响信号的物体。

(9)电调接线板是否有拼接松动,或有接线毛刺、灰尘,若有,均要及时清除;检查所有接线处是否有拉伸痕迹,比如插针、橡胶头等。

(10)检查全机螺丝是否牢固,相邻的两个支臂是否有松动(拿支臂在空中晃几下,然后双手各拿一个相邻支臂重复掰动,检查松动),如图 7-65 所示。如果有脚架,检查脚架是否松动、歪斜(把带脚架的整体机架放到地面,大力推一下,然后在离地 20 cm 处(地面有纸板铺垫的情况下)将整体机架跌落几次,检查脚架是否歪斜)。

图 7-65 检查机臂、机架各连接部位是否锁紧

(11)手握住电机,或者把桨放在手上,握住一边桨叶,用测试力掰动另一边桨叶,检查桨面是否有裂纹,然后再换另一边。

(12)手握住电机所在臂,然后轻轻晃动电机桨座或者子弹头(螺旋桨整流固定罩),观察整体是否有松动、螺丝是否拧紧,然后握住电机底座,再晃动电机桨座或者子弹头,观察是否有松动。

(13)电调接线连接着电机、飞控、接线板,因此把线拉几下检查周围接线是否牢固。

(14)手指握住飞控板侧面,轻轻晃动,检查飞控是否牢固。

(15)对于部分刚度不大的塑胶桨,用手握住裸桨或安装在电机上的桨,握住中心,另一只手将一边桨叶边缘部分弯曲30°,然后迅速松手听声音。一般塑胶桨整体完整、无内伤或者外伤裂痕,声音则厚实有力,弹性十足,之后再试另一边。在听声的过程中,如果有内伤,容易直接变成明纹,一定要看仔细。

(16)听电机声音,用手转动一下固定桨或无桨裸电机,正常的电机转动声音是浑厚有力的,听起来像油动发动机。若声音听起来干巴巴的,或者声音发脆甚至能听到内部有明显的"咯嘣"声,转起来不连续,这时就需要检修电机。

(17)整体听声,将整体机架放到手上,握住一个支臂,来回晃动几下,听是否有线路没有固定好以及机体内是否有杂音,有则需及时清理。

(18)飞控单独供电,检查是否有异常,按照飞控飞行说明书,检查指示灯是否正确闪亮,遥控与飞控对接是否正常。

(19)不对飞控供电,将四个电调线分别接到RC接收机油门处,轻推油门听声音,检查是否有明显反应或异声。

(20)检查电池外观,是否有破损、扭曲变形,若破损严重,应停止使用并将电量控制在10%以做报废处理。

(21)确保智能电池信号插头无污染,若有污染可用橡皮将表面擦拭干净。

(22)若长时间未使用电池,建议按照说明文件妥善存放,每月检查一次电池状况,防止电池损坏。

(23)分别检查每个电芯的电压在充满电时是否一致,部分电信电压偏低或偏高超过0.2 V应维修更换。

(24)多旋翼无人机长期不使用,应该做好封存工作:

1)电池:电池尽量平衡充放电或者充电至3.8V,放在阴凉干燥密闭处保存;注意电池插口要防氧化;插头处应干燥,有条件的可以封装。

2)飞控:放置密闭袋子封存,注意插头处要干燥。

3)电机:电机内部要除污、上油,尤其是将刻字处上油,否则容易氧化、生锈,上油后封存。

4)电调:封存。

5)桨:用塑料纸、布或者泡沫片间隔包裹桨叶。存放于不容易受到挤压、无日照区域。

6)机架:挂起来,视材质保存。

(25)固定翼无人机的存放:机身、机翼需分离装箱、悬挂或散布,将油箱内油料释放干净,找干净的塑料袋将节气阀密封,并用发动机罩将发动机密封,固定舵面,固定起落架、转向轮,如图7-66所示。

图7-66 无人机配件的存放

(七)飞行任务分析与总结

空中搜救任务结束后,撰写任务报告书并存档。主要内容包括任务的时间、地点、周边环境、事件的简要情况、下达任务指挥员的姓名和职务、执行飞行任务的具体人员名单、后勤保障人员名单、飞行现场采取空中搜救的手段及成果、现场撤离情况、飞行任务设备消耗情况(如救援物资等)、飞行任务设备损耗情况(如设备因操纵失误或者不可抗力造成损坏的配件的具体名称和数量)、飞行过程中突发事件的处理等。

五、案例

(一)简要案情

2016年4月的一个上午,江苏某仓储公司的储存罐区交换泵房内,由于工作人员违规使用电焊而发生火灾,引燃了附近的两个储油罐,火势异常猛烈,燃烧面积约2 000 m²。现场共有42个储罐,其中油品储罐12个,主要是柴油和汽油;化危品储罐30个,主要是脂类、醇类,还有对氯乙烷等高危化工品,如果引发大面积燃烧爆炸,后果不堪设想。

江苏省出动7个消防支队,征调上海、安徽、浙江等省、市的消防官兵1 000余人、消防车200多辆奋力扑救,到傍晚时仍然没有控制住火势,灭火期间发生两次危险的流淌火和多次小规模爆炸,一名消防员在扑救第一次流淌火时牺牲。

由于现场情况不明,随时有发生爆炸的危险,加上浓烟密布,消防官兵很难在安全区域凭借肉眼判断火情,不能在第一时间获取火灾详细信息,无法制订扑救方案。由于时间紧迫、情况危急,消防部门决定调用无人机配合扑救工作。

(二)救援经过

当日11时08分,江阴市局接到消防指挥中心要求航拍支援的请求后,半小时内完成设备准备和人员集结并出发赶赴现场。三人团队共携带三架配置机载相机的无人机。

下午1时,航拍救援队在距起火点100 m的核心区起飞第一架无人机,将现场画面接入消防指挥车,通过4G和卫星链路传送到江苏省消防队及公安部消防局指挥中心,为部署及安排增援人员提供了决策依据。下午3时50分左右,无人机拍摄到了第二次大规模流淌火并实时预警,救援人员及时撤离,避免了伤亡。

下午5时,无人机升空侦查现场火情(见图7-67),获得核心区浓烟下火点位置、烟气温度及相邻罐体温度,并实时记录上报,为兵力部署提供依据。相关资料除了实时传送外,还通过微信、QQ等平台实时推送给部、省、市领导,以供决策使用。

可见光拍摄的现场照片,浓烟密布,火情复杂,以往使用的热成像仪都是手持式,不能观测火场全局。通过无人机机载热成像相机,可以透过浓烟从空中获取全景,准确传送火情信息。

(三)无人机的优势

在本次救援中,无人机共起飞将近20架次,为火场救灾工作的部署提供了技术支持。热成像技术配合无人机飞行平台在本次火场救援中表现出了便携、准备时间短、部署快速、图像质量高、空地传输一体化、APP集成参数修改等诸多优点,得到了现场指挥员包括公安部消防局领导的肯定。

图7-67 无人机侦查火场情况

第五节 应急处突

一、应用场景

(一)自然灾害

洪水、地震、滑坡等自然灾害对地形地貌有着巨大的影响,在发生此类灾害时,无人机可以第一时间掌握现场信息。通过五光或变焦吊舱,将现场画面实时传给应急指挥车辆或指挥中心,对于下一步应急指挥工作的开展及决策起到了关键作用。

第七章 无人机警务战术科目

无人机不受地形影响,可迅速飞抵受灾地区上空获取灾区及周边环境情况,也可通过与历史照片对比,直观地了解灾害对地形地貌的影响,为应急措施提供决策依据,排除发生次生灾害给巡视人员带来的人身威胁,如图7-68所示。

(1)无人机在自然灾害发生时对应急指挥有协助作用。无人机由于体积小、质量轻、起降条件要求低的特点,可以在自然灾害区域附近执行飞行任务,获取各类遥感影像数据或视频资料,为指挥中心提供决策依据。

(2)机组成员可操控无人机从离灾区较远的安全位置飞往灾区巡视。采用固定线路盘旋飞行覆盖灾区,载荷操作人员采用手动模式控制光电球,观察并评估灾情。

(3)地面终端处的实时影像通过网络链路传回应急指挥中心,为灾情判断和应急指挥决策提供实时画面参考。

当发生地震、泥石流、洪水等自然灾害时,地表情况会发生剧烈变化,导致道路堵塞、通信瘫痪,给灾后的救援工作造成极大的阻碍。灾后如果能第一时间使用无人机获取地表的影像资料,不仅能够让外界及时了解受灾情况,还能为救援方案的制订提供信息支持,对于整个救灾工作来说都是无比重要的。

在2017年8月8日四川九寨沟7.0级地震及同年8月9日新疆精河6.6级地震中,无人机进行超低空作业,不受地面状况限制,迅速到达恶劣的灾后现场,在最短的时间内拍摄并回传现场受灾情况和实时图像,给抢险救灾工作提供了有力依据。

图7-68 无人机参与地质灾害情况调查

另外,地震研究人员还可以借助无人机建立受灾区域的3D模型,模拟计算出灾难发生时的场景,为地震研究和灾后重建工作提供数据支持,不断完善地震预警系统,优化道路和建筑的抗灾能力。

2014年7月19日,超强台风"威马逊"过境后,海南省测绘地理信息局派出无人机航拍,获取受灾严重地区文昌市罗豆农场的高分辨航空影像,通过影像拼接、空中三角测量、影像快速匹配等技术,制作出罗豆农场正射影像图,分辨率达0.1 m。从正射影像图可清晰、直观地看到灾区房屋破坏、道路受损、植被破坏等受灾情况,给有关部门抢险救灾、灾后重建、灾情评估提供了科学的决策依据。

(二)事故灾难

在发生事故灾难的第一时间需要准确把握事故情况作为后续决策的依据,此时地形地貌对于灾后反应时间的影响就凸显出来,地面人员往往受地面情况的影响而无法以最快速度到达事发现场。另外对于天然气或有毒有害气体泄露等情况,地面人员近距离观测会给其自身安全带来危险。

在重大安全事故灾难发生后,第一时间动用无人机进行现场侦查已经成为普遍认同的抢险措施。

2016年6月23日下午14点30分左右,江苏省盐城市阜宁县遭遇强冰雹和龙卷风双重灾害。截至6月26日9时,江苏盐城特重大龙卷风冰雹灾害共造成99人死亡,846人受伤。此次灾害已被确认为龙卷风,专家组判定等级为EF4级,风力超过17级。此次龙卷风灾害造成当地部分高压铁塔损坏甚至倒塌,当地十余万人供电中断,也给抢险救灾工作带来了严重阻碍。救灾人员利用无人机开展电力系统巡检工作,短时间内便完成了灾区输电线路的图像资料传输,准确定位了输电线路损毁位置,为抢修队伍的快速出击提供了有力支持。不仅如此,无人机还完成了对灾区电力系统的验收巡视,即在抢修之后、再次送电之前进行无人机线路巡查,以保障电力输送系统的安全运营。无人机电力线路巡检如图7-69所示。

图7-69 无人机电力线路巡检

(三)公共卫生事件

由突发性灾害所衍生的疫情,因传播速度快而难以得到有效管控。无人机通过对疫区的侦查,将疫情实时传回指挥中心,便于协助救援人员分析疫情的蔓延情况及确定救助站的搭设位置。

(1)对于突发的公共卫生事件,无人机能够通过视频画面实时观察事发地区人员走动情况、医护车辆的部署情况、现场附近的交通情况等,为事件处置提供第一手现场准确信息,以便合理调配资源。

(2)在一些疫情严重、可能会严重威胁现场救援人员人身安全的区域,使用无人机进行空中视频数据采集、分析,可以明确现场情况、精准评估事故,为后续紧急措施的采取提供依据。

传统的环境监测通常采用点监测的方式来估算整个区域的环境质量情况,具有一定的局限性和片面性。无人机遥感系统具有视域广、及时连续的特点,可迅速查明环境状况。

江苏省无锡市太湖水面蓝藻大面积爆发,严重污染了无锡自来水水源,对当地居民的饮用水安全构成了巨大威胁。为了全方位掌握蓝藻蔓延情况,国家气象总局使用无人机在太湖水质敏感区域进行连续控制拍摄,为下一步整治太湖蓝藻提供了重要的参考资料,如图7-70所示。

吉林市永吉县经济开发区的新亚强生物化工厂有限公司和吉林众鑫集团库房被洪水冲毁,致使库房中存放的原料桶和空桶经温德河进入松花江。吉林环保厅在化工桶冲出的当晚连夜制订了无人机应急监测方案,在松花江哈尔滨段上游的肇源、二松口、朱顺屯三个监测站,将手工监测和自动检测结合,监测相关数据,无人机遥感为保障河道安全、清污治理提供了有力的决策依据。

图7-70 无人机航拍太湖蓝藻情况

(四)社会安全事件

我国目前正处于经济社会发展的关键阶段,一些社会矛盾不时出现,如果处置不当,有可能会发生影响社会治安稳定的重大事件。当该类事件发生时,由于参加的群众多,容易缺乏理智,现场很难控制。在近年来的大型集会、暴力突发事件、预防恐怖活动中,从现场侦查到救援抢险,再到事后评估,均有无人机的参与。无人机提供空中情报保障,一旦出现突发情况,可第一时间发现,快速反应;搭载不同设备,可空中喊话及发放传单,向现场群众及时传递有关信息,引导群众配合政府部门的现场疏导、处突和施救行动。

▶▶▶ **智慧监狱无人机警务**

在会场及大型集会等安保工作中,无人机可以快速机动到所需区域上空,搜索地面可疑人员、车辆,提供强有力的空中情报保障。将视频图像实时传到指挥中心,指挥中心实时掌控现场情况,一旦发现突发情况,无人机可以第一时间发现,极大地提高了应急处理效率。

(1)社会安全事件发生后,无人机通过视频画面对事发现场进行实时监控,一方面对现场情况进行全面了解,另一方面对现场进行非接触式的监视。通过空中指挥系统开展整体联动、协同指挥、空中取证活动,为下一步处置提供第一手依据和证据。

(2)为避免现场失控,可从距离事发现场较远的安全起飞点出发,操控无人机搭载相应的应急处突设备快速赶赴事发现场上空、快速巡视事发现场,并将现场空中视频资料第一时间传至指挥中心进行事件危害等级评定,为后续及时制订应急措施服务。

(3)掌握现场整体情况后,可以安排地面、空中立体处突力量,根据危害等级制订应对措施,并继续对现场进行不间断监控,随时根据现场情况调整战术和联动指挥,使取证、处置、打击、救援、疏导、安抚、平息、预防等一系列现场处突手段有序、高效地开展。

2014年1月上海外滩发生的踩踏事件、2017年重阳节发生的庐山西海事故……这些事件表现出公共安全的"系统脆弱性"。无人机凭借灵活、智能、低成本等优点,能够完成空中各个角度的监测巡检,监测范围广,同时还能实时发现活动现场出现的任何紧急状况,可监测景区、路况、人流,收集交通数据,协助地面警力疏导、优化,便于及时采取应对措施。

二、适用机型介绍

(一)"御"Mavic2 行业版及其配件

"御"Mavic 2 行业版将性能与便携性提升至全新高度,让无人机成为日常工作的得力助手。精密的飞行科技与行业定制软硬件结合,操作简单便捷,为安防、巡检、建筑等领域的专业用户提供全局洞察力。

1. 从容应对多种任务

专业飞行任务需要定制化的设备辅助。"御"Mavic2 行业版支持一系列行业专用配件(见图 7-71),扩展作业功能,满足不同任务与应用场景的需求。

(1)探照灯:在弱光环境中起到照明或指示的作用,辅助相机在夜间拍摄。

(2)喊话器:远程传递声音,让应急搜救等任务更高效。可储存多条语音,并支持自动循环播放。

(3)夜航灯:在夜间指示无人机位置,保障部分地区的夜间作业符合当地要求。

2. 值得信赖的飞行平台

飞行平台集成了最新科技,为专业应用场景打造的"御"Mavic2 行业版提供了全面的数据保护与更安全的飞行保障。

(1)密码保护。"御"Mavic2 行业版支持密码保护,输入密码方可获得无人机操作与内存读取权限,保障设备与数据安全,防止敏感信息泄露。

(2)DJI AirSense。"御"Mavic 2 行业版内置 ADS-B 接收器。当附近空域出现载人飞机时,可自动提示操作员避让,提升飞行作业安全性。

(3)全向感知。全新升级的FlightAutonomy提供全向感知及智能避障功能。无人机的6个面分别配备了视觉或红外传感器,实现全向覆盖,可辅助定位与感知障碍,在狭窄、复杂的环境下提供更高的安全保障。无人机底部新增LED补光灯,在低光环境下自动开启,协助视觉定位,并保障安全降落。

图7-71 "御"Mavic2 行业版配件

(4)高级辅助飞行系统,可自动规划飞行轨迹,帮助无人机绕过航线上的障碍,在复杂环境下也能让操作员专注于执行任务。

(5)精确、全面的信息记录。"御"Mavic2 行业版可记录多维度信息,为操作员提供及时、全面的数据以供下一步决策。

1)看得更远。拉近现场,但远离险境。"御"Mavic2 行业版集成 2 倍光学变焦镜头、3 轴云台和 1/2.3 in[①]1 200 万像素传感器,并支持 3 倍数码变焦,操作员可在远处获取清晰的影像。

2)全面记录。在视频与照片上记录拍摄时的 GPS 坐标和时间,信息丰富,数据可信,便于后续归档及取证。

(6)轻量级选手,重量级技术。"御"Mavic2 行业版轻巧便携,可随处携带,性能完善。

1)随身携带,随时起飞。小巧便携、快速响应,"御"Mavic 2 行业版是作业人员日常工作的助手。折叠后随身携带,展开即可立即起飞执行任务,满足快速响应的需求。

2)自加热电池。在低温环境中,电池可加热至适宜飞行的温度,提供更高的安全性和更长的续航时间。

---

① 1 in=2.54 cm。

(7)"御"Mavic2 行业版配备行业领先的图传与动力系统,每次飞行作业都能顺利执行,高效完成。

1)OcuSync 2.0 高性能图传。OcuSync 2.0 图传提供远达 8 km 的控制距离和 1 080 p 的高清画质。双频自动切换技术带来更强的抗干扰性,画面传输更稳定。

2)动力系统优化,动中取静。"御"Mavic 2 系列动力系统经过全面优化,提升了效率与动力,并大幅降低噪声。续航时间长达 31 min,最高飞行时速提升至 72 km。

3)24 GB 内置内存,超大存储。"御"Mavic 2 行业版内置 24 GB 高速内存,并支持 Micro SD 卡。内置内存可启用密码锁,保障数据安全,如图 7-72 所示。

4)隐蔽模式,低调作业。在执行隐蔽任务时,可关闭机身所有 LED 灯,避免吸引注意。配合标配的静音桨,低空飞行时也难以被觉察。

图 7-72 "御"Mavic2 行业版配件内存密码锁

(二)"辽"系列警用无人机

1. "辽"系列多旋翼警用无人机系统概述

"辽"系列无人机(见图 7-73)是采用矢量技术全自主研发的垂直起降小型自动驾驶无人飞行器系统,可用于执行巡逻、侦查、监视、搜寻、协调指挥、通信、空投等多项空中任务。与普通多旋翼无人机相比,它利用倾转技术,凭借 X 形独立旋转翼结构,可任意改变飞行模态并保持更好的精准悬停、更高机动性、更高环境适应性,同时其独有的姿态控制可以控制姿态俯仰±45°悬停作业,提供了更广阔的拍摄视角,填补了无人机大视场、超广角应用的空白,是能够实现全面侦查的警用无人机系统。它由飞行平台、图传链路、任务载荷、地面站以及警航大数据平台组成。

2. "辽"系列多旋翼警用无人机系统特点

(1)矢量悬停。独有的矢量动力技术,使得"辽"系列多旋翼无人机无论是何种飞行轨迹,均可保持指定姿态持续工作。无人机平台具备高度的飞行稳定性,凭借 X 形独立旋转旋翼结构,结合自主研发的飞控系统,可以任意改变飞行模态并保持精准悬停,因此其拥有传统无人机无法比拟的技术优势。

图7-73 "辽"系列无人机

(2)超高机动性。无人机在飞行过程中,只需要调整倾转轴方向获得反方向的推力,即可达到切换飞行方向的目的。可以以最高时速100 km/h飞行,通过倾转系统控制速度,机身保持水平带来的阻力干扰小,真正做到高机动性。

(3)加速性能强。通过倾转系统无需改变飞行姿态,即可节约加速时间。倾转系统介入后,无人机保持水平姿态飞行,受到的风阻很小,动力余量足够大,获得瞬间加速,能够在6 s之内加速到最高时速100 km/h。

(4)7级抗风。严谨的结构设计使得在同等无人机体积条件下,飞行过程中受外力干扰影响降低33%以上。双冗余IMU具备充分的抗干扰性和敏捷的响应速度,使得飞行平台满足7级疾风条件下的飞行作业的要求,具有更高的飞行抗风稳定性。

(5)全天候作战。"辽"矢量多旋翼警用无人机系统搭载五光吊舱和采用仿生学双目避障系统。五光吊舱即使在低照度条件下也可有效辨别目标信息;双目避障系统具备辅助光源实现夜间作战,提升无人机夜间出警作战时对障碍物的识别能力。因此,提高了无人机夜间出警对目标的有效辨别性和飞行安全性。

三、气象条件

(一)风雨环境

1. 矢量多旋翼无人机

矢量多旋翼无人机由于其特殊的技术原理,旋翼可倾转,可使机体平台始终保持水平姿态,为任务载荷提供良好的工作姿态,保证情报信息的高质量传送,在风雨天气也可保证任务的正常执行(抗风能力达到7级,在中雨以下天气可以确保各类设备的正常工作)。

2. 复合固定翼无人机

复合固定翼无人机皆可在4级风条件下正常起降,并可在6级风和小雨条件下维持正常巡航。

(二)昼夜环境

1. 矢量多旋翼无人机

矢量多旋翼无人机搭载的双光吊舱(也可搭载五光吊舱)不仅能够在白天执行各种警务任务,拍摄高质量视频、图片,也可在夜间利用星光、红外功能拍摄星光、红外视频,并可双光、双画面、画中画自由切换,可应对任务执行过程中多变的环境,即该型无人机具备全天候执行任务的能力。

2. 复合固定翼无人机

复合固定翼无人机搭载高精度RTK定位系统,采用全自主起降控制程序,即使在夜间也可无障碍执行全自动起降与飞行任务;搭载热成像传感器与高感光度可见光传感器,可在夜间执行对地巡视任务。禅思H20T-四传感器如图7-74所示。

图7-74 禅思H20T-四传感器

(三)寒暑环境

1. 矢量多旋翼无人机

矢量多旋翼无人机平台在确保航时的情况下,可在-10～40℃范围内正常工作,双光吊舱可在-40～60℃范围内正常工作,机载电池也可在上述范围内工作一定时间,因此,其适用于警务系统各种严酷的任务使用环境。

2. 复合固定翼无人机

(1)复合固定翼无人机采用不受环境温度影响的复合材料作为机身材料,寿命长,可在-20～55℃气温环境下正常使用。

(2)搭载的自动驾驶系统、载荷系统以及其他电控、机械系统都经过-20～55℃环境温度的检验,可在各类极限环境中正常运行。

四、应用战术

(一)机型选择

无人机具有飞行速度快、加速度高、视野范围广、机动灵活的特点,特别适用于突发事件的紧急部署;相关机型可搭载五光吊舱,从而具备星光夜视、长焦、广角、激光指示、红外光视觉等能力;能够适应 7 级大风天气及昼夜飞行任务;其具备垂直起降功能,对于受到起降场地限制的情形也非常适用。

警用无人机综合指挥作战针对日常勤务及临时作战的需求,配备不同型号无人机及搭载设备,可以实现对重点区域的覆盖,达到快速反应、大面积感测、事前预防及现场喊话的效果,改变了以往应急事件处理以地面信息为主的局面。通过无人机的空中侦查可以实时监测现场情况,同时将视频信息传输至指挥中心平台,指挥部可以根据现场信息作出决策。在难以抵达的事件现场,可以通过无人机所配备的喊话器进行喊话,指挥现场。

无人机有多种机型和配置,可以根据起降场地、续航时间、预算等需求选择。建议根据应用场景及执行任务的需求,选择大型、中型及小型无人机与高清、可变焦及专业热红外镜头等多种类型镜头配合使用。野外复杂场景或气象条件较恶劣的情况下需选用大型无人机,电机轴距在 1 m 以上级别。日常巡逻追踪等情况可以选用中等规模机型,电机轴距在 0.5 m 级别,速度需达到 20 m/s。普通现场勘查、大型场馆内部低飞悬停摄像等情况选用小型无人机即可,电机轴距在 0.3 m 级别。特殊场景,比如夜晚树林内的嫌疑人追踪、火灾现场的侦查等则需要使用热红外镜头,平时道路的远端侦查则需要使用可变焦镜头等。

针对日常勤务需要,可配备小型无人机,通过定制化飞行软件与无人机指挥作战平台实时互联,能够将日常勤务拍摄的图片数据上传至数据平台存储,同时支持指挥平台调取无人机空中实时影像。针对临时警务或安保需求,使用中型无人机搭配高倍率变焦镜头,大型无人机搭载喊话器等设备,支持指挥作战平台远程实时操控云台相机进行现场监控。DJI mini 2 便携无人机如图 7-75 所示。

图 7-75 DJI mini 2 便携无人机

▶▶▶ 智慧监狱无人机警务

(二)确定应用场景

综合各方面情报信息,根据事件的性质、规模、区域范围、管控预期目的等确定应用场景,具体包括人员数量、危险程度、任务现场附近警力配置情况、预期危险程度、任务区域情况、任务区域地形、气象条件、任务预期目的等。通过综合分析,掌握并了解任务区域飞行的基本情况。利用无人机执行治安巡逻、高速公路路段巡逻、特定区域巡逻、边境巡逻、口岸巡逻等任务,发挥空中警戒、高空巡查、疏散驱离、嫌疑人车辆追踪、目标锁定、违法取证、空中排查等作用。

1. 无人机在自然灾害中的应用

自然灾害是自然界中所发生的异常的对人类社会造成危害的现象,如地震、火山爆发、泥石流、海啸、台风、龙卷风、洪水等。此类自然灾害会:破坏道路,影响交通;破坏房屋建筑物;威胁人类生命。无人机因其机动、灵活及安全的特性,在处理此类事件时具有传统工作方式无可比拟的优势。

2015年7月3日,新疆皮山县发生6.5级地震。新疆测绘地理信息局快速响应,利用无人机在黄金72 h内完成了灾区各类影像的获取工作。无人机先后在重灾区采集了约100 km^2、地面分辨率为15 cm的影像。这些基础影像资料为后续的抗震救灾、灾情评估等工作提供了信息支撑。

2. 无人机在事故灾难中的应用

事故灾害是指由于事故行为人的行为违反治安管理法规和有关安全管理的规章制度,造成物质损失或者人员伤亡,并在一定程度上对社会,或内部单位,或居民社区的治安秩序和公共安全造成危害的事故,主要包括工矿商贸等企业的各类安全事故、交通运输事故、公共设施和设备事故、环境污染和生态破坏事故等。无人机在此类事件中的应用也越来越广泛。

2015年8月,天津滨海新区瑞海公司危险品仓库发生爆炸(见图7-76)。市规划部门在接到应急测绘指令后迅速反应,部署测绘、应急航空摄影等工作。作业团队携带2套固定翼无人机、1套六旋翼无人机、测量设备若干,前往滨海新区事故发生现场。此次无人机飞行任务先后获取45张高清航片,经数据处理,制作出一幅8 cm高分辨率正射影像图,供现场指挥人员及市应急指挥部门使用。

3. 无人机在社会安全事件中的应用

近年来,一些群体事件出现,影响了正常的社会和生产生活秩序,危害了人民群众生命财产安全并损害了社会的公共利益。武警部队作为维护国家安全的重要武装力量,处置突发事件、保证人民生命财产安全是武警部队中心任务之一。为了更好地完成任务使命,武警部队也在不断加快其信息化程度。近些年无人机技术不断发展,载荷的应用范围和领域也在不断拓展,为执行不同任务创造了有利条件。在该类事件处置过程中可通过无人机搭载扩音设备对现场进行喊话,传达领导意图,安抚人员情绪。同时,指挥中心通过无人机直接监视现场情况,跟踪目标人物,必要时也可与其对话,以缓解矛盾,控制事态发展。

图 7-76　8·12天津滨海新区爆炸事故现场正射影像图

(三) 制定飞行计划

无人机的飞行计划要根据不同任务制订,无人机指挥作战平台将飞行任务划分为两大类,即航线任务与区域任务。飞行计划的基本元素包括:警务空勤人员信息(包括姓名、所属单位等)、无人机信息(包括无人机型号、编号、识别码等)和飞行任务基本元素(包括起降点坐标、飞行任务类型、执飞日期、运行时间和飞行气象条件等)。飞行计划的执行有两种方式,一种为警务空勤人员申请执行自主飞行任务,另一种为指挥作战平台下达指定飞行任务。警务空勤人员通过飞行软件提交飞行计划,完成飞行计划的申报,指挥作战平台接收到任务申请,管理员依据作战平台中无人机信息及飞行计划格式和内容要求,对提交的飞行计划进行校验。同时根据无人机的飞行任务及内容,结合无人机性能、飞行环境、气象约束进行飞行任务审核,审核通过则下达可以执行的命令,地面警务空勤人员根据指令开展飞行任务的执飞工作。日常巡逻飞行任务及临时飞行任务由指挥作战平台统一下达,警务空勤人员接获飞行任务到达现场后点击执行任务,无人机即可自动执行预设飞行任务。

(四) 飞行准备

1. 飞行前的准备工作

在执行飞行任务前要对任务标准、使用设备、任务环境、任务流程、应急预案等方面做好充分的准备工作,大致有以下几点:

(1) 充分了解任务的内容、起始和持续时间、具体区域(精确的地理坐标信息,以便确保航空管制区域的顺利实施)。

(2) 获取任务执行期间任务区域及附近的气象条件。气象条件是安全飞行与任务顺利执行的先决条件,只有提前获取任务区域的气象条件,才能根据任务需求正确选择适配机型、科学规划任务,做到安全、高效。

(3) 确定任务区域的飞行条件。不同机型对起飞、降落、巡航、悬停等操作有着不同的要求,这就要针对任务环境结合所选机型,制订科学、合理的飞行计划。

智慧监狱无人机警务

(4)提前制订任务飞行航线和紧急预案。在执行任务前,结合任务环境,根据需要对飞行航线进行模拟验证,做到万无一失。航线规划时应尽量避开航空管制区,若无法规避,须向空域主管单位申请获取飞行许可。

(5)执行任务前的无人机机组人员的确认和各组件的检查。根据任务需要,选择无人机、载荷设备,飞行前3天应确认机组人员,确保各组件能正常运行,如机组人员的确定分工、电池或燃油的活性及储备、功能模块的功能调试、通信链路的信号保障、航线及运输保障等,必要时还需要做好设备的冗余备份,保障设备可靠稳定地运行。

(6)制订应急预案。在既定任务执行的所有程序操作完备的情况下,还应考虑任务环境、时间、设备、人员等各种突发情况,并针对各种紧急情况制订详细、可行的应急预案,包括紧急情况下的人员再分工、设备的非常规操作、备/迫降地点的选取、备份设备使用要求等。区域搜索飞行方案界面如图7-77所示。

2. 空域申请

根据《无人驾驶航空器飞行管理暂行条例(征求意见稿)》第三十七条、第三十八条内容,进行无人机飞行活动的空域申请。

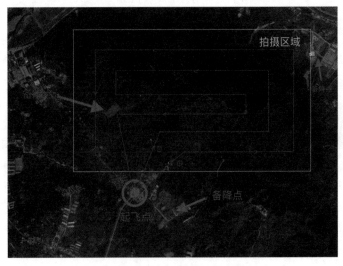

图7-77 区域搜索飞行方案界面

3. 设备检查

(1)环境安全检查。飞行前,首先要做的就是了解并观察飞行环境,确保没有影响飞行安全的障碍物(如电线、风筝线、航模活动),以及制高点建筑电视塔、避雷针等;同时应当确认飞行地区是否处于禁飞区、限飞区,不要违反法律法规。此外,飞行区域应当尽量避开建筑物群和密集人群,以免造成危险。

(2)机身检查。无人机是复杂的电子机械设备,飞行中机身会承受很大的作用力,长期使用可能导致一些物理损坏和零部件松动,飞行前对机身进行仔细检查,有助于及时发现并排除安全隐患,保证飞行安全。机身检查应当包括以下项目:机身是否有裂纹;螺丝钉或紧固件有无松动或损坏;螺旋桨有无损坏、变形、破损以及安装是否牢固;电池充放电次数、使用频率及当前电池活性以及电池安装是否牢固等。

(3)无人机控制系统检查、校准。该步骤为飞行前检查中最需注意的,因长时间没有升级维护固件,可能会导致起飞前无人机系统警告、报错甚至严重影响飞行中的稳定、安全。控制系统检查、校准主要包括以下项目:无人机电池电量是否充足;遥控器电池电量是否充足;指南针(磁罗盘)是否正常;GPS卫星数是否满足安全飞行要求;云台系统是否正常;数据存储卡是否插入、清空等。

(4)工作现场检查。记录飞行时天气(包括阴、晴、雨、雪、风力、风速、温度、湿度、海拔高度、光照等)、飞行起降点、任务性质、飞行日期、检查人员等,以确认现场环境符合飞行要求;现场设备应摆放整齐、安全;检查设备组装与天线架设是否正确,调试功能是否良好。

(5)地面站检查。检查监控主机是否有损伤、是否稳固,天线位置、方向是否合适;各类线缆有无损伤、折痕、缠绕等;接插件应保持干燥、无尘、无锈等,针、孔接触紧固、正常、无变形等。

(6)设计数据检查。检查地面站地图与航线调用、规划是否准确无误。

(7)任务载荷检查。检查吊舱外观是否完好,吊舱光学设备保护外罩有无损伤、划痕;双目模块、双目主控外观是否完好,有无划痕、损伤等异常情况,镜头表面应洁净、无污染,镜头盖是否已经打开。涉及其他功能模块的,应首先检查功能的可靠性,然后通电并做地面检查,在飞行前排除一切故障。

(8)通电检查。完成电调上电自检,检查电量、电压信息,信号干扰、遥控响应无异常;检查数据传输链路、飞控通道是否正常;检查校准各种传感器参数;检查吊舱的姿态控制与图像数据切换功能;检查矢量旋翼的倾转功能。

(9)试车检查。在开车状态下,检查飞控传感器、舵面响应、电机响应、转速等是否正常。仔细查看控制屏幕上各项参数是否正常、系统及螺旋桨声音有无异常等。

4. 注意事项

绝对禁止因准备不充分、注意力分散、粗心、鲁莽、耍酷炫技等危险操作,任何人员在操作无人机时不得粗心大意和盲目蛮干,以免危及他人的生命财产安全;无人机驾驶员在饮用任何含酒精液体之后的 8 h 之内或处于酒精作用之下或者受到任何药物影响及其工作能力对飞行安全可能造成影响的情况下,不得操控无人机。

总之,务必确保做好下列飞行前的准备工作:组织、确定参与飞行任务的人员和设备;明确任务内容,完成人员的任务分工;完成无人机等设备的安装、调试和飞行前检查;记录飞行准备过程中的各种信息。

(五)任务执行要点

1. 航拍画质的保障

无人机在使用过程中会遇到阵风、建筑物遮蔽等多种环境干扰事件,以及因任务需要,出现镜头长距离变焦拉近而导致的画面抖动、变形等画质不稳现象,这些突发性、客观因素事件对操作手提出了较高的要求。一般来说,当前的航拍级无人机产品在风力小于 3 级的情况下，由于其自身云台具备增稳系统，基本都能提供较为稳定的拍摄画面，但是想要对画面质量有更高要求，还是需要加装一些增稳设备并掌握必要的操控技巧。

警用无人机与消费级无人机有很大的不同。消费级无人机的拍摄要求比较低，而警用无人机则需要在一定的时间内对目标物体进行持续拍摄，并且其拍摄距离和角度都要符合警务拍摄的要求，对于目标凝视和画面防抖都有一定的要求，甚至有些空中画面还需满足人像识别系统要求。

为了同时满足机动飞行和高质量画面两个条件，在警用无人机上安装稳定平台是必要的。该平台可以减弱因机身机械振动、机动摇摆、推进变焦等因素造成的画面抖动、无法对焦问题，使无人机在航拍中能持续提供清晰的视频图像。另外，有的平台还能快速响应控制信号，使摄像头的视轴能够时刻跟随目标，进行跟踪拍摄。因此，带有云台的无人机需要无人机操作手和云台操作员的通力合作才能更好地完成拍摄任务。此外，增强型三轴机械增稳云台（见图7-78），更能有效消除相机的晃动和抖动，提升相机画质。

因此，对云台的熟练操控可以很大程度上让无人机在较大的风力中拍摄出画质较好的影像，云台则能隔离无人机的机身变化对摄像机的影响，有效应对阵风干扰。

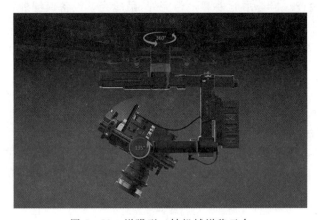

图7-78 增强型三轴机械增稳云台

其中，云台连接机身的减振垫和减振橡胶可以有效改善拍摄质量，能够减少机体振动对飞控部件的影响。当飞控没有通过减振垫与机体连接的时候，无人机拍摄出来的画面会产生扭曲现象。这在拍摄高层建筑的外墙或者笔直公路时尤其明显。

2. 特殊环境的使用

无人机的正常工作环境一般为0～40℃，但在实际工作中会遇到高于40℃或低于0℃的情况，这对无人机和操作手提出了更高的要求。减振橡胶、电池等都是在非正常温度下可能会出现问题的零部件，应采取相应的措施保证这些零部件的正常工作，以确保在特殊环境中的有效性。减振橡胶的减振效果对温度较为敏感。在低温环境中，要注意提前更换减振橡胶或者减振柱，使用在低温环境下特殊处理的橡胶。另外，对于采用锂电池驱动的无刷电机为动力来源的无人机来说，低温环境对电池的影响是个不容忽视的问题。当电池温度低于15℃，其化学活性已开始降低，电池的内阻开始增大。因此，低温环境中的无人机在正式进行航拍作业之前,要带电低空短暂悬停,以便操作手了解无人机整机在低温环境中的表现情况,对飞行计划进行调整,同时利用电池可自身发热的特性来抵御严寒带来的不利影响。在掌握当地天气情况并对光照、风力等因素通盘考虑后,还应时刻监控无人机的状态。另外,应当适当调高无人机电池的报警电压,以便适应锂电池在低温环境中陡峭的降压曲线。

在高原地区执行飞行拍摄任务时,较小的空气密度要求无人机的旋翼以更高的转速来产生足够的升力。高原地区往往阵风频发,无人机在抵御大风时也会增加耗能,耗电速度要比平时快。操作手要密切监视电池状态,以免发生意外。因此,在高原上执行任务时,操作手要准备多块电池,以备替换。

3. 战术指挥与联动

在警务工作中引入警用无人机对警务工作人员的专业技能提出了更高的要求。警用无人机在高空执行视频监控任务的一般操作流程是:搭载视频摄像头云台的无人机升空并在指定高度对指定区域进行扫描、数据采集;在实际工作中,目标的发现需要操作手与无人机密切配合才得以完成,地面操作手须快速判断其是否为需要监视的目标,并采用人机交互的方式确定目标点坐标;当目标位置确定后,无人机便按照预先设定的跟踪算法执行任务。由此可见,无人机虽然有发现目标和跟踪目标的能力,但是在目标选择、信号传输以及最终决策等环节仍然需要警务人员的介入。在警用无人机提供的信息足够多,而被跟踪目标的移动速度又非常快的情况下,警务人员识别和判断目标的压力会变得非常大。而警务人员的侦查载具由警车变为警用无人机时,在决策过程中接收到的信息量会激增,而用于决策的时间则会骤减。这需要任务操作人员具备熟练的操作能力,以应对不同使用场景下的任务,无人机综合指挥作战平台如图7-79所示。

图7-79 无人机综合指挥作战平台

在巡逻过程中发现异常需要锁定目标时,应将无人机切出全自主巡航模式,通过实时图像手动操控无人机对目标进行锁定、追踪,待锁定或追踪任务完成后,再切入全自主巡航模式进行自主飞行巡逻。

飞行任务执行完毕后,确保返航线路及降落场地环境安全,操作手可以通过遥控器人工操控无人机,也可以通过飞控系统控制无人机自主返航。若遥控器信号中断时间超过设定时间(一般为 30 s)或者电池电量过低且达到自主返航值时,无人机会自动执行返航指令,按照原地降落、返航点降落、空中悬停等模式执行,需要提醒的是,一旦遇到这种特殊情况,操作手可以密切关注无人机自主返航路径,并做好随时介入的准备,即人工操控发出纠正指令,以避免无人机在自动返航途中发生意外。一般操作程序如下。

(1)无人机在指定地点升空,迅速赶赴事发现场上空进行空中巡查,并将现场信息实时反馈至指挥中心。

(2)锁定目标并将中心目标及其周边情况进一步反馈至指挥中心,等待下一步任务指令。

(3)执行指挥中心任务指令,继续全程监控,如遇特殊情况,应视情况对任务计划进行调整或执行应急预案。

(4)任务完成,无人机安全返航、降落、回收。

(六)数据分析与研判

数据分析与研判见本书第六章第六节内容。

(七)飞行维护与任务总结

任何机电系统都需要相应的维护与技术保障,针对不同的保障级别进行配置以支持其正常运转。对于警用无人机,系统维护和技术保障主要有两点:一是任务执行使用,二是备份及后台。对于执行使用的无人机及其设备等软硬件,需要随装携带并保证功能状态、固件升级运转良好,能够做到 7×24 随时备勤、随时能用。对于备份及后台保障,要求备用机、备用电源及其他配件和后台支撑系统安全摆放在实验室或警装室等室内固定安全的位置,确保功能、性能处于待命状态,以备随时替换出现故障的机器设备。

1. 系统说明书及使用记录

系统说明书说明了系统的主要结构及部件、注意事项及操作方式,包括系统架设、配件清单、检查调整、帮助文档等,可作为操作指南与维修手册的一部分随机携带。系统使用记录用于记录系统使用的历史信息,包含任务准备和执行,以及在任务完成之后回收和系统撤收的信息。同时,记录的信息包括操作人员、时间、任务持续时间、飞行结果及状态,以及任何重要的技术观察结果和评判。系统使用记录包括纸质手写记录和系统自身生成的电子文档日志,需精心保管在实验室、警装室,以备后查。

2. 消耗品

警用无人机的消耗品包括无人机自身磨损、飞行电池、数据卡、数据传输网卡、螺旋桨等。根据系统大小及数量需求,控制站上要携带清洁材料、电池、充电设备和其他消耗品。出于安全考虑,电池的使用次数、电压电流、外观检查等都需要密切关注并经常检查,特别是在长途运输时需妥善存放,做好防震、防潮、恒温保管工作。特别是在执行任务前后,要做到"机电分离",确保电池的活性、稳定性和正常电压。数据卡在使用一段时间后可能因经常性反复读写、擦除导致数据卡芯片功能下降甚至无法记录,要及时察觉、及时替换。流量数据卡的服务功能要及时与当地电信运营商联系,确保正常服务。螺旋桨是给无人机提供升力的直接零部件,长期使用会导致机械疲劳,而且容易因外部环境影响(温度、湿度、腐蚀等)、操作不当或其他意外磕碰、误触而导致螺旋桨破损或折断。为了不影响无人机正常功能,一定要确保螺旋桨的外形完整、刚性良好。一旦发现螺旋桨异常应及时更换,不容忽视。

3. 可更换部件准备

一般的警用无人机系统是具有良好机动性能的移动装备,在远离基地或其他支持的情况下,需要在预定的工作时间内确保零部件的更换及时到位,机务人员必须保证所携带的零部件种类齐全、数量充足。

4. 易损部件的更换

易损部件包括那些容易遭到损坏的部件,如机身外壳、起落架、螺旋桨等,若在不利的天气条件下降落可能会损坏这些部件。机身外壳可视情况而定,只要不影响空气气动布局则可以在执行完任务后及时维护、修理。起落架在无人机起降阶段承载机身整重,与地面或其他降落面有一定动能的撞击,可能会因操作不当或恶劣气候导致非正常接触、碰撞而造成一定程度的损伤,要及时维修更换。螺旋桨的更换使用在前面已有说明,不赘述。

5. 工具

工具包括日常操作和维修所需要的各种工具,有电子、电气和机械等多种类型,如,电子测量仪表、电池充电器(见图7-80)、力矩扳手、读卡器、笔记本电脑、适配刀钳工具等,测试子系统功能所需要的夹具、锁具等,测量外部环境的温度计、湿度计、海拔高度测量仪、电磁环境测量、望远镜、手电筒等。日常操作需要的工具应包括启动和检查设备。夹具一般包括检查所需的工具。如量程检查工具,锁具则包括任务载荷功能检查所需要的工具。

与其他保障与支持设备一样,上述工具种类和数量主要取决于无人机系统类型。工具需求在系统设计阶段就会考虑,在系统开发阶段就得到修正和确定。工具配备的一个原则是尽量减少所需工具数量,特别是专用工具的数量,主要配备标准的国际通用工具。

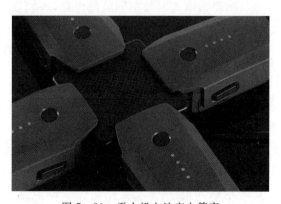

图7-80 无人机电池充电管家

6. 辅助设备

辅助设备一般被视为无人机系统的一部分,尤其是与控制站车辆配套或集成的设备,如发电设备,以及专用的充电供应和维修设备。

警务人员对使用的无人机设备及结构原理缺乏了解,仅停留在无人机的组装、调试和飞行上,加上没有经历过太多连续的飞行任务,对维护保养一直不太在意,经常是飞完后直接装箱,再飞的时候拿出来组装好直接飞行。但随着任务的增加,各种问题渐渐浮出水面。典型问题有以下几种:①再次执行任务飞行时发现零配件缺失,导致无法正常飞行;②在执行任务前的组装过程中发现无人机的某些零部件有不同程度的损坏,影响正常飞行或任务执行;③飞行过程中经常出现发动机熄火、电池异常、固件需要升级、存储卡(SD卡)异常、指南针异常等情况,甚至在飞行中发生突发性射桨、机身解体、空中停机等严重机械故障。

对此类问题的总结:①缺乏规范性操作文件指导、问责。有的任务执行结束后没有将零部件和工具归位,导致再次飞行时缺东少西;有的没有规范的管理文件指导,导致回收后的无人机设备没有固定的存放位置,各零部件、工具没有统一规范的收纳包具;有的无人机设备平时接触的人较多且没有正式的交接,导致存在的问题被隐藏、使用工具或者动用无人机零部件缺乏记录、出现问题无法追责等。这些是很多无人机操作手在使用初期的通病。只有从一开始就制定规范,规定好工作职责,对每个工作环节进行规范管理、认真记录、严格问责,才能有效地避免使用过程中的混乱局面。②缺乏平时的保养维护。很多操作手在飞行后没有对无人机进行全面彻底的检查,不能发现使用中造成的损坏,尤其是常规起降的无人机极容易在起降过程中因为冲击大造成局部损伤和一些零部件松动,而有些结构性损伤是不容易从外表发现的。在每次飞行后都应该对无人机本身进行全面细致的检查,及时发现并处理隐患。③缺乏对整机定期保养的良好习惯。重要的设备需要定期检修,避免因长时间使用或闲置造成损坏。

无人机是一种长期重复使用的工具,多次使用后一些重要设备容易出现问题。无人机飞行时间长,机身持续震动大,对电池组的耐用性、稳定性、化学活性要求高。再加上操作手缺乏常识,飞行间隔时间不固定,电池经常亏电或满电存储,都会造成电池性能下降,甚至出现因亏电过久而"饿"死的现象(是指电池因长期低电量保存,再使用时无法充满电的现象)和因满电而电压过高使电池表面"凸起"的现象。同理,无人机的结构,尤其是连接部分由于经常拆装和受震动冲击,容易老化、磨损、损坏,都需要在维护过程中注意。

7. 任务执行结束后的维护

(1)飞行平台的检查。如果飞行平台以非正常姿态触地,应优先检查碰撞处的损伤情况。检查、记录机载电源电压、吊舱连接杆、双目视觉系统、舵机、飞控、电动机的供电线缆连接情况是否完好。检查机体、连接件、电机、起落架、天线、飞控、螺旋桨外观有无损伤、变形、污垢等。

(2)任务载荷检查。检查吊舱外观是否完好,吊舱光学设备保护外罩有无损伤、划痕。双目模块、双目主控外观是否完好,有无划痕、损伤等异常情况,镜头表面是否洁净等。

(3)影像数据检查。检查记录图片数量与预计数量是否相符;与POS数据是否一一对应。检查图片大小是否是最大值,并记录单张影像的大小。检查视频、图片色彩是否饱满,锐度是否清晰(看地物边缘),反差是否适中(看阴影部分)。观察地物,判断影像分辨率是否满足设计要求。

五、案例

1. 基本情况

厦门警方利用警用无人机综合指挥作战平台参与 2017 年的多次重大行动。如 11 月的两次大型围村活动,在梧梧村围村行动及钟宅村围村行动中发挥了十分重要的作用,能够实现不同警种与所配备无人机的无缝对接及联合作战,大大提升了无人机实战化水平,有效提升了无人机在警用领域打防管控等方面的作用。

2. 无人机应用过程

(1)无人机系统基本简介。

厦门警方研制的警用无人机综合指挥作战平台,能够实现多架次无人机的航线管理、任务下达及视频接收等功能,可以实现配备无人机的有效管理及高效率应用。警用无人机综合指挥作战平台具备登录管理功能,管理员登录系统需要输入密码,账户及密码由无人机管控平台系统分配并校验;具备无人机管理及数据接收功能,能接收无人机上传的数据,同时支持将数据发送给无人机,支持后期数据分析平台的定制开发,具备二次开发接口;能够实时显示所配备的无人机当前的定位信息及无人机操作手的定位信息,并在地图上进行标识,同时支持调取指定无人机当前的飞行数据及机体状态信息;飞行软件具备航线管理功能,能接收保存每架无人机每次的飞行航线,建立专用数据库保存历史航线,支持调取指定无人机的历史航线数据,并发送给任意指定无人机执行此航线任务;可以和指定无人机设备实时对接,实时调取无人机监拍画面,视频分辨率达到 720p 标准,视频延时小于 3 s,视频接入协议需支持 ONVIF 国际标准协议;支持实时远程控制无人机云台相机功能,支持使用摇杆控制无人机挂载设备的各项功能;系统支持在线扩容;支持与同类型无人机综合管控平台实施多级联动或扁平式部署;支持 256 级用户权限级别设置;支持 PC 端的管理终端对接综合管控平台;无人机采集的数据能接入已有的平台指挥中心。

(2)无人机应用过程。

2017 年 11 月 5 日、10 日晚厦门警方在同安区梧梧村、湖里区钟宅村开展了两次大型围村行动。厦门警方出动操作手三人、无人机两架,其中一架无人机挂载 Z30 变焦镜头、警灯、无线喊话器、探照灯(见图 7-81),另一架无人机挂载红外热成像镜头,中心大型指挥车配备无人机综合指挥作战平台。行动开始后,两架无人机升空,按照设定航线对村庄主要出入口进行巡逻;一架无人机实时播放警方围村行动警示,现场指挥员在指挥车内通过摇杆控制云台相机,对盘查现场进行取证并开启灯光辅助照明;另一架无人机则利用热红外镜头在居民楼顶、街巷等暗处搜索可疑目标。

3. 无人机应用创新点分析

警用无人机综合指挥作战改变了以往单机作战的局面,大大提高了无人机使用效率并日常化。根据日常勤务及临时作战的需求,配备不同型号无人机及搭载设备,可以实现对重

▶▶▶ 智慧监狱无人机警务

点区域的覆盖,达到快速反应、大面积观测、事前预防及现场喊话的效果,改变了以往应急事件处理以地面信息为主的局面。通过无人机的空中侦查可以实时监测现场情况,同时将视频信息传回指挥中心平台,指挥部可以根据现场信息进行决策。在难以抵达的事件现场,可以通过无人机配备的喊话器进行喊话,指挥现场情况。

图 7-81 配备 Z30 变焦镜头、警灯、无线喊话器、探照灯的经纬 M300 无人机

第六节 空中震慑

一、法定应用场景

为了保障无人机震慑手段的合法性,根据《中华人民共和国反恐怖法》中有关恐怖活动行为类型和《中华人民共和国刑法》中有关八类严重暴力犯罪和非法集会、游行、示威活动来确定应用场景,可以分为以下三类。

(一)常规恐怖主义活动现场

常规恐怖主义活动现场,是指通过暴力、破坏、恐吓等手段,实现其政治、意识形态等目的,组织、策划、准备实施、实施造成或者意图造成人员伤亡、重大财产损失、公共设施损坏、社会秩序混乱等严重危害社会治安的活动,或者胁迫国家机关、国际组织的行为的现场。常规恐怖主义活动主要包括:爆炸,炸弹爆炸、汽车炸弹爆炸、自杀性人体炸弹爆炸等;枪击,手枪射击、制式步枪或冲锋枪射击等;劫持,劫持人、车、船、飞机等;纵火。

(二)严重暴力犯罪活动现场

严重暴力犯罪活动现场,是指为获取某种利益或满足某种欲求,行为人故意以强暴手段,侵害他人的人身和公私财产安全,实施如故意杀人、故意伤害致人重伤或死亡、抢劫、强奸、贩卖毒品、放火、爆炸、投毒八种严重暴力犯罪行为的现场。

(三)非法集会、游行、示威活动现场

非法集会、游行、示威活动现场,是指举行集会、游行、示威未依照法律规定申请或者申请未获许可,或者未按照主管机关许可的起止时间、地点、路线进行,又拒不服从解散命令,严重破坏社会秩序的行为现场。

第七章 无人机警务战术科目

二、适用机型介绍

(一)倾转垂直起降警用无人机

1. 适用背景

我国政法机关承担的巡查、追踪、反恐、大型安保、群体性事件处置、自然灾害处理、抢险救灾等任务越来越重,各地政法机关对任务的快速反应、快速部署、快速执行能力有着更高的要求。因此,政法机关对可执行空中侦查、监视、拍摄、信号传递、实时指挥任务的无人机装备的需求非常迫切,特别是警用无人机的战术应用及任务执行方面。

2. 建设必要性

倾转垂直起降无人机通过不同任务载荷满足不同的任务需求。例如,搭载高灵敏度照相机可以进行不间断的画面拍摄,获取影像资料,并将获得的信息和图像传送回地面;在反恐维稳方面,如遇到突发事件、灾难性暴力事件,可迅速到达现场实时传输视频画面,供指挥者进行科学决策;进一步提高警力的响应、决策、评估效率,推动公安信息化建设进程。

3. 系统概述

倾转垂直起降警用无人机(见图7-82)采用倾转旋翼垂直起降小型自动驾驶无人飞行器系统,可用于执行巡逻、侦察、监视、搜寻、协调指挥、通信等多种空中任务。与普通固定翼无人机相比,它是一款利用机载旋翼转换机构与稳定的飞行控制算法,实现多旋翼模式与固定翼模式的自主切换,并保持更好的精准悬停、更高机动性、更高环境适应性的新型复合翼无人机。在多旋翼模式下垂直起降,不需要借助跑道滑行,具有起降灵活、场地不受限的特点;在固定翼模式下大范围巡航飞行,具有续航时间长、巡航速度快、作业效率高等特点。多旋翼模式和固定翼模式能够共用动力系统,在减轻自身重量的同时大大提升有效负载能力,是能够实现全面侦查的警用无人机系统。它由飞行平台、图数传链路、任务载荷、地面站以及警航大数据平台组成。

图7-82 倾转垂直起降警用无人机

4. 系统特点

(1) 实战性强:采用了固定翼结合四旋翼的混合翼布局形式,无人机在飞行过程中,最高时速可达 100 km/h;通过地面站可自由切换全自主、增稳和遥控等飞行控制模式,既能像多旋翼无人机一样垂直起降,又具备了固定翼无人机航时长、速度快、效率高的特点。

(2) 集成度高:集成数传电台、单点卫星导航模块、多传感器组合导航系统的全自主飞行控制系统;具备高精度、高动态载体导航测量功能,能实时测量无人机位置、速度和姿态等全部运动信息。

(3) 全天候作战:通过搭载先进的可见光设备和夜视系统,在低照明条件下也可有效辨别目标信息,提升无人机夜间出警对障碍物的识别能力,提高了夜间出警对目标的有效辨别性和飞行安全性。

该无人机可与现有警用系统配合使用。无人机对侦查区域实现了"空地一体化"全方位信息采集传输,不仅可以进行区域扫描,还能够固定目标地点,实行定位监控,集合了空中预警、空中监控、空中巡查、空中震慑、空中取证等一体化功能,具有查得准、盯得住、传得快的特点。

在警务执法和处置突发公共事件中,该无人机系统为上级机关提供全面及时的现场信息,指挥者可更加全面、准确地掌握现场情况,使其判断和决策更加及时、正确,有利于合理调度执法力量,提升执法能力,提高执法效率,最大限度地减少国家和人民的生命财产损失。

(二) 察打一体化武装无人机

1. 介绍

察打一体化武装无人机系统是一种适用于城市、城乡接合部、山地、平原、水面等任务环境的新型六旋翼警用多功能综合作战平台,利用机载的变焦、热成像侦查设备,可对目标进行昼夜侦察、区域搜索。该无人机系统的机载武器为带有观瞄系统的 38 mm 或 40 mm 自动榴弹发射器,根据任务需要,可携带 38 mm 或 40 mm 烟幕弹、催泪弹、闪光弹、爆震弹,弹种丰富,火力持续性好,能够对目标执行震慑、驱散、压制等精确打击任务,如图 7-83 所示。

图 7-83 察打一体化武装无人机

2. 性能说明

察打一体化武装无人机可在狭窄、多障碍等复杂地域条件下垂直起降,携带光学变焦、热成像、红外夜视、多光谱相机等侦查器材,操作简单,易于维护,可定点侦查。动力系统采用独特共轴双桨的设计,使无人机在灵活性和稳定性上有极大的提升,机体能抵消大部分的震动,并提供更大的动力,拥有8只旋翼的独特的动力特性在安全性方面有极大提高,在飞行中1~2只桨叶或电机因意外损坏,飞控系统仍能控制无人机,保证无人机正常降落。

该无人机可在地面站、控制平台实时观看并保存回传的视频,由指挥中心远程控制;该无人机具备自主起降、自主悬停、航线飞行、机头朝向锁定、实时回传飞行状态等功能,采用多种失控保护设计,具备失控返航、低电报警、返航、降落等功能。

(三)可搭载声光电弹功能模块的无人机

具有一定搭载能力的通用型无人机可以根据作战任务搭载不同的功能模块,节约资源,一机多能。例如,可以搭载机载的变焦、热成像视频侦查模块,机载武器模块(带有火控系统的 38 mm 或 40 mm 自动榴弹发射器,根据任务需要,可携带 38 mm 或 40 mm 烟幕弹、催泪弹、闪光弹、爆震弹、杀伤榴弹等不同制式弹药),空中喊话模块,空中照明模块,定向噪声驱散模块,物品投放模块。可搭载声光电弹功能模块的无人机如图 7-84 所示。

图 7-84 可搭载声光电弹功能模块的无人机

2. 主要功能

(1)夜间抓捕。在夜间抓捕犯罪嫌疑人的过程中,利用无人机挂载强光照明模块,配合地面警力行动,可以向现场提供高亮度照明,重要的是空中强光照射能够对犯罪嫌疑人的心理产生巨大的震慑作用,必要时可多机配合,在强光照明震慑的基础上,可对犯罪嫌疑人、嫌疑车辆、嫌疑船艇等交通工具发射闪光弹,加强震慑效果,迫使其放弃抵抗。

(2)夜间群体性事件处置。夜间发生群体性事件时,可利用无人机挂载强光照明模块,对事件现场进行强光照射压制,以对现场人群产生巨大的心理震慑作用,配合地面警力,妥善处理事件。

(3)声波震慑。在非法集会等警情处置过程中,需要强制驱散聚集人群,利用无人机挂载定向噪声驱散模块,对集会、骚乱人群进行定向高频噪声驱散,避免地面警力与集会、骚乱人群发生直接冲突,造成不必要的伤害。

(4)投掷震慑。在非法集会等警情处置过程中,需要强制驱散聚集人群,若谈判、噪声驱散等手段无果,可向集会、骚乱人群投掷催泪弹进行震慑驱离,避免地面警力与集会、骚乱人群发生直接冲突,造成不必要的伤害。

三、气象条件

理论上无人机震慑需要适应风雨、昼夜、高寒、高温等全天候的作战环境,但考虑到作战的安全性和有效性,无人机执行任务时应该满足以下条件:①风力条件为 5 级风(8.0～10.7 m/s)及以下飞行;②雨量为中雨[(10～25) mm/24 h]及以下飞行;③工作环境温度为 -20～60 ℃。

(一)风雨环境

(1)倾转垂直起降无人机由于其特殊的技术原理,旋翼可倾转,机体平台始终保持水平姿态,为任务载荷提供良好的工作姿态,保证情报信息的高质量传送,在风雨天也可保证任务的正常执行,抗风能力达到 5 级,中雨以下确保各种设备正常工作。

(2)根据无人机提供的抗风等级和防水等级而定,可由机长判定是否可以飞行。

(二)昼夜环境

(1)倾转垂直起降无人机搭载的高清可见光成像设备不仅能够在白天执行各种警务任务,拍摄高质量视频、图片,在夜间也可利用夜视功能拍摄视频,可应对任务执行过程中多变的环境,即该型无人机具备全天候执行任务的能力。

(2)昼夜均可使用,白天使用可见光侦查摄像设备,夜间使用微光夜视仪等低照度侦查摄像设备。

(三)寒暑环境

倾转垂直起降及其他各型无人机平台在确保航时的情况下,可在 -20～60 ℃内正常工作,机载电池也可在上述范围内工作一定时间,因此,适用于警务系统各种严酷的任务使用环境。

四、应用战术

恐怖活动、严重暴力犯罪活动、非法集会、游行、示威活动可能引发以下实战应用场景:公共领域的常规巡逻、搜查追捕、高层建筑的反恐处突、非法集会及群体事件的警告驱离等。

(一)不同应用场景下机型、任务设备的选择

1. 公共领域的常规巡逻

机型选择:多旋翼飞行平台,可挂载高清可见光相机、微光夜视仪、红外成像仪等侦查设备。

对于片区治安来说,巡逻是社区民警必不可少的一项工作。但是对于管辖区域大、人口密集且分散的地区,警务力量不足等因素可能使巡查存在漏洞,给犯罪分子以可乘之机。无

人机可携带多种警务设备,包括高清可见光相机、微光夜视仪、红外成像仪等,帮助社区民警对管辖区域进行定时、定线巡查。不仅可以节省警力,而且有利于公安机关及时掌握相关区域的公共安全状况。

2. 搜查追捕

机型选择:多旋翼飞行平台,可挂载高清可见光相机、空中照明模块、空中喊话模块、催泪弹及爆震弹发射器模块。

多旋翼飞行平台能够垂直起降,受地域因素影响小,可迅速部署。当遇到犯罪嫌疑人拒捕且出逃的情况时,对其实施实时监控,利用高清可见光确定其位置,并将相关信息和地形、人群数据传回指挥中心,为警方提供实时数据,便于追捕警力的部署。

在夜间抓捕行动中,挂载空中照明模块,为地面警力提供远距离、大面积、高强度、可机动的强光照明,使犯罪嫌疑人无法躲在暗处藏匿,通过空地统一协调,实时为地面警力需要之处提供照明。同时,通过空中强光照射、喊话模块可实时喊话警告,可对犯罪嫌疑人产生巨大的心理震慑作用,迫使其放弃抵抗。如果遇到犯罪嫌疑人负隅顽抗,乘坐车、船等交通工具逃跑,可对其发射催泪弹、爆震弹进行震慑攻击,迫使其失去反抗能力。

3. 高层建筑的反恐处突

机型选择:多旋翼飞行平台,挂载破窗弹、催泪弹、爆震弹发射器模块。

如遇高层建筑发生恐怖袭击、人质劫持事件,所在楼层高度超过云梯,且不适合索降,只能由门口突入时,可利用无人机挂载榴弹发射器模块,飞行至目标楼层附近,待地面突击警力部署到位后,现场指挥员统一下令,无人机根据实际需求,向目标房间发射破窗弹、闪光弹、爆震弹、催泪弹等非杀伤性弹药,进行火力压制性震慑攻击,同时地面突击警力从正门突破,抓获犯罪嫌疑人、解救人质。

4. 非法集会、群体事件的警告驱离

机型选择:多旋翼飞行平台,可挂载投放装置、空中喊话模块、噪声驱散模块、榴弹发射器模块。

如遇非法集会、群体事件发生,在处置过程中,利用无人机挂载空中喊话模块,对非法集会、游行人群发出警告,使其按照警方要求离开现场;无人机加装空投装置后,可投送特殊物品,如播撒传单、向地面人员传递信息;亦可利用无人机挂载定向噪声驱散模块,对集会、骚乱人群进行定向高频噪声驱散,可避免地面警力与集会、骚乱人群发生直接冲突,造成不必要的伤害。必要时可发射催泪弹、烟幕弹,对现场为首的不法分子进行非杀伤性压制,对人群产生巨大的心理震慑压力,促进事件妥善处理。夜间如遇群体性事件发生,利用无人机挂载强光照明模块,配合地面警力,对事件现场进行大面积、高强度、多角度照明。利用无人机在疫情防控期间警告驱离外出人员如图7-85所示。

5. 重要设施场所的监控

机型选择:多旋翼飞行平台,可挂载高清可见光相机、微光夜视仪、人脸识别模块、4G传输模块。

▶▶▶ **智慧监狱无人机警务**

无人机可对重要场所进行空中昼夜监控,根据机载设备提供的高清画面,搜索地面可疑人员、车辆,提供强有力的空中情报保障,并可搭载人脸识别模块,通过云端数据比对,甄别现场嫌疑人,将结果通过4G网络实时传回指挥中心。指挥中心根据无人机传回的资料实时掌控现场。一旦发现突发情况,无人机可以第一时间发现,极大地提高了应急处理效率。

图7-85 利用无人机在疫情防控期间警告驱离外出人员

(二)制订飞行计划

根据不同的任务和应用场景,合理配置警用无人机机组人员、装备,科学制订飞行计划,做到合理规划、应急预案、安全飞行。

1. 案事件性质判定

要根据发生案事件的性质来确定任务内容,进而确定无人机机型和震慑手段。

2. 现场周边环境分析

(1)现场自然条件包括风力、风向、光线、雨雪天气、地形地貌等,如在有风天气飞行,要注意由地形或建筑物引起的强风切变和对流干扰。要预先了解飞行区域中的可迫降点。

(2)禁飞区域、干扰因素分析。要了解飞行任务区域周边的禁飞区级别及边界,如果任务需要在禁飞区域内飞行,要提前请示,与空军管理部门做好协调。要提前知悉高压电线、铁矿、大型金属框架、雷达、大功率无线电发射设备等会对无人机飞行造成干扰的因素,在任务执行过程中尽量规避。

(3)任务时间分析。考虑到无人机的续航问题,要预估行动的大体时长,保障重点时间段的任务飞行。如果任务时间较长,要考虑在适合时间起飞备用机进行任务更替,实现任务无缝衔接。

(4)航线规划,包括进入、撤离、空中悬停观察、空中隐蔽等待攻击的位置,以及任务执行后的撤离路径和方式。在充分考量任务时间、空域、禁飞、干扰等因素后,规划航线时要遵循尽量避开人群、避免重复路线、秘密潜入、返航高度高于周边最高点的原则。

(5)制订应急预案,针对任务过程中可能出现的情况(包括设备故障、操作失误、不可控因素等),提前做好应急预案,保证安全有序地撤离现场。

(三)飞行准备

飞行准备主要包括人员准备和无人机设备准备、机载设备检查、系统通电与检查、无人机通电(前、后)检测五个方面的工作,起飞之后,还要进行无人机在飞行中的测试。

1. 人员准备

地市级以上行政区公安机关要建立一支专业的无人机应急队伍,这是使用无人机震慑手段的基本条件。应该包括若干作战单元,每个单元至少包含1名指挥员、1名飞行控制员、1名地勤人员。每名飞行人员必须通过专业机构培训,考取警用无人机驾驶资格证才能现场作业。指挥员为无人机机组领导者,任务总体负责人,负责任务的总体协调、规划、空域申报、起降地点和飞行路线选择、飞行控制、应急处置、任务结果研判、总结汇报等工作;飞行控制员主要控制无人机飞行、航线规划,直接对飞行安全负责;地勤负责设备的维护和调试、飞行前设备检查准备、飞行后设备检查、充电(加油)、警戒等。

2. 无人机设备准备工作

(1)保证无人机远离人群,以免危及周边人员的人身安全。

(2)在执行飞行任务时,需要格外注意无人机电池的电量,确保余下的电量足够无人机返航并降落。不要试图让飞行时间超出无人机在当前任务载荷下的最大设计飞行时间,否则将严重影响电池寿命,甚至会导致无人机因完全丧失动力而坠毁。图7-86所示为无人机电池故障自燃。

(3)当无人机处于异常状态时(坠毁、非正常着陆等),应用布遮盖住旋翼,然后立即断开无人机的动力电源,并确认电池外观是否完好。

(4)无人机的旋翼采用碳纤维材料,容易威胁到作业人员的安全。当无人机接通动力电源后,建议作业人员应尽量与无人机保持一定的安全距离(建议安全距离不小于3 m)。

(5)无人机每次起飞前,请仔细检查动力电机与旋翼状态。若发现紧固螺丝松动,请及时加固;若发现旋翼表面出现损伤,请勿起飞。

图7-86 无人机电池故障自燃

(6)确保周围没有人影响无人机正常作业。如果有人闯进危险区域,应立即操控无人机降落或者驶离该处,直到相关人员离开后再继续作业。

(7)无人机在全功率工作时,飞行速度为 70 km/h,飞行高度可达 1 km 以上,应确保无人机有足够的电量返航或降落在目的地。

(8)通电后无人机电机信号输出应处于断开状态,除非无人机即将起飞,否则请勿按下无人机飞控解锁按钮,请勿解锁。

(9)在无人机用 GPS 起飞之前,确保无人机的 GPS 已经定位,若长时间无法定位,应断开无人机动力电源重新连接或更换飞行场地,并在地面站软件上检查无人机起飞点的位置是否正确。

3. 机载设备通电检查

(1)机载设备。将机载设备挂入无人机接口中,注意插座的朝向。

(2)通电前检查。检查机载设备内存卡卡槽有无内存卡;检查机载设备外壳螺丝有无松动;检查接口是否连接牢固。

(3)通电步骤。确认以上检查项无问题后,按下列步骤通电:通电后机载设备发出自检提示音,保持 10 s 左右静止不动,自检通过;观察机载设备是否水平,包括仰俯轴和横滚轴是否处于中立点位置;如果发现设备不在水平或中央位置,用手握住机头,将其移动到中立点位置。

4. 系统通电与检查

(1)打开地面站电脑、数传电台开关、图传电台开关。

(2)检查遥控器各通道开关是否在正确位置,油门是否收到最低点,确定飞行模式是否正确;打开遥控器,按通电检查表检查遥控器各项设置。

(3)将动力电池放入电池舱,无人机通电;动力电池连接方式为负极(黑色接头)相连,正极(红色接头)相连,先接负极,后接正级。(注意:先打开遥控器,再将无人机通电。)

(4)手动打开云台相机(吊舱无需此步骤)。

(5)打开地面站软件,选择通信端口,点击连接按钮连接自驾仪,提示参数获取完成,则连接成功。观察地面站软件的数据链信号是否满格,检查回传图像显示是否正常。

(6)在地面站软件上打开电机测试窗口,检查电机转向(确定飞机周围无障碍物及操作人员),此步骤只需在更新地面站软件后进行。有必要时,校准磁传感器。

(7)无人机水平校准。

(8)检查云台是否可控,检查拍照功能是否正常。(注意:图传通电后需要等待 20~30 s 才能初始化、出现图像。不可反复插拔电源,影响设备响应速度。)

(9)搬起无人机,检查脚架收放功能。

(10)检查卫星信号情况。

5. 无人机通电前的检查

(1)检查外观,无人机各个零部件(电机、机臂、旋翼、机身、电池盖、挂载、脚架、遥控器、地面站)的外观有无损伤、划痕。

(2)检查遥控器,开启后检查遥控器的电池电量、编号,以及是否为当前模型,通道定义是否正确(美国手和日本手)。

(3)检查云台固定卡扣是否紧固,云台悬挂板、减震球是否齐全无破损,检查无人机端是否装有数传图传发射天线。

(4)将 GPS 杆垂直竖立并扣紧卡扣,查看 GPS 外壳箭头标识是否指向机头。

(5)安装及检查桨叶,检查机臂与机体连接处卡扣是否扣紧,所有机臂的电机是否都在一个水平面,以及机臂编号是否与飞机编号对应。

(6)检查脚架开关是否处于关闭状态。

6. 无人机通电后的检查

(1)无人机通电后等待飞控通过自检,此时不可晃动或搬动无人机,直到自检通过的提示音响起。

(2)打开地面站的数传开关,地面站连接无人机,连接成功后等待地面站获取飞控数据(大约 8 s),查看数传信号强度,一般地面近距离数传正常强度在 99~100 之间。

(3)检查 PID 的各项参数是否在正常范围。

(4)新无人机的磁罗盘必须进行校准,保证最后校准界面只有一颗红点,即校准完成。

(5)查看保护设置,遥控器失控保护设置为继续任务,返航高度默认设置为 40 m,最大刹车角度设置为 30°。航线中的飞行速度由测试环境而定,一般 3~4 级阵风天气下的最大飞行速度不超过 10 m/s。

(6)地面站遥控器进行校准,然后拨动各个摇杆查看通道反馈是否正确。切换模式开关,查看模式是否一一对应无人机姿态、定高、GPS。关闭主控,检查无人机 LED 尾灯是否显示红灯且有警报提示音,查看地面站是否显示未收到遥控器信号(失控保护)。

(7)拨动一键返航开关,观察地面站当前模式状态栏是否更改为直线返航,以确保一键返航功能生效。

(8)无人机 IMU 姿态反馈,地勤人员拿起无人机,模拟无人机横滚俯仰以及改变航向的动作,测试人员观察地面站姿态球的动作反馈是否对应正确,如图 7 - 87 所示。

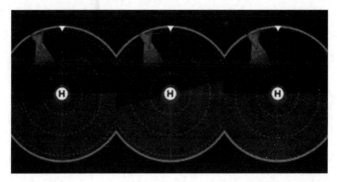

图 7 - 87　无人机倾斜时地面站中姿态球变化

(9)打开相机并检查剩余电量,地面站打开图传电源开关,测试显示屏,连接 DC 电源线、HDMI 高清线,连接图传接收端吸盘天线,检查天线频率是否正确,检查图传发射机与接收机是否在同一频段,将显示屏调试出图传画面。

(10)操作云台,检查拍照、录像、锁头、跟随、变焦、变倍等功能是否可以正常控制。

(11)查看 GPS 卫星数量和 LED 信号灯,达到要求卫星数量才可编辑航线飞行。

(12)将无人机搬离距测试人员 15 m 外的安全区域,地面站打开电机测试功能,将无人机机械安全开关解锁,测试并观察每个电机对应的位置以及转向是否正确。

(13)测试人员操作遥控器解锁无人机,轻轻推动横滚俯仰杆检查无人机是否有左右前后倾斜的动作,查看电调的动力输出反馈是否正常。如果以上检查均正常,即达到可以起飞的标准。

7. 无人机在飞行中的测试

(1)无人机离地后试舵以及进行定点悬停测试。起飞前测试人员观察起飞点周围环境是否安全,尝试无人机离地起飞,离地约 1.5 m 高处轻轻推动操作杆观察无人机动作反馈,如果飞行控制及反馈均正常,将无人机上升到一定的安全高度(根据环境而定),观察卫星数量并切换 GPS 模式悬停,观察无人机在悬停状态下自修正的稳定情况、飘动的误差范围,以及是否有多余的修正动作,及时查看电机的输出值是否均衡无异常。

(2)拨动脚架,测试脚架是否正常且牢固。

(3)飞行大机动测试。在无人机各输出反馈正常,切换三个模式均无异常动作的情况下,测试人员需要做一些大机动飞行测试。以 S8 为例,定高模式满舵前飞、后退、左横移、右横移、急升急降,为了测试无人机极限性能,测试人员在无人机状况良好的情况下需要以 10 m/s 的平均速度进行水平画圆或者水平"8"字反复飞行(至少需要 20 min 的飞行测试)。下一步利用副翼加方向满舵倾斜自转,完成倾斜自转后,切换至 GPS 悬停,观察无人机在大机动测试后定点悬停是否精准稳定,关注地面站是否有错误报警提示,降落后检查电机温度是否正常均衡,无人机各个连接件有无松动,再根据现场无人机飞行的状态决定是否规划飞行航线测试。

(4)编辑航线成功后点击上传航线。此时,为了安全起见,先擦除地图,再下传航线,查看下传的航线是否为当前所编辑的航线,检查航线所有航点的高度。在自主航线飞行前,还需要检查无人机电池电压、相机电量,预判电池电量是否足够飞行此次航线任务;检查起飞点周围环境是否安全,编辑的航线中是否有高于航线高度的建筑物遮挡,如无异常即可开始准备自主航线飞行;飞行进入航线时不要遮挡数传天线、图传天线,尽量分开架至制高点。为保证信号畅通,无人机地面站应架设于相对开阔的地方,如图 7-88 所示。

(5)无人机在航线飞行过程中需要观察并记录以下几点:

1)飞行的速度和高度是否在预设范围内(速度误差根据顺逆风情况而定,高度上下误差不可超过 2 m)。

2)无人机是否正确执行航线任务飞往下一航点,飞行的航线压线是否精准,有无左右摆头或者偏离航线等错误动作。

3)观察飞行姿态球是否正常,横滚俯仰有无大幅度的晃动。

4)观察地面站提示栏,飞控有无错误报警提示(如未收到遥控器信号)。

5)及时观察无人机动力电池电压的变化情况。

6) 观察数传信号强度是否有衰减、断开的情况,地面站各项数据的更新是否及时。
7) 观察图传画面是否清晰、流畅、无卡顿(具体图传测试距离根据实际需求来测试)。
8) 自主降落后查看无人机降落点与起飞点的误差范围。

图7-88 为保证信号畅通,无人机地面站应架设于相对开阔的地方

(四)任务执行要点及注意事项

1. 任务要点

(1) 任务准备。在执行任务前,应确保所有可能用到的设备均处于理想状态,如电池、遥控器、地面站等设备满电等。

(2) 设备选择。在启用无人机前,需充分了解犯罪嫌疑人所在区域的飞行环境(如海拔、温度、风力大小、是否有遮挡等因素)及任务坐标,合理选择无人机的种类及对应的载荷。

(3) 飞行方式选择。需结合任务目标和场景,选择恰当的飞行作业方式,如手动、半自动或者自动模式,并且在执行无人机震慑的过程中不能引起现场其他群众的恐慌。

(4) 快速有效。无人机震慑要求在犯罪嫌疑人猝不及防的情况下实施干扰或者攻击,这要求震慑手段要具有快速性和隐蔽性,主要表现为:无人机起飞前准备时间应越短越好,任务飞行进入路径隐蔽,撤离要快速;现场震慑手段使用时要把握时机,准确果断。

2. 注意事项

(1) 飞行计划:根据周边空域、禁飞、气象、干扰因素等制订飞行计划。

(2) 应急预案机制。为及时、有效地处理重大突发事件,在任务执行过程中要考虑到警情变化需求、无人机及任务设备出现故障等各种不确定因素,执行任务之前要提前做好应急预案,指挥员、飞行控制员、地勤员须根据任务点实际情况提前规划应急降落点,地勤员确保无人机机载定位器工作正常,并时刻准备电池、燃油以及备用机,以备不时之需。如果执行任务过程中无人机出现故障,则根据故障情况,由指挥员现场判定无人机是否返航、降落迫降点、紧急降落等,根据任务紧迫性决定是否备机升空继续执行任务。

应急安全措施有：

1）所有机组人员在出发前购买人身意外伤害保险。

2）所有机组人员重新进行安全教育，牢记无人机作业步骤规范。

3）强调纪律，执行任务期间不得无故脱离，做好安全自查和监督，杜绝一切安全事故。

4）发电机由专人操作，注意发电机使用安全规范，每天检查电源输出口是否有短路、漏电的可能。

5）每日任务结束后，由指挥员彻底检查无人机机械结构是否正常可靠、飞行控制系统硬软件是否正常、遥控器设置是否需要调整、充电站是否正常运转；由地勤员彻底检查无线图传监视系统是否运转良好，监视器是否良好、可靠。

6）飞行过程中如遇到导航系统失灵，由指挥员及时切换到不依靠GPS信号的手动飞行模式，如图7-89所示。

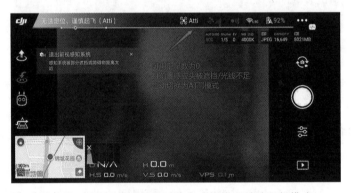

图7-89 GPS信号较差时将自动切换至手动飞行模式

7）起飞前地勤员面对监视器大声诵读无人机的动力电压、GPS星数、飞行模式等飞行安全数据。

8）万一遇到无人机损毁的情况，应立刻在一个工作日之内迅速安装调试好备机，达到工作状态。

（3）设备追踪。无人机在飞行过程中必须携带位置追踪模块，无论无人机以何种姿态飞行，都能够和地面进行实时通信并准确发送位置信息。

（4）信号干扰。无人机在执行任务的过程中如遇到环境或人为信号干扰，需立即停止执行任务，以最安全的方式降落或返航。

（五）飞行后维护与保养

飞行结束后，指挥员、操作员、地勤员负责提取任务数据，进行后期分析研判，回收无人机及任务挂载，并对全系统进行检查、维护。

（六）飞行任务总结与数据分析

飞行机组在完成飞行任务后，需编写任务报告并存档。其中的主要内容涉及任务的时间、地点、天气情况、周边环境、案事件的简要情况、执行任务成员名单、飞行现场采取的飞行震慑手段及结果、飞行任务设备损耗情况、飞行过程中突发事件处理等。通过对整个任务过程的记录,能够系统总结并分析无人机与各个环节警力之间的配合情况。通过对无人机机载影像资料的后期分析,从各个角度、高度对目标侦查监视、震慑打击的实际效果进行比对,总结合适的控制方法,分析复杂条件下无人机的飞行数据以及积累的任务操作经验,更好地发挥无人机的优势。在数据分析方面,要求第一时间下载飞行日志文件,下载保存机载录像机的视频和图像资料。通过任务路径分析,对任务计划的合理性进行分析,总结任务经验,从而提升技战水平,为今后处置类似事件提供可借鉴的案例素材,为合法处置案事件提供数据支撑,更关键的在于结合各警种本身业务,深度研究、制订无人机警务实战应用解决方案。

五、应用战术

(一)搜索行动中的警用无人机战术

搜索行动是地面警力在执行任务时,对可能藏匿犯罪分子的复杂区域进行搜查的活动。地面搜索警力对目标区域进行搜索的同时,指挥员可以指令警用无人机搜索组在空中进行配合搜索。

1. 搜索面积较大区域时的警用无人机战术

面积较大区域主要包括山地、荒漠草原、江河地区、水网稻田地、林地等,这些区域单靠人力难以实施全面、有效搜索,应充分利用警用无人机配合地面搜索力量进行搜索。主要采取的战法是:分段划片,S形航行;螺旋向心,升降侦寻。

"分段划片,S形航行"战法适用于林地、高苗地等地形。分段划片是当搜索面积较大或搜索警力不足时,可先将搜索区域划分为若干个片段,派出部分警力重点控制各片段之间的交界,之后使用警用无人机与地面搜索警力逐个进行协同搜索。S形航行是指警用无人机在搜索片段内横向航行,而地面搜索警力此时则纵向推进。无人机小组控制警用无人机携带摄像设备或热成像设备,在地面搜索警力的前方以S形航线对地面进行搜索。需要注意的是此战法中警用无人机搜索时应当始终处于地面搜索警力的前方,在发现目标后悬停于目标上方,并迅速通知指挥中心,进而引导地面搜索警力向目标方向前进。

"螺旋向心,升降侦寻"战法适用于山谷、高地等地形。螺旋向心是指搜索过程中警用无人机的航线是绕着山体螺旋向上或绕着山谷螺旋向下的,搜索终点类似圆心,无人机航线螺旋向上或向下能保证所携带设备扫过的区域不重合。警用无人机发现目标后,可提前预警并引导地面搜索警力前往处置。升降侦寻是指无人机采用沿山体的螺旋航线搜索时,应当保持与山体垂直距离前后一致以保证搜索区域无重合、无遗漏,此时无人机的飞行高度应当根据山体的起伏或升高或降低。

2. 搜索面积较小区域时的警用无人机战法

面积较小区域主要是指院落、房屋、山洞、楼道楼梯等地形。由于空间所限,使用警用无人机配合地面搜索警力对微小地形进行搜索时,应当以小型多旋翼警用无人机为主,将警用无人机与班组战术相融合,采用靠前搜索整体侦察的方式方法吸引犯罪分子注意力并有效预警。主要采取的战法是:闭灯降噪,靠前搜索;整体侦查,警戒配合。

"闭灯降噪,靠前搜索"战法适用于街区、路口、山洞、隧道等地形。无人机操控员作为搜

▶▶▶ **智慧监狱无人机警务**

索小组成员与搜索分队协同行动,操控警用无人机靠前搜索。在搜索街区和路口时,可以控制警用无人机飞行至一定高度后,先掌握街区和路口的大致情况,之后将警用无人机降低至10~20 m高度,对街区和路口以及周围建筑进行精细侦察。在搜索山洞、隧道时,同样可使用靠前搜索的方法,不同的是要更加注重警用无人机闭灯降噪的要求(无人机降噪桨叶如图7-90所示)。由于山洞、隧道空间狭窄、光线昏暗,利于犯罪嫌疑人躲避和隐藏,地面搜索警力无法掌握其内部情况及洞穴走向,若强行搜索极易造成我方人员伤亡。因此,对山洞、隧道进行搜索时,可以使用小型警用无人机携带微光夜视设备,关闭自身光源进入洞穴,使用夜视仪对洞穴进行侦察并将洞穴内情况反馈给指挥员,指挥员再根据情况进行处置。

图7-90 无人机降噪桨叶

"整体侦查,警戒配合"战法适用于院落、独立房、楼道楼梯等建筑物类地形。这类地形内部情况较为复杂,犯罪嫌疑人可能躲藏在建筑物的某个房间内,通过窗口观察我方人员动向,也有可能利用楼梯作为掩护,偷袭搜索警力。整体侦察就是在突入建筑物之前,无人机小组先对建筑物整体采取环绕的飞行方式实施侦查。对内置型楼梯可以先使用无人机观察每层情况,或在有楼梯竖井时,可以使用无人机自下而上移动观察每个楼层情况。整体侦查后再实施警戒,配合搜索警力实施搜索,即警用无人机侦察完一个楼层,搜索队员上一个楼层。对院落、独立房进行搜索时,可控制警用无人机升至能够全面观察院落的适宜高度,以画面能够清晰反映院落内情况为标准,对院落实施警戒。一方面,可使指挥员结合平面图对建筑物整体情况进行大致了解,选择合适的突入点;另一方面,可以吸引犯罪分子注意力,增加犯罪分子位置暴露的可能性。

(二)封控行动中的警用无人机战法

封控是地面警力对行动区域实施的封锁和控制,目的是限制犯罪嫌疑人内潜外逃。警用无人机空中侦查监视功能在封控行动中可以起到重要的作用,可以使封控区域更加立体,使战场监视更为全面,使封控行动更为精细。主要采用的战法是:空中巡逻,侦察游猎;悬停警戒,卡口制道。

"空中巡逻,侦查游猎"战法适用于配合地面力量巡逻封控。警用无人机携带变焦摄像头,巡航高度为200~500 m,实时对巡逻路线及目标区域进行监视,起到及时发现犯罪嫌疑人的作用。当发现犯罪嫌疑人踪迹时,地面控制站将发现的情况迅速上报指挥中心。此战法有利于填补地面封控力量及巡逻力量的不足及可能产生的封控圈漏洞。

"悬停警戒,卡口制道"战法适用于对路口、通道、建筑物等的局地封控,警用无人机在约

200 m 高度悬停警戒,卡口制道。在城市、乡镇等地形环境中,路口、通道、建筑物较多,建筑物中容易发生犯罪嫌疑人劫持人质事件。当树木、建筑等地物对地面封控警力的视线造成遮挡时,此战法能够通过空中配合地面的方式对通道、要点进行控制,达到以点制面的效果。当犯罪嫌疑人使用交通工具时,移动速度会较快,留给封控组指挥员的反应时间较短,若是封控组不能及时了解现场情况,容易发生犯罪嫌疑人强行冲闯而我方人员反应不及时的状况。使用警用无人机在空中对要点进行悬停警戒,能够提前发现犯罪嫌疑人的意图,起到预警的作用。

(三)震慑行动中的警用无人机战法

震慑行动是为达到不使用强制力量而控制犯罪嫌疑人的目的而采取的行动方法。震慑的方法和手段包括示形造势、舆论宣传、非杀伤性威慑等。在各种震慑方法和手段中,警用无人机都可派上用场。主要采用的战法是:往返巡飞,噪声袭扰;播撒传单,喊话攻心;强光照射,跟随预警。

"往返巡飞,噪声袭扰"战法适用于示形造势行动。通过警用无人机低飞时产生的噪声,造成犯罪嫌疑人的心理恐慌,暗示其已经被民警层层包围,插翅难逃。需要注意的是此战法必须与地面警力的震慑行动相配合才能发挥作用。

"播撒传单,喊话攻心"战法适用于舆论宣传和政策攻心行动。使用警用无人机携带抛投器或喊话器,向恐怖分子或暴恐人群播撒传单,通过喊话器喊话,可以达到动摇其意志的效果。将宣传攻心行动与警用无人机相结合,能充分利用警用无人机可充分靠近犯罪嫌疑人的优势,弥补使用传统方法喊话攻心时受距离限制且影响我方人员安全的不足,增强了犯罪分子接收我方宣传信息的清晰程度。

"强光照射,跟随预警"战法适用于夜间抓捕犯罪分子行动。方法是使用警用无人机携带强光照射设备对犯罪嫌疑人藏匿位置进行直接照射。当犯罪嫌疑人躲藏在山洞或独立院落时,使用强光进入山洞或透过房屋窗户对其进行直接照射,能够使强光与周围黑暗环境形成鲜明反差,给犯罪嫌疑人造成强烈的被曝光、被发现的心理感觉。当犯罪嫌疑人逃跑时,无人机可在其上方时刻跟随照射并预警。此战法不仅能够起到震慑犯罪嫌疑人的作用,还能对我方战斗队员起到指示目标的作用,同时还会令犯罪嫌疑人视觉受到影响,使犯罪嫌疑人看不清我方人员数量、装备等具体情况,无法预测我方人员将要开展的行动,为地面警力下一步行动创造优势。

(四)攻击行动中的警用无人机战法

攻击行动是采取以武力打击为主的方式对控制区域内的犯罪嫌疑人实施捕歼的作战行动。在攻击行动中警用无人机采取引导攻击和直接攻击两种方式,无人机指引地面警力实施抓捕如图 7-91 所示。

1. 引导攻击中的警用无人机战法

引导攻击就是在行动中利用警用无人机图像实传功能为地面攻击分队标明或指示犯罪嫌疑人位置或指引追击路线及方向的行动。主要采取的战法是:悬停监视标位,路线引导追击。

▶▶▶ **智慧监狱无人机警务**

"悬停监视标位"战法适用于犯罪分子被围困在相对明确的区域。警用无人机携带精密的侦查摄像设备和高清晰度的图传设备悬停于目标区域上方进行监视,昼间可利用图传系统对目标进行标注,夜间可通过向目标发射荧光标记弹,向地面攻击分队显示目标位置,引导地面攻击分队行动。使用此战法时要注意控制警用无人机悬停在适宜的高度(至少要在犯罪嫌疑人的目视观察范围之外),以保证警用无人机使用可变焦侦察设备观察目标时的安全。

"路线引导追击"战法适用于在城镇、居民地或其他未知复杂地形上,地面警力对犯罪嫌疑人实施追击时。警用无人机在任务区域上方适当高度悬停或根据犯罪分子的逃跑方向移动,通过图传系统将犯罪分子躲藏的拐角或障碍物及时告知追击分队,并快速为追击分队设计出一条便捷的追击路线,方便追击分队追击犯罪分子。此战法的重点在于对追击路线的设计,这对警用无人机操控人员的技术水平要求较高。

图 7-91　无人机指引地面警力实施抓捕

2. 直接攻击中的警用无人机战法

直接攻击就是警用无人机携带轻型枪炮或非致命性武器直接参与对地面犯罪嫌疑人及目标进行的攻击行动。目前,国内警用多旋翼无人机可通过携带抛投器向目标投射爆震弹、烟幕弹等方式实施攻击,也可携带轻型枪炮打击目标,如图 7-92 所示。主要采取的战法是:空地合击,伴随支援,非致命性武器攻击。

"空地合击"就是空中的警用无人机与地面担任攻击任务的分队共同对犯罪嫌疑人所在区域发起攻击。此战法适用于犯罪嫌疑人占据有利地形且对抗火力较猛时。使用空地合击战法时,警用无人机可直接执行火力压制任务,通过固定翼警用无人机携带轻型枪炮对犯罪嫌疑人实施火力打击,压制犯罪嫌疑人火力,待警用无人机实施一遍火力打击之后,地面攻击分队则迅速隐蔽接敌,展开地面攻击。使用此战法时要注意两个方面:一是确保对警用无人机的控制精度,准确判断机头朝向和枪口朝向;二是警用无人机要和地面攻击分队错开攻击时段,并与地面攻击分队保持安全距离,防止误伤。

"伴随支援"战法适用于地面攻击分队将犯罪嫌疑人分割包围之后或犯罪嫌疑人向某方向逃跑时。警用无人机较强的机动性,能够保证时刻跟随目标移动,随时根据需要按指挥中

第七章 无人机警务战术科目

心指令采取空中火力压制或其他打击方式支援地面攻击分队行动。此战法中警用无人机主要担负的是伴随支援任务,因此,要尽量减少杀伤性武器的使用,避免误伤地面攻击力量。

图 7-92 无人机携带抛投器投掷

"非致命性武器攻击"战法适用于处置群体性暴力恐怖事件。警用无人机携网枪、电击枪、爆震弹、闪光弹、烟幕弹等非致命性警械装备对目标进行攻击,协助地面突击分队抓捕目标。使用此战法时要注意:一是警用无人机小组与地面攻击分队要精确协同、密切衔接,即地面突击分队要善于抓住时机发起攻击。例如,当警用无人机使用网枪或者电击枪将暴恐首要分子控制后,地面突击分队要迅速靠近目标并实施抓捕,以防其逃脱;当警用无人机使用爆震弹、闪光弹、烟幕弹等攻击目标所在区域后,地面突击分队要抓住犯罪嫌疑人意识不清的时机立刻发起攻击,迅速控制犯罪嫌疑人。二是此战法要求对警用无人机的操控要有较强的灵活性。警用无人机使用网枪和电击枪时一般飞行高度较低,此时犯罪嫌疑人可能会向其投掷石块、水瓶等器物干扰警用无人机执行任务,这就要求操控人员要具备灵活操控警用无人机进行躲避的能力。

第八章 监狱面临的低空威胁

据不完全统计,我国已拥有400多家从事无人机研发的企业,形成了配套齐全的研发、制造、销售和服务体系,在研和在用的无人机机型多达上百种,占全球市场份额超过70%。民用无人机已经广泛应用于航拍摄影、警务执法、测绘地形、灾害救援、喷洒农药、投送快递等领域,并在其中扮演着越来越重要的角色。与此同时,大批无人机公司也如雨后春笋般涌现,大众消费市场为无人机的推广和普及提供了广阔的平台。图8-1为航拍摄影中常见的大疆"御3"系列无人机。

无人机技术的快速发展既是机遇又是挑战。一方面,无人机应用场景的扩大,推动了无人机产业的发展,也便利了人们的工作、生活;另一方面,由于技术发展不成熟、软硬件设备不完善、相应法律法规不健全及监管滞后等原因,无人机安全隐患和风险事件常见诸报端,给国家安全、社会稳定和公民人身财产安全造成了威胁。

图8-1 大疆"御3"系列无人机

第一节 滥用无人机对国家安全的威胁

随无人机技术的日臻成熟,民用无人机的飞行速度越来越快、操控越来越简单、价格越来越低廉,在国际舞台上的"亮相率"也越来越高。各国正在加强对无人机技术的研发及利用,各地以无人机为主题的展览会也越来越多,可见无人机确实得到了世界的关注与青睐,也逐步应用于各行各业。由于无人机具有目标小、速度快、易操控、隐蔽性强,有一定的负重能力等特性,加之其购买、使用方便,因此极有可能被不法分子用于非法活动甚至实施极端行为,给国家安全带来不容小觑的威胁。可在必要、重要区域设置禁飞区维护国家安全,如图8-2所示。

图8-2 禁飞区标志

一、国家安全概述

在全球化与现代科技日益发展的背景下,广义的国家安全理念远大于传统安全观念所蕴含的军事和国防范畴。同时,传统安全威胁因素和非传统安全威胁因素并存而且相互交织,界限更加模糊,使得安全问题呈现出复杂性。这里所述的国家安全,主要包含军事安全、政治安全以及受恐怖主义影响的国家安全。

二、无人机擅闯国家安全重点区域

国家安全重点区域,是指关系国家或者所在地区国计民生、国家安全,对国家安全发挥关键作用、产生重大影响的行业、单位及其他重点区域,主要包括重要党政机关、重要设施、其他重点敏感部门和单位。

国家安全重点区域是国家的信息中心、决策中心和指挥执行中心,是国家秘密的主要阵地,涉及国家政治、军事等方面的利益,与国家安全关系十分密切。因此,保障相关重点区域的长治久安是维护国家安全的重中之重。

无人机擅闯国家安全重点区域具体体现在以下几个方面。

(一)无人机擅闯我国国家安全重点区域

近年来,民用无人机多次未经允许非法闯入我国国家安全重要区域,通过拍照、录像等方式窃取并泄露国家秘密,情节十分严重,影响非常恶劣。

据了解,目前城市无人机飞行限高多在500 m左右,无人机自带摄像头在500 m高空可拍摄500 m范围内的图像,经过改装的无人机还可搭载性能更好的摄像器材,获得更加清晰的图像。一些摄影爱好者常常利用无人机进行高空航拍,并将航拍图片上传至互联网,个别爱好者为获取点击率和知名度,特意上传一些敏感区域航拍照片,使重要军事设施暴露,造成泄密隐患。

2017年7月6日,正在执行巡逻任务的桂林联勤保障中心某油库士兵发现一架遥控无人机在训练场上空悬停、盘旋,随即一边用对讲机向仓库值班室报告,一边登上岗楼进行观察瞭望,发现库区北侧围墙外3名男子正在操控无人机。很快,应急分队到达现场,将3名男子及无人机操作设备一并带回仓库。经调查了解,3名男子操控的是重约7 kg的某型号四旋翼航拍无人机,拍摄清晰度为1 500万像素。拍摄储存卡中共有91张照片、3段视频,其中有17张照片涉及该仓库油罐区、发油台、办公楼等军事管理区。

(二)无人机擅闯其他国家重点区域

无人机侵扰对国家安全的负面影响是一个国际性的问题,不仅我国,其他国家的重点区域也常遭遇无人机的侵入,如图8-3所示。

图8-3 无人机入侵国外某空军基地拍摄

2014年10月,法国10余座核电站上空先后遭遇"神秘"无人机的"入侵"。

2015年1月,无人机凌晨"入侵"美国白宫,坠毁在草坪上。

2015年年初,不止一次有"身份不明"的无人机出现在巴黎上空,所到之处包括法国总统府爱丽舍宫、美国驻法国使馆等敏感区域。

2015年,俄罗斯警方曾破获一起在无人机上安装炸弹企图通过远距离遥控袭击普京总统车队的案件。

2015年4月,无人机"入侵"日本首相官邸,降落在屋顶上。据日本电视台报道:4月22日上午10时30分左右,首相官邸职员在官邸屋顶发现一架小型无人机。该架无人机直径约50 cm,有4片螺旋桨,并带有疑似小型摄像头和塑料容器等装置。据东京警视厅透露,无人机上贴有提示"放射性物质"的标志,并且在无人机装载的塑料容器内发现不明液体、液体中被检查出含有放射性元素铯。

此外,还有不法分子用无人机偷运违禁物品,如图8-4所示。

第八章 监狱面临的低空威胁

图 8-4 不法分子用无人机偷运违禁品

三、无人机与恐怖主义

恐怖主义是指通过暴力、破坏、恐吓等手段,制造社会恐慌、危害公共安全、侵犯人身财产,或者胁迫国家机关、国际组织,以实现其政治、意识形态等目的的主张和行为。

随着无人机行业的快速发展,无人机也开始被不法分子利用变成一种武器。在新闻中,有时会报道恐怖组织利用无人机投掷炸弹。如今,恐怖分子不仅在战场上利用无人机,而且露天的体育场也有可能成为其利用无人机袭击的场所,这恰恰体现出近年来恐怖主义的一大特点:恐怖主义手段的现代化。

恐怖分子开始利用无人机携带自爆武器、搜寻目标、发射子弹、扫射人群,甚至携带小型火箭弹对地面进行恐怖袭击,相较于人肉炸弹,无人机成本低、作用大,对国家安全和群众的生命财产安全都造成了极大的威胁。恐怖分子使用无人机投掷爆炸物如图 8-5 所示。

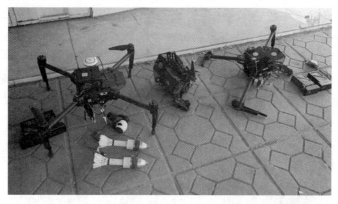

图 8-5 恐怖分子使用无人机投掷爆炸物

恐怖主义袭击对国家安全、社会秩序的破坏以及对群众的生命财产安全的侵害形势十分严峻。20 世纪中期,无人机一开始就应用于军事领域,半个多世纪以来,军用无人机已经发展为不可忽视的先进武器系统,广泛应用于侦查、监视、电子对抗乃至对地实弹打击等场合。由于无须载人,无人机可以避免有人战机的诸多不足,非常适合隐蔽性的作战任务。虽然民用无人机不是为军事用途设计的,但尺寸小、移动速度缓慢、起降条件宽松的民用无人机却是令军方头痛的存在。这是因为针对远距离,高空、高速空中威胁的防空体系很难应对超低空、慢速、短时飞行的小型目标,无论是发现还是拦截都是一大难题。恐怖主义让民用无人机的潜在威胁加强。

此外,无人机最大的隐患在于恐怖分子可能将其改造为新式武器,对城市人员密集区域或重要目标单位,如广场、政府、学校、体育场、火车站、军工单位、军事基地、核电站、化工厂等进行恐怖袭击。在中东地区,恐怖组织正广泛使用无人机进行侦察和袭击活动。极端组织所用的无人机一般是市面上能够买到的民用无人机,个头较小,虽然与美军使用的"捕食者"等大型尖端军用无人机技术水平差距甚远,也基本无力投射一枚炸弹或者火箭弹,但相对比较容易获得。

1995—2013年,全球有13起疑似无人机携炸药、化学或生化武器的恐怖袭击活动被破获。

2014年,法国核电站上空频现无人机,让法国当局十分紧张。

2015年,法国负责空中运输安全的宪兵收到8起无人机非法飞过戴高乐机场附近区域的报警。

第二节 滥用无人机对社会公共安全的威胁

随着无人机技术的大幅提升,无人机的普及程度也不断提升,不仅在各行各业有所应用,也越来越受到大众的喜爱。摄影爱好者、航模爱好者使用无人机进行拍摄日渐风靡。与此同时,由于飞控系统、电子元器件等软硬件也越发"平民化",各种私人组装的无人机也泛滥开来,无人机"黑飞"现象增多,发生的险情也越来越频繁。无人机在机场净空区内"黑飞"危害极大,极易危及航空飞行安全和人民群众的生命财产安全。在日常生活中,无人机在高楼间、人群密集处的上方乱飞,一阵强风吹过或者信号不稳定都可能导致无人机失控。一旦从高空坠落,后果不堪设想。

2015年以来,广州、珠海、深圳、杭州、哈尔滨等地报道了多起无人机影响航空秩序、旋翼伤人和脱离遥控坠机砸车、毁物等事件。图8-6所示为机场及周边区域禁飞无人机。

图8-6 机场及周边区域禁飞无人机

第八章　监狱面临的低空威胁

一、"黑飞"事件频发，严重影响航空秩序

(一)国外"黑飞"的界定

美国联邦航空局在 2016 年 6 月公布的无人机管理规则(14CFR Part 107)规定,自 2016 年 8 月起,所有在美国领土内的民用无人机,都需要按照 14CFR Part 107 在 FAA 的管理下飞行,其对民用无人机管理的主要管制要求有:质量不能超过 25 kg(绝大部分无人机都符合);飞行高度不得超过 120 m;飞行速度不能超过 160 km/h;只能白天飞行;飞手年龄不得低于 16 岁;远离机场至少 7.5 km;必须要在飞手的视距范围内飞行,且一个飞手一次只允许操控 1 架无人机,不得将飞行控制权转交给其他无关人员;飞手不允许在有遮挡的建筑物或汽车中操控无人机(在移动的汽车、飞机中操控无人机同样不被允许);飞行时至少保证 3 mile[①] 能见度;若飞行区域为 BCDE 类管制空域,需提前申请,在 G 类非管制空域中可以自由飞行。

从 14CFR Part 107 管制要求中可以看出,和汽车一样,无人机的飞行也要限速。受管辖的无人机飞行高度不能超过 400 ft[②](约 120 m),飞行速度最高为 100 mile/h。市面上所有的消费级无人机都不可能达到如此快的飞行速度,所以这一时速主要限制一些专业级固定翼无人机。

14CFR Part 107 还特别提到了无人机飞手认证的问题。无人机飞手需要持有小型无人机级别的认证,没有获得认证的飞手需要在持证人员的监管下飞行。不过有别于我国当前无人机玩家名目繁多的飞行认证,FAA 的认证门槛并不高。认证条件为飞手必须完成以下其中一项航空知识学习:在 FAA 许可的测试中心通过初级航空知识测试;持有 Part 61 驾驶员认证,在前 24 个月内完成一次飞行审查,并完成 FAA 提供的在线小型无人机培训课程,同时要通过交通安全部门的审查。此外,飞手年龄不得小于 16 岁。持有飞行认证的飞手有义务在飞行前对无人机及操作系统进行全面检查,若飞行中造成 500 美元以上的财产损失或人员的重大伤害,需在 10 天内向 FAA 提供报告。因此,在美国,若不满足上述条件,则被视为"黑飞"行为。

此外,其他各国也都在出台无人机管理法规,以期约束"黑飞"行为,加强对无人机的飞行管理。

2016 年 3 月 17 日,日本国会通过了《无人机管制法》,禁止无人机在重要设施以及禁区上空飞行。《无人机管制法》将首相官邸、皇宫、外国政要下榻的酒店等地上空列为无人机禁飞区域,并且授予警方视情况摧毁可疑无人机的权力。

2017 年 7 月,英国政府颁布了一项由交通、民航和军方飞行部门联合制定的新法例,要求所有机身质量超过 250 g 的航拍无人机,在使用前必须进行登记,用户同时也需要通过安全考核。

2017 年 7 月 5 日,俄罗斯无人驾驶飞机注册法规正式生效,没有注册的无人飞机将不

---

① 1 mile=1 609.344 m。
② 1 ft=0.304 8 m。

允许飞行,任何起飞质量超过 250 g 的无人机都需要注册。

(二)我国"黑飞"的界定

我国民航局下发的《民用无人驾驶航空器实名制登记管理规定》规定,从 2017 年 6 月 1 日起,个人购买的最大起飞质量为 250 g(含 250 g)以上的无人机,必须在 8 月 31 日之前在"中国民用航空局民用无人机实名登记系统"上实名登记。2017 年 8 月 31 日后,民用无人机拥有者如果未按照本管理规定实施实名登记和粘贴登记标志的,其行为将被视为违反法规的非法行为,其无人机的使用将受影响,监管部门将按照相关规定进行处罚。此外,我国民航局下发的《民用无人驾驶航空器从事经营性飞行活动管理办法(征求意见稿)》规定,从事经营性飞行活动,需完成无人机实名登记(中国民用航空局无人机实名登记系统界面如图 8-7 所示),也就是说,如果无人机未进行实名登记,将不得从事"航空喷洒(撒)、航空摄影、空中拍照、表演飞行等作业类和无人机驾驶员培训类"等经营性活动。因此,无人机未经登记批准的飞行,将被视为"黑飞"行为。

图 8-7 中国民用航空局无人机实名登记系统界面

除了必要的登记措施以外,界定"黑飞"还需考虑其他因素。2017 年 2 月 24 日,中国航空器拥有者及驾驶员协会执行秘书长柯玉宝,对"黑飞"与不"黑飞"作出了界定:①人员资质。驾驶无人航空器或者有人航空器必须要有资质,也就是执照,无人机持有的是训练合格证。②无人机要适航,航空器的安全由适航决定。③遵守相关法律法规。航空器无论是有人的,还是无人的,只要是升空的物体都必须申报飞行计划,向管制部门申报飞行计划。满足以上 3 个条件才不叫"黑飞"。并且,这 3 个条件是缺一不可的。

《通用航空飞行管制条例》规定,操控质量大于 7 kg 的无人机进行飞行行动,或飞行范围超过视距内半径 500 m、相对高度高于 10 m,应向有关飞行管制部门提出划设临时飞行空域的申请,经批准后方可飞行。根据相关规定,未向国家飞行管制部门提出临时空域和飞行计划申请,或未按照批准的飞行计划实施的无人机违规飞行均为"黑飞"。

(三)"黑飞"扰乱民航秩序

无人机"黑飞"在全球范围内已不是新鲜话题,无人机违规飞行干扰民航运行事件更是为媒体和公众关注的焦点。据统计,2013年12月17日至2015年9月12日,全球无人机和遥控飞机与民航飞机共发生了327起危险接近事件,导致航班改变航线28次。

无人机"黑飞"危及航空飞行安全,尤其是在净空区内的危害极大。飞机在起飞、降落阶段飞行高度低、机动能力差,遇到无人机等升空物很难采取有效的手段及时规避。有实验表明,一只重0.45 kg的鸟与一架飞行速度为960 km/h的飞机相撞,可产生21.6万N的力;若一只重1.8 kg的鸟与一架飞行速度为960 km/h的飞机相撞,产生的冲击力比炮弹的冲击力还大。一般的消费级无人机的质量为1.5～150 kg,通常由质地坚硬的材料制成,无人机若与高速飞行的飞机相撞,可能会造成机毁人亡的惨剧。因此,应划定净空保护区,如图8-8所示。

图8-8 攀枝花机场划定860 km² 的净空保护区保证航班安全

无人机在民航航路上飞行,对航空安全的影响是巨大的。目前公众对于鸟撞飞机给航空安全带来的影响已经有了足够的认识,那么包含电池、金属材料的无人机对航空的威胁比鸟类更甚,若无人机携带爆炸物或者电磁干扰源,尤其是在飞机即将着陆阶段在航路上飞行,对飞机的威胁就无法想象。目前,"小、低、慢"目标(特指小型、低空、慢速飞行物)一直是航空安全领域需要重点防范的,无人机大量涌现给航空安全带来更多威胁,迫切需要解决该问题。

(四)国外"黑飞"扰航事件

1. 美国

2015年8月,在纽约肯尼迪国际机场,一架无人机在7 000 ft的高空中飞行,差点撞上一架飞机。当时它与这架飞机的右侧机翼仅相差20 ft的距离。

美国自2015年8月至2016年1月,总计发生了583起无人机事故。虽然绝大多数都是小事故,但依然造成了很大的安全隐患。

2. 欧洲

2015年9月的一天,一架无人机在伦敦斯坦斯特德机场撞上一架正在起飞的波音737

飞机。当时,这架波音 737 飞机的飞行员在 4 000 ft 的高度突然发现一架紫色无人机在离飞机 50 m 内的距离飞行。这一切发生得太快导致飞行员无法立即采取回避措施。

据英国《每日邮报》报道,当地时间 2016 年 4 月 17 日,英国航空一架空客 A320 客机在降落前遭到无人机撞击。幸运的是,客机最终安全降落。这架客机载有 137 人,从日内瓦飞在伦敦。据称,客机在降落伦敦希斯罗机场的前几分钟,机身部遭到无人机撞击,飞机安全降落后,飞行员向航空警察报告,有疑似无人机的物体撞击客机。

(五)国内"黑飞"扰航事件

据我国媒体公开发布的信息数据,2015 年,全国共发生无人机扰航事件 4 起,2016 年猛增至 23 起。2017 年以来,此类事件更加频发:

1 月 15 日,杭州萧山机场附近发现无人机在空中近距离拍摄多架飞行中的民航客机,空中拍摄过程约 10 min。

2 月 3 日,深圳宝安机场有 3 个航班机组报告在起飞及落地过程中发现不明升空物,其间多个出港航班出现不同程度地延误。

2 月 2 日和 2 月 3 日,昆明长水机场连续两天遭遇 4 起无人机干扰事件。

2 月 5 日,昆明长水机场再次发生两起无人机闯入事件,在最严重的 1 起事件中,无人机直接闯入了机场的跑道区域,距离客机仅 50 m。

4 月和 5 月,西南地区三大机场——昆明长水机场、成都双流机场和重庆江北机场频繁遭遇无人机干扰,导致航班大面积延误。具体如下:

4 月 14 日,成都双流机场西跑道北侧 30 km 区域的净空保护区内发现无人机活动,导致 3 架次航班绕行,地面航班等待。

4 月 17 日,成都双流机场附近空域(郫县)无人机干扰航班飞行,11 架次航班备降至重庆江北机场。

4 月 18 日,一架无人机闯入成都机场净空区,导致 19 架次航班备降其他机场。

4 月 21 日,4 架无人机导致成都双流机场 58 架次航班备降其他机场,4 架飞机返航,超过 1 万名旅客滞留。

5 月 1 日,昆明长水机场发生无人机干扰事件,28 架次航班延误,机场被迫关闭跑道 45 min。

5 月 9 日,重庆江北机场南部区域受到无人机干扰,12 架次航班备降外场。

5 月 12 日,重庆江北机场受无人机干扰,造成多架次航班备降或返航。航班于 21:37 恢复正常,约 4 min 后,即 22:11 再次出现无人机干扰。此次无人机干扰共造成 40 余架次航班备降,60 余架次航班取消,140 余架次航班延,上万名旅客出行受到影响。

4 月 26 日下午 6 时许,成都双流机场发生"无人机扰航"事件,共造成 22 架次航班备降。

5 月 1 日 1 时许,昆明长水机场北部区域受到无人机扰航影响,导致至少 8 架次航班备降。

5 月 28 日,在成都双流机场,无人机闯入了飞机起降空域,导致成都机场东跑道停航关闭 80 min,直接造成 55 架次航班不能正常起降,如图 8-9 所示。据相关媒体报道,当日 18

第八章 监狱面临的低空威胁

时正是成都双流机场进离港的高峰时段,塔台管制员接到东跑道落地航班飞行员报告,进近过程中发现疑似无人机在同一高度空域附近飞行,管制员通过雷达监视确认了飞行物的存在,为确保安全,成都机场关闭了东跑道所有航班运行,直接造成55个已安排在东跑道起降的航班不能正常进离港,其中出港29个,进港26个。龙泉公安迅速到达该区域并参与无人机飞行调查。19:40,民航西南管理局塔台雷达探测不到无人机踪迹后,才决定恢复东跑道的运行,航班得以正常起降。

无人机成为屡屡闯入净空区、威胁航班飞行安全的"杀手"。不仅在成都、昆明、重庆,包括杭州、绵阳、深圳、哈尔滨等在内的全国多地机场都出现过此类情况。

从上述事件可以看出,无人机"黑飞"扰航现象在全国多个地方出现,具有普遍性;事前征兆不明显,具有突发性;发生地点和间隔没有规律,具有不确定性;越是大型机场,无人机"黑飞"影响的范围越大,后果越严重。

图 8-9 无人机闯入了飞机起降空域导致成都双流机场东跑道停航关闭 80 min

二、运输、投放危险物质

2015 年以来无人机物流开始在国内外得到开发应用。在国外,2015 年 7 月,Facebook 公司(Meta 公司)第一架完整的无人机制造完成,这架无人机的翼展达到了波音 737 的水平,将向全球最偏远地区提供互联网接入服务;亚马逊公司启动了 Prime Air 的无人机物流计划。在国内,京东于 2016 年 6 月开始试点无人机送货,顺丰在 2017 年 6 月底拿到无人机物流合法飞行权。

在无人机物流快速发展给民众尤其是偏远地区的人们生活带去便利的同时,不法分子利用无人机运输、投放危险物质的行为也给社会公共安全的维护带来了较大的困扰。除了恐怖分子利用无人机携带爆炸物进行投放以外,不法分子还利用无人机从事毒品买卖走私、携带火种制造火灾、挂非法横幅,以及宣传色情淫秽、暴力恐怖、封建迷信等非法行为。

无人机本身具有轻便的特点,加上获得渠道方便、价格选择区间大,极容易成为不法分子实施犯罪的工具,且侦查和监管难度大,容易引起社会治安危机。日本首相安倍晋三所在府邸发现携带放射物的无人机如图 8-10。

2015 年 1 月,一架携带冰毒进入美国边境的无人机被拦截,据美国禁药取缔机构表示,无人机已成为运输毒品过境的常见手段。

智慧监狱无人机警务

图 8-10　日本首相安倍晋三所在府邸发现携带放射物的无人机

三、无人机技术隐含新型犯罪方式

近年来，随着科学技术的迅猛发展，无人机的速度越来越快、操控越来越简单、价格越来越低，购买越来越便捷。这些无人机体积小、质量轻，通过无线遥控，既能飞得远，也可装置摄影器材，让操控者从远端观看拍摄的景物，犹如驾驶飞机。这些特性，使无人机出现在机场、人群聚集区或建筑上空的机会增大，成为组织实施违法犯罪活动的一种新型工具。

黑客能够借助信息网络轻易地劫持无人机。消除无人机的限制条件，改变无人机的性能参数，利用无人机窃取个人信息和机密文件以及对社会发起攻击；可以向手机发送虚假视频，欺骗用户，制造无人机正常工作的假象；可以侵入并控制无人机，将摄像头指向任意方向，打开或关闭摄像头，窃取无人机上存储的图像，或者删除无人机上的所有数据；还可以劫持无人机，让它飞到任意地方或坠毁。

第三节　滥用无人机对公民人身财产安全的威胁

市售无人机多为四旋翼、六旋翼无人机，无人机的旋翼有的是塑料制成的，有的使用的是碳纤维复合材料，十分坚固，加上 5 000～10 000 r/min 的电机速转，旋翼如同尖刀一样尖锐。因为转速快，无人机旋翼转动起来的速度和力道能够轻易地切割水果，如若操作不慎，容易造成"伤机"（行业术语，指无人机飞行中由不当操作导致的对机身的伤害）、"炸机"（行业术语，指无人机因操作不当或发生故障导致坠地的情况），给公民的生命财产安全带来隐患。无人机旋翼切割试验如图 8-11 所示。

图 8-11　无人机旋翼切割试验

一、威胁公民的人身财产安全

近年来,无人机螺旋桨剐伤人、失控坠落伤人等事件常见诸报端,据不完全统计,仅仅在 2016 年 6 月,在我国发生的无人机"炸机"事件就已超过 30 起。其中,包括无人机在公共场所砸伤人的事故。

2016 年 5 月,杭州的一名 3 岁儿童在广场上玩耍时,被附近一架突然失控的无人机所伤,脸上划开好几道伤口,缝了 5 针。

2016 年 6 月,台湾日月潭景区发生一起无人机"炸机"事件,一名女性游客在景区内行走时被从天而降的无人机直接砸中,当场昏迷。事发后,无人机机主表示,发生意外是因为机器发生故障,突然无法控制。

2017 年 5 月,杭州西湖边一架无人机失衡坠机,旋翼割伤游人的眼睛。

由此可见,无人机因质量问题或者操作不当导致的伤人事件屡见不鲜,必须及时采取保障措施,才能为公民的生命财产安全保驾护航。

二、侵犯个人隐私和企业商业秘密

无人机可能对他人财产和人身安全造成威胁,甚至危害公共安全,现已成为民用无人机应用中最突出的问题。实际上,民用无人机还有另一个与其应用特征紧密结合的问题——被不法分子用作获取他人个人隐私、企业商业秘密的非法手段,从而侵犯个人的隐私权、名誉权和肖像权,以及侵犯公司企业的商业秘密。

现在主流的民用无人机都可装置高分辨率的相机,侵犯商业秘密和个人隐私的事件时有发生。我国已发生多起无人机在商业区和居民区违规飞行航拍的事件,还有部分无人机机主将航拍的影像资料上传至互联网进行公开传播,导致侵犯单位和个人隐私的后果扩大,严重的可能涉嫌犯罪。图 8-12 所示为合肥一高校男生涉嫌使用无人机偷拍女生寝室。

无人机到底会不会侵犯个人隐私?可以先来看看谷歌街景曾经的案例。全世界游走拍摄的谷歌街景服务车,在提供水平方向 360°及垂直方向 290°的街道全景供人足不出户游览世界的同时,也曾经因为上传涉及个人隐私的照片,在美国、英国、法国、德国、意大利等国家和地区掀起舆论风波,甚至惹上官司被判罚款。

执行房产调查、地图绘制或类似任务的民用无人机,也很有可能拍摄并在互联网公布涉及个人隐私行为或私有财产的图片和视频。虽然民用无人机的商业运行在很多国家都有 120 m 以下高度的飞行限制,无人机必须与非操作人员保持一定距离(如 152 m),但是民用无人机携带摄影设备的拍摄范围并没有受到约束,因为这不属于各国民航当局的职责范围。

2013 年,美国迪尔特雷尔小镇的居民菲利普·斯蒂尔为防止无人机对小镇居民进行监视",提出"猎杀"无人机换取政府奖金的倡议。虽然这个倡议最终未能获通过,但是体现了普通民众对无人机可能侵犯其隐私的顾虑。

2014 年,美国西雅图一名住在 26 层的女子发现其在换衣服时,有一架无人机在窗外盘旋,怀疑有人偷窥而报警,尽管事后查证无人机的操控者只是在为房产商拍摄图片,但是这一事件的确引起了人们对不法之徒利用无人机窥探个人隐私的担忧。

▶▶▶ 智慧监狱无人机警务

图 8-12 合肥一高校男生涉嫌使用无人机偷拍女生寝室

2015 年,来自加利福尼亚州和佛罗里达州的报道称,有无人机俯冲到海滩和度假村上空拍摄人们穿着比基尼或半裸晒太阳浴的画面,并上传到网上,引起人们的愤怒。

在国内,公民的隐私权也遭到无人机的侵犯。

2017 年 7 月,西安一男子利用无人机在某直播平台直播,中途拍到一女子在家中的隐私画面,该男子不仅不回避反而继续拍摄,事后还在自己的直播群里炫耀。随后无人机被无人机反制枪击落,该男子也被警方控制。同样的事件也发生在广州一小区,一女子听到窗外有嗡嗡声,仔细一看窗外竟徘徊着一台闪着红色光点的无人机。诸如此类的事件还有不少,无人机一旦到了不法分子手中,便可轻易"偷拍"到公民的个人隐私。

除了窥视个人隐私,一些公司企业因无人机未经允许飞入办公场地窃取商业秘密而感到不安。2016 年,在上海迪士尼乐园正式开业前就有无人机飞入园内一探究竟,但是由于操作不当而坠机,迪士尼乐园工作人员表示已经捡到了很多架坠毁的无人机。

当无人机携带相机变成监视工具,在人们难以触及的空中进行窥视和刺探,受害者往往不堪其扰。

无人机的生产者和运营商,特别是以互联网作为信息发布平台的运营商,更应该加强对他人隐私的保护,并制定有关防范预案。在新媒体平台日益发达的今天,互联网上的信息传播迅如闪电。因此,无人机运营商应当对发布的信息进行预审和预处理,减小对个人隐私构成侵犯的可能性,避免触犯法律,避免对自身、他人和无人机行业造成威胁。

如今,无人机安全隐患已经成为不得不面对、不得不解决的社会性难题。保障国家安全,维护社会稳定,推动无人机行业协调高效发展,必须做好排除无人机飞行安全隐患的功课,为社会经济发展保驾护航。

第四节　滥用无人机对监狱安全的威胁

依托信息技术,国内各省市自治区监狱纷纷加大了对安全防范设施设备建设的投入,监狱物防、技防能力得到进一步提高,监管安全防范长效管理机制已逐渐成熟,监管秩序的持续稳定得到了有效保障。很多监狱也已逐步配备无人机拦截设备、无人机等现代化设备设施,如图 8-13 所示。

第八章 监狱面临的低空威胁

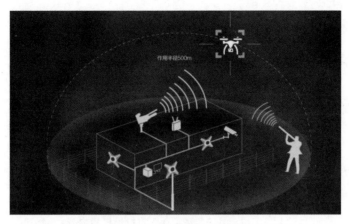

图8-13 配备无人机拦截设备保护设施安全

就广泛意义而言,空域监管的相对滞后导致由无人机引发的安全事件层出不穷,小型飞行器尤其是以民用无人机为代表的消费级飞行器,由于其在航拍摄影、快递送货等方面的突出优势,市场规模快速扩大,使用者数量呈几何级增长,且操作简便。有人驾驶飞机,驾驶员均经过严格培训、持证上岗,民用无人机使用者只有极个别能在驾驶能力和风险意识方面赶上飞机驾驶员,且民用无人机使用者素质参差不齐、操作水平参差不齐,有部分操作者安全意识淡薄,这也就为引发安全事故埋下隐患。此外,随着小型飞行器技术的飞速发展,更加优质的材料、更加强大的电池和续航能力、更加广泛的用途、更加先进的传感、更加精准的悬停、更加短暂的延迟,使民用无人机为代表的小型飞行器不断朝着自动化、智能化迈进。进入"5G"时代,高速网络更是加快了这一进程。由于黑客劫持技术等同样快速发展,技术不断革新,民用无人机等小型飞行器无法避免地被不法分子和别有用心的黑客盯梢,从而巨大安全隐患。

就具体场景而言,无人机对监狱安全的威胁主要包括以下几种类型。

(一)传递违禁物品

在监狱的日常管理中,违禁品是十分重要的管理对象。按照现在的监所安防条件,妄图通过地上、地下潜入监所、混带物品进监等已经无望。但随着无人机产业的快速发展,无人机的载重量逐渐增加,无人机可以短时间内抵达监狱上空并且完成违禁品(包括毒品、香烟、手机、刀具绳索、违禁书刊等)投放后快速撤离。如何防范利用无人机远程遥控,特别是夜间时段定点投送违禁品进入监狱,是监狱管理面临的新挑战。某一监狱遭无人机投递违禁物品,如图8-14所示。

(二)窃取监管信息

由于高墙的阻隔,监管场所内的运行情况对于外界来讲是"神秘"的,为此总有部分社会人员为满足自己的好奇心或者处于某种政治或是商业目的,利用无人机搭载同步图传系统对监管场所内的运行情况,特别是执法过程进行视频图像摄录,拍摄监所内部场景、窥探监内改造生活,并在网上传播、炫耀,对监所的监管造成了严重的泄密和安全隐患。

图 8-14　某一监狱遭无人机投递违禁物品

(三)预谋协助脱逃

脱逃与反脱逃的斗争一直是监所管理的矛盾核心和安全底线。任何时候都会有恶习难改的罪犯虽身在监所,但仍企图脱逃。这些人通过与外界人员勾结,利用无人机悬停拍摄、远程测绘等,窥视监所环境布局、安防设施、巡查规律、监控点位、警力配置、换岗时间等,以及监所周围环境、交通路线等安全信息,为预谋脱逃者提供信息及枪械、刀具或炸药等工具,成为威胁监所安全的最大风险。美一监狱囚犯利用无人机投递工具,并在其引导下越狱,如图 8-15 所示。

图 8-15　美一监狱囚犯利用无人机投递工具并在其引导下越狱

(四)发动恐怖袭击

随着无人机性能指标的不断提升,不法分子利用无人机投送有毒、易爆、易燃等危险品,或者将民用无人机改装成武装无人机袭击监狱岗哨、民警、罪犯,乃至发动自杀式攻击的可能性也不可排除。以常见的某厂家的小型无人机为例,质量达 1.3 kg,最大平飞速度可以达到 70 km/h,产生的冲击力相当惊人,一旦失控,它的破坏力相当于数千克炸药的威力,对人

第八章 监狱面临的低空威胁

员与财产的威胁不言而喻。而监狱中由于空间相对封闭，人员相对集中，无人机闯入监狱就会像一颗不定时的炸弹一样，对监狱内的人员和财产安全构成威胁。监狱安装无人机预警反制设备如图 8-16 所示。

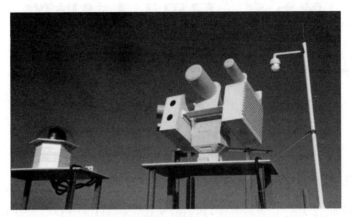

图 8-16 监狱安装无人机预警反制设备

第九章 民用无人机监管

第一节 无人机法律规制现状

一、无人机立法现状

在我国,无人机作为航空器的一种,其主要法律依据是民用航空领域的法律法规。我国的民用航空法律体系相对较为健全,包括法律、行政法规、部门规章、地方性法规和政府规章以及其他规范性文件。但是,具体到无人机管理领域,法律层面对于无人机管理尚未涉及,而法规、规章层面虽然有涉及但是法律位阶相对较低,内容相对简单、独立,缺乏对无人机管理的系统规定。依据国务院、中央军委立法工作部署,国务院、中央军委空中交通管制委员会办公室组织起草了《无人驾驶航空器飞行管理暂行条例(征求意见稿)》(简称《征求意见稿》),目的在于实现对无人驾驶航空器的依法管理。

(一)法律层面

《中华人民共和国民用航空法》(以下简称《民航法》)是我国民用航空管理的基本法,1995年制定,2009年、2015年两次修订。《民航法》共16章144条,主要规定民用航空管理的体制、原则,民用航空器国籍,民用航空器权利,民用航空器适航管理,民用机场,空中航行,公共航空运输企业,通用航空,搜寻援救和事故调查,对地面第三人损害的赔偿责任,对外国民用航空器的特别规定,涉外关系的法律适用以及法律责任等。《民航法》中虽然没有明确的无人机管理的表述,但是一些通用性的条款对于无人机的管理也是适用的,特别是关于民用航空器登记、适航、空中航行的规定。如,第3条:国务院民用航空主管部门对全国民用航空活动实施统一监督管理;根据法律和国务院的决定,在本部门的权限内,发布有关民用航空活动的规定、决定。国务院民用航空主管部门设立的地区民用航空管理机构依照国务院民用航空主管部门的授权,监督管理该地区的民用航空活动。第5条:本法所称民用航空器,是指除用于执行军事、海关、警察飞行任务外的航空器。第3条:具有中华人民共和国国籍的民用航空器,应当持有国务院民用航空主管部门颁发的适航证书,方可飞行。

(二)行政法规

民用航空领域的行政法规主要有《中华人民共和国飞行基本规则》《通用航空飞行管制条例》《中华人民共和国民用航空器适航管理条例》《中华人民共和国民用航空安全保卫条例》《民用机场管理条例》《无人机驾驶航空器飞行管理暂行条例(征求意见稿)》等。

1.《中华人民共和国飞行基本规则》

《中华人民共和国飞行基本规则》(以下简称《飞行规则》)于2000年制定,2001年和2007年进行了两修订,共12章124条,另外还有3个技术性附件。《飞行规则》重点规定了我国飞行管理的主体、原则,空域管理的基本原则、范围、手段,飞行管制的区域、种类、程序,机场区域内飞行,航路和航线飞行,飞行间隔和飞行指挥,飞行中特殊情况的处置,通信、导航、雷达、气象和航行情报保障,对外国航空器的特别规定,法律责任等内容。

2.《通用航空飞行管制条例》

《通用航空飞行管制条例》是根据《中华人民共和国民用航空法》和《中华人民共和国飞行基本规则》制定的,目的是促进通用航空事业的发展,规范通用航空飞行活动,保证飞行安全。该条例由中央军委和国务院于2003年1月10日联合发布,自2003年月1日起施行,共7章45条。该条例的适用范围除了传统的通用航空飞行活动,还包括从事升放无人驾驶自由气球和系留气球的活动,并专门针对后者进行了相关规定。该条例对飞行空域的划设与使用进行了规定,特别是划设临时飞行空域规定较为细致;对于单位、个人实施的飞行计划申请、临时空域的飞行计划申请进行了规定;对普通飞行和军用机场的飞行保障进行了规定;法律责任的规定以罚款为主,罚款数额上限为10万。

3.《中华人民共和国民用航空器适航管理条例》

《中华人民共和国民用航空器适航管理条例》于1987年6月颁布实施,共29条,不分章节。该条例对民用航空器适航管理进行了规定,即对民用航空器的设计、生产、使用和维修,实施以确保飞行安全为目的的技术鉴定和监督,包括适航管理的主体,民用航空器设计、生产的许可,适航证的申请、颁发和检查,民用航空器的维修和改装,相关的法律责任等。在违反适航管理规定所应承担的法律责任中虽然规定了罚款的处罚方式,但是未规定罚款的数额和幅度。

4.《中华人民共和国民用航空安全保卫条例》

《中华人民共和国民用航空安全保卫条例》是为了防止对民用航空活动的非法干扰、维护民用航空秩序、保障民用航空安全而制定的,于1996年7月由国务院发布。该条例共6章40条,主要规定了:民用航空安全保卫工作的基本原则、主体,相关人员的权利和义务;民用机场应当具备的安全保卫条件,机场控制区的区域划分和管理规定,机场内的禁止行为等;民用航空器营运的安全保卫,承运人对旅客和物品的管理,机长和安全员的安全管理权力,航空器内的禁止性规定;乘坐航空器时对物品和人员的安全检查,航空邮件的检查,禁止携带的物品等;违反相关规定的法律责任,包括警告、罚款和行政拘留。

5.《民用机场管理条例》

《民用机场管理条例》是根据《中华人民共和国民用航空法》于2009年制定的,主要目的是规范民用机场的建设与管理,积极、稳步推进民用机场发展,保障民用机场安全、有序运营,维护有关当事人的合法权益。该条例主要内容包括:民用机场的分类及建设管理的原则;民用机场规划建设标准、要求和管理;民用机场的运营标准,特别是安全管理要求;民用机场的环境保护,民用机场净空区的特殊保护;罚款和吊销许可证的处罚种类。

特别是该条例第 49 条规定:"禁止在民用机场净空保护区域内从事下列活动:(一)排放大量烟雾、粉、火焰、废气等影响飞行安全的物质;(二)修建靶场、强烈爆炸仓库等影响飞行安全的建筑物或者其他设施;(三)设置影响民用机场目视助航设施使用或者飞行员视线的灯光、标志或者物体;(四)种植影响飞行安全或者影响民用机场助航设施使用的植物;(五)放飞影响飞行安全的鸟类,升放无人驾驶的自由气球、系留气球和其他升空物体;(六)焚烧产生大量烟雾的农作物秸秆、垃圾等物质,或者燃放烟花、焰火;(七)在民用机场围界外 5 m 范围内,搭建建筑物、种植树木,或者从事挖掘、堆积物体等影响民用机场运营安全的活动;(八)国务院民用航空主管部门规定的其他影响民用机场净空保护的行为。"其中第五款的规定对于无人机扰航行为的处理具有一定的参照价值。实施违反该款规定的行为由民用机场所在地县级以上地方人民政府责令改正;情节严重的,处 2 万元以上 10 万元以下的罚款。

6.《无人驾驶航空器飞行管理暂行条例(征求意见稿)》

依据国务院、中央军委立法工作部署,为实现对无人驾驶航空器的依法管理,国务院、中央军委空中交通管制委员会办公室组织起草了《无人驾驶航空器飞行管理暂行条例(征求意见稿)》,于 2018 年 1 月 26 日公开向社会征求意见。

该条例共 7 章 59 条,对无人驾驶航空器飞行管理的基本问题进行了规定,主要内容包括:无人驾驶航空器的基本概念、分类,管理体制,管理原则;无人机的分级分类,销售备案,登记管理、许可管理;无人机驾驶员的条件、资格;不同种类的无人机飞行空域的划定、申请、临时关闭,隔离空域的划设、申请、批准;无人机的飞行运行监管,飞行计划的内容、申请、批准;涉及无人驾驶航空器销售、使用过程中的法律责任。

(三)部门规章

1.《中国民用航空空中交通管理规则》

《中国民用航空空中交通管理规则》于 1990 年由民航总局颁布实施,共 17 章 432 条,历经多次修订,主要对空中交通服务、空中交通流量管理和空域管理进行规定。该规则第 16 章专门对无人驾驶气球进行了规定,特别是无人驾驶气球的分类和运行的规定值得无人机空中交通管理人员参考和学习。

2.《民用航空运输机场航空安全保卫规则》

《民用航空运输机场航空安全保卫规则》于 2016 年 5 月 22 日实施,共 8 章 160 条。其主要针对民用航空运输机场的安全保卫工作,根据《中华人民共和国民用航空安全保卫条例》的规定进行细化。其中与无人机管理密切相关的规定主要是对非法干扰行为进行界定。第 159 条规定:"本规则下列用语的含义,非法干扰行为,是指危害民用航空安全的行为或未遂行为,包括但不限于:(一)非法劫持航空器;(二)毁坏使用中的航空器;(三)在航空器上或机场扣留人质;(四)强行闯入航空器、机场或航空设施场所;(五)为犯罪目的而将武器或危险装置、材料带入航空器或机场;(六)利用使用中的航空器造成死亡、严重人身伤害,或对财产或环境的严重破坏;(七)散播危害飞行中或地面上的航空器、机场或民航设施场所内的旅客、机组、地面人员或大众安全的虚假信息。"其中第四款和第六款都可能由无人机构成非法干扰行为。该规则对于非法干扰行为的信息报送应急处置和法律责任都进行了相应规定。

3.《民用运输机场突发事件应急救援管理规则》

《民用运输机场突发事件应急救援管理规则》于2016年5月21日由民航总局颁布实施,共9章72条,主要对在机场及其邻近区域内的航空器或者机场设施发生或者可能发生的严重损坏以及其他导致或者可能导致人员伤亡和财产严重失的情况进行应急管理。根据突发事件的分类采取不同的响应处置措施。其将机场突发事件分为航空器突发事件和非航空器突发事件,关于航空器突发事件分类列举中的第三项是:航空器受到非法干扰,包括劫持、爆炸物威胁等。此类行为完全可以由无人机实施,一旦无人机实施了对航空器的非法干扰行为,就可能构成航空器突发事件,随即可能启动机场突发事件应急预案进行相应处置。

4.《通用航空经营许可管理规定》

《通用航空经营许可管理规定》自2016年6月1日实施,共6章46条,主要对从事经营性通用航空活动的航空企业的经营许可及相应的监督管理进行规定,包括经营许可申请条件、申请程序、使用规范等。该规定第3条规定,从事通用航空经营活动,应当取得通用航空经营许可。由此,无人机如果想从事航空经营活动,也必须取得通用航空经营许可,并且遵守相应的管理规定,无证经营或者超范围经营的均应承担相应的法律责任,主要是罚款的处罚。

(四)地方性法规和政府规章

相比国家层面无人机管理法律法规的滞后,地方性无人机立法已经先行一步,如我国首部无人机管理地方性法规《浙江省小型无人驾驶航空器安全管理条例(草案)》。此外,已有多地正在制定无人机管理的地方政府规章,如四川省已经出台省级地方政府规章,江苏省无锡市已经出台市级政府规章。

1.《浙江省小型无人驾驶航空器安全管理条例(草案)》

《浙江省小型无人驾驶航空器安全管理条例(草案)》(以下简称《草案》)已经浙江省十二届人大常委会第十五次会议审议通过,是全国首部无人机管理的地方性法规。

《草案》共20条,主要包括以下内容:

(1)关于监管对象和原则。根据管理权限和公共安全管理的实际需要,《草案》将小型无人驾驶航空器界定为没有机载驾驶员操纵,自备飞行控制系统,最大起飞质量2 kg以下,从事非军事、海关、警务飞行任务的无人机、飞艇航空模型等,并遵循安全规范、预防为主、综合治理的原则。(《草案》第3条、第4条)

(2)关于监管体制。《草案》规定政府应加强对小型无人驾驶航空器安全管理工作的领导,将所需经费纳入本级财政预算,公安机关负责小型无人驾驶航空器的公共安全管理,其他有关部门在各自职责范围内负责相关安全管理工作,同时规定行业协会应加强行业自律。(《草案》第5条、第6条)

▶▶▶ 智慧监狱无人机警务

(3)关于实名登记管理制度。250 g以上且在25 kg以下的小型无人驾驶航空器实行实名登记管理制度,公安机关会同民航、体育等部门建立健全实名登记管理制度,明确生产企业提醒所有者进行实名登记的义务,建立实名购买制度,规定所有者应向所在地公安机关进行登记。(《草案》第7条至第10条)

(4)关于禁飞管理。为加强对关系国计民生、国家安全、军事安全和公共安全的重点防控目标的保护,列举规定了小型无人驾驶航空器不得飞入或飞越的七类区域或者设施,并授权省、设区的市人民政府在重大活动筹备和举行期间可以设定禁飞时间和禁飞区域,同时对确需在上述区域飞行的规定了审批程序。(《草案》第11条、第12条)

(5)关于飞行行为管理。规定小型无人驾驶航空器操控人员应具有相应操控技能,不得在不具备适航条件时进行飞行活动,同时明确规定不得利用小型无人驾驶航空器实施的六类行为。另外,为强化社会共治,规定了小型无人驾驶航空器安全违法行为举报和奖励制度。(《草案》第13条至第15条)

(6)关于法律责任。为保障条例有关规定的实施,对小型无人驾驶航空器生产者、销售者、所有者、使用者违反规定的行为设定了相应的行政处罚。(《草案》第17条、第18条)

2.《四川省民用无人驾驶航空器安全管理暂行规定》

2017年8月18日,四川省人民政府正式发布《四川省民用无人驾驶航空器安全管理暂行规定》(以下简称《规定》),《规定》自2017年9月20日起施行,是我国第一部无人机管理领域的地方政府规章,共6章38条。该规定主要对四川省行政区域内从事民用无人驾驶航空器的生产、销售、使用及管理活动进行规范。作为首部地方政府规章,该规定在无人机管理方面有很多创新之处。

(1)明确了无人机定义。民用无人驾驶航空器(以下简称"民用无人机")是指没有机载驾驶员操纵、自备飞行控制系统,最大起飞质量大于0.25 kg(含0.25 kg),并从事非军事、警务和海关飞行任务的航空器。

(2)明确了各部门管理职责。民用航空主管部门负责对民用无人机和从事民用无人机活动的单位、个人进行实名登记管理,按照国家规定建立登记注册及监督管理平台,配合飞行管制部门及时查处空中违法违规飞行活动。公安机关会同飞行管制、民航部门加强空域、航空器及飞行活动管理,对民用无人机违法违规飞行活动进行查处。经济和信息化部门应当对民用无人机研制生产者及其产品进行统计、管理,对民用无人机无线电频率、台(站)进行管理。工商部门负责对民用无人机生产经营者的登记注册,配合公安等部门对违法违规的生产销售行为进行查处。安全监管部门将民用无人机安全管理纳入安全生产综合目标考核,配合公安等部门做好民用无人机违法违规行为的查处。海关依法对进境的民用无人机(包括散装组件)进行监管。

(3)明确无人机生产企业责任。民用无人机生产企业应当执行国家有关民用无人机生产标准规定,保证产品质量符合国家相关标准。应按照国家规定在民用无人机上安装飞行控制芯片、设置禁飞区软件,采取防止改装或者改变设置的技术措施。应当按照民航部门规定,对其民用无人机产品的名称、型号、空机质量、最大起飞质量、产品类型和购买者姓名、移动电话等信息进行登记;在产品外包装明显位置和产品说明书中,提醒购买者进行实名登记,警示不实名登记擅自飞行的危害和后果,并提供登记标志打印材料。

(4)明确无人机所有者的责任和义务。民用无人机所有者应当按照民航部门规定登记姓名、有效证件号码、联系方式、产品型号、产品序号、使用目的;单位应当登记单位名称、统一社会信用代码或者组织机构代码。登记完成后,在民用无人机上粘贴登记标志。民用无人机发生出售、转让、损毁、报废、丢失或者被盗等情况,原所有者应当及时注销原登记信息。变更后的所有者应当按照前款规定登记信息。禁止改装民用无人机的飞行硬件设施或者改变出厂飞行性能设置。民用无人机操作人员应当依法取得与飞行活动相对应的驾驶员资质及证照。有下列情况之一的,无人机操作人员无须取得驾驶员证照:①操作空机质量小于等于4 kg,起飞质量小于等于7 kg民用无人机的;②在室内运行民用无人机的;③拦网内等隔离空间运行民用无人机的。

(5)无人机飞行空域进行分类管理。对全省民用无人机的飞行空域实行分类管理,划分为管控空域、报备空域和自飞空域。

报备空域和自飞空域由省级政府有关部门根据实际情况提出划设需求,经空域主管部门批复后,向社会公布。管控空域为除报备空域和自飞空域之外的空域。在管控空域内飞行,应当依法向飞行管制部门提出飞行空域和飞行计划申请,经批准后实施,飞行全程接受监控;在报备空域内飞行,无须飞行空域和飞行计划审批,但应当服从报备空域管理者的管理;在自飞空域内飞行,无须飞行空域和飞行计划审批,但不得超出该空域规定的范围,且应当在驾驶员视距内操作飞行。民用无人机在报备空域和自飞空域应当遵守的具体安全规则由省级政府、公安机关会同相关部门及行业协会制定,向社会公布。

(6)规定了应急处置的内容。公安机关发现民用无人机违法违规飞行或者接到举报的,应当立即查找其使用人、所有人,责令其立即停止飞行,依法扣押相关物品。民用无人机违法违规飞行扰乱公共秩序或者危及公共安全的,公安机关依法对民用无人机实施技术防控等紧急处置措施。

(7)严格设定法律责任。一是增加违法行为的种类,二是将公安机关作为主要的处罚主体。对于未按规定进行登记或者提醒、警示购买者的,未按规定登记或者粘贴登记标志的,未按规定变更登记或者及时注销原登记信息的,未按规定如实登记的,未按规定登记、粘贴标志并实施飞行活动的由公安机关责令改正,对公民个人处以1 000元以下罚款,对企业或者单位处以1 000元以上30 000元以下的罚款。

3.《重庆市民用无人驾驶航空器管理暂行办法》

《重庆市民用无人驾驶航空器管理暂行办法》(简称《办法》)是第一部公开征求意见的地方性无人机规章,自2017年5月22日发布征求意见。办法未分章节,共27条。

《办法》对主管部门职责进行了明确。民航部门依法对民用无人机和从事民用无人机活动的单位、个人等进行实名登记管理,及时查处违法违规飞行,加强行业监管。

《办法》还对民用无人机生产企业的义务进行了规定。要求民用无人机生产企业应当按照民航部门的相关规定对其产品的名称、型号、最大起飞质量、空机质量、产品型号和民用无人机购买者姓名、移动电话信息进行登记,还应当按照国家有关规定在民用无人机上安装飞行控制芯片、设置禁飞区域软件,采取防止改装或者改变设置的技术。同时,物流、寄递企业

▶▶▶ **智慧监狱无人机警务**

在收寄无人驾驶航空器以及发动机、控制芯片等重要零部件时,应当登记收件人的姓名、身份证号码、地址和联系方式等信息,以备有关部门查验。

对于民用无人机所有人,《办法》要求其应当按照民航部门的相关规定登记姓名、有效证件号码、联系方式、产品型号、产品序号、使用目的,单位还应当登记单位名称、法人名称、统一社会信用代码或者组织机构代码。登记后,民用无人机所有权人应当在民用无人机上粘贴登记标志,如图9-1所示。

图9-1 无人机粘贴登记标志

在飞行审批方面,《办法》要求民用无人机飞行活动应当依法向飞行管制和民航部门提出飞行计划和飞行空域申请,经批准后实施。

《办法》还对无人飞行严控区域进行了界定。明确严禁民用无人机飞行的区域,包括党政机关等重点地区;民用机场沿跑道中心线两侧各10 km、跑道端外20 km范围内的净空保护区域,军工、通信、供水、供电、能源供给、危化物品储存、大型物资储备等重点防控目标区,车站、码头、港口、商圈、街道、公园、大型活动场所、展览馆、学校、医院等人员密集区域。

《办法》还明确了飞行中的禁止行为,如:偷拍军事设施、重要党政机关和其他保密场所;扰乱机关、团体、企业、事业单位的工作、生产、教学、科研、医疗秩序;阻碍国家机关工作人员依法执行职务;追逐、拦截他人,或者制造噪声干扰他人正常生活;投掷、倾倒物品或者伤害他人、损毁公私财物;偷窥、偷拍个人隐私等行为。

《办法》还规定了公安机关发现民用无人机违法违规飞行或者接到举报,应立即查找其使用人、所有人,责令其立即停止飞行。民用无人机违法违规飞行危及公共秩序或者公共安全的,公安机关可以依法采取拦截、捕获、击落等紧急处置措施。

4.《深圳市民用轻小无人驾驶航空器管理办法(征求意见稿)》

《深圳市民用轻小无人驾驶航空器管理办法(征求意见稿)》(以下简称《管理办法》)于2017年9月7日发布,向社会征求意见。《管理办法》中提到:"我市作为无人机之都,应当以更加包容的态度支持无人机产业的发展,在确保安全和产业发展之间取得平衡。"因此,《管理办法》并没有"一刀切"实行禁飞,而是针对特定区域设立了限飞区和禁飞区。

限飞区:将机场障碍物限制面以及民航航路、航线列入禁飞范围,而将机场障碍物限制面外、距机场跑道两侧各 10 km、跑道两端各 20 km 范围内设为限飞区,严格控制飞行高度。

禁飞区:市、区党委和政府、军事管制区、监管场所、通信供水、供电、能源供给、危化物品储存等重点敏感单位、设施及其周边 100 m 范围,以及大型活动现场、交通枢纽、火车站、汽车客运站、码头、港口及其周边 100 m 范围列入禁飞范围。

此外,《管理办法》还包括以下要点:

对无人机的飞行半径提出明确要求,除在室内或拦网内等隔离空间飞行外,无人机应当在昼间目视范围内飞行,其飞行半径不得超出 500 m,且相对地面高度不得超出 120 m。

无人机首次飞行时,应当通过激活认证的方式登记所有人的姓名和移动电话号码。无人机转让、损毁、报废、丢失或者被盗,所有人应当及时变更或者注销登记信息。无人机生产企业应当将无人机所有人的登记信息实时传送至政府服务管理平台。无人机生产企业自有的服务管理平台应当接入政府服务管理平台,按照规定提供共享数据信息,并确保身份认证、禁飞区、限飞区设置等功能数据与政府服务管理平台一致。无人机生产企业应当采取措施,确保无人机飞行时接入政府服务管理平台并协助有关部门对无人机进行管控。

对无人机违法违规行为,需要通过立法明确(无人机飞行)相关法律责任,对无人机驾驶员处罚款额最低 200 元,最高 5 000 元。

除在室内或拦网等隔离空间飞行外,未满 16 周岁的未成年人应当在成年人的陪同下操作无人机。无人机驾驶员饮酒、醉酒、服用国家管制的精神药品或者麻醉药品的不得操作无人机;无人机驾驶员有饮酒、醉酒、服用国家管制的精神药品或者麻醉药品嫌疑的,应当接受测试、检验,违反该规定的无人机驾驶员,将由公安机关责令改正,并处 200 元罚款。

任何单位和个人提供无人机改装、系统破解等服务或者篡改无人机产品标识的,由公安机关对单位处 20 000 元罚款,对个人处 1 000 元罚款;情节严重的,对单位处 50 000 元罚款,对个人处 5 000 元罚款。改装、破解无人机或者篡改无人机产品标识的,由公安机关责令改正,并处 1 000 元罚款。

5.《无锡市民用无人驾驶航空器管理办法》

《无锡市民用无人驾驶航空器管理办法》(简称《办法》)于 2017 年 8 月 16 日发布,9 月 1 日起施行。至此,无锡市成为全国首个对民用无人机颁布管理办法的地级市。《办法》不仅解决了政府部门管理职责分配、实名登记购买、飞行秩序维护等问题,而且详细规定了哪些区域不能飞、哪些行为不能有、违法违规飞行将面临哪些处罚。

(1)在立法方式上重民主更重科学。《办法》在制定过程中广泛听取了社会各界意见,专门请民用无人机飞手、销售单位、航模协会负责人等提意见。比如,对于无人机飞行"相对高度不得高于 120 m"的规定,有专家提出,如果一幢楼高 200 m,不飞越便不能拍到全景,指出应允许无人机飞越最高障碍物,可这个高度又不能随便设定,最后《办法》里添加了"半径 500 m 内最高障碍物高于 120 m 的,飞行高度不得超过最高障碍物上方 20 m"的规定。

(2)在立法内容上重服务更重规范。民用无人机属于需要扶持的新生产业,公安部门和相关技术公司发了民用无人机管理服务系统,给市民免费注册和使用。同时,无人机使用涉及公共安全,《办法》明确了军民航机场净空保护、国家安全和公共安全的重点防控目标区等五类民用无人机禁止飞行的区域,以及八类民用无人机飞行禁止行为。

(3)在管理方式上重管理更重社会治理。除处罚条款之外,鼓励和扶持民用无人机行业协会、俱乐部建立制度,加强行业自律、提供技术支撑辅导等。《办法》还将民用无人机所有人、驾驶员诚信管理纳入公共信用信息管理体系。

民用无人机驾驶人和设备要登记,并在飞行前通过管理服务系统报告起飞位置。大型活动的无人机飞行,要由活动主办方或有关单位提前通过系统提交材料,通过审核才能飞行。今后无人机反制装备也将更先进,可进行自动识别,对不登记、不报告的无人机采取迫降等措施。

《办法》没有参照使用中国民用航空局民用无人机最大起飞质量的规定,凡是没有机载驾驶员操纵、自备飞行控制系统,并从事非军事、警察和海关飞行任务的航空器均适用《办法》,充分体现了立法的前瞻性。

《办法》依据《江苏省人民代表大会常务委员会关于地方人民政府规章设定罚款限额的决定》,明确对未通过系统报告起飞位置的、超过飞行高度和范围的、在禁飞区域内飞行的无人机所有人由公安机关分别处以 3 000 元以上 30 000 元以下罚款。

(五)其他规范性文件

除了上述法律、规章外,目前无人机管理主要依据规范性文件,这些规范性文件包括民航管理部门、空管部门下发的各类管理规定,地方政府或各级公安机关发布的临时性管控文件。

1. 民航管理部门下发的无人机管理规定

(1)《轻小无人机运行管理规定(试行)》(中国民用航空局飞行标准司 2015 年 12 月下发)。主要内容包括:对轻小无人机进行分类;规定民用无人机机长的职责和权限;规定民用无人机驾驶员资格要求;规定民用无人机使用说明书;禁止粗心或鲁莽的操作;规定摄入酒精和药物的限制;做好飞行前准备;明确无人机限制区域;对无人机在视距内和视距外的运行作出规定;对民用无人机运行的仪表、设备和标识要求作出规定;规定管理方式;规定无人机云提供商须具备的条件;规定植保无人机运行要求;规定无人飞艇运行要求等。

(2)《民用无人机驾驶员管理规定》(中国民用航空局飞行标准司 2016 年 7 月下发)。主要内容包括:对无人机进行分类管理,不同种类的无人机系统管理方式和管理主体不同;行业协会对无人机系统驾驶员的管理条件和内容;民航总局对无人机系统驾驶员的具体管理要求,包括执照要求、签注信息、熟练检查、体检合格、航空知识要求、飞行技能与经历要求等。

(3)《民用无人驾驶航空器系统空中交通管理办法》(中国民用航空局空管办 2016 年 9 月下发)。制定该办法的主要目的是加强对民用无人驾驶航空器(即民用无人机)飞行活动的管理,规范其空中交通管理工作,共 5 章 20 条。主要内容包括:明确民用无人机空中交通运行的合法空域范围;明确民航局和空管单位在民用无人机空中交通管理中的职责;规定民用无人机仅允许在隔离空域内飞行;规定民用无人机系统飞行活动评审评估的条件和程序;

明确民用无人机飞行时的空中交通服务和无线电管理要求。

(4)《民用无人驾驶航空器实名制登记管理规定》(中国民用航空局航空器适航审定司 2017 年 5 月下发)。制定该规定的主要目的是加强民用无人机的管理,对民用无人机所有者实施实名制登记。实名登记的对象是中华人民共和国境内最大起飞质量为 250 g 以上(含 250 g)的民用无人机。自 2017 年 6 月 1 日起,民用无人机的所有者必须按照管理规定的要求进行实名登记。2017 年 8 月 31 日后,民用无人机所有者,如果未按本管理规定实施实名登记和粘贴登记标志的,其行为将被视为违反规定的非法行为,其无人机的使用将受影响,监管主管部门将按照相关规定进行处罚。该规定对中国民用航空局航空器适航审定司、民用无人机制造商、民用无人机所有者的各自职责进行了规范,同时对实名登记的流程信息要求、标志标识要求、登记信息的更新作了具体规定。

(5)《民用无人驾驶航空器从事经营性飞行活动管理办法(暂行)》(中国民用航空局运输司 2017 年 8 月发布)。该办法的发布主要是为了规范民用无人机从事经营性飞行活动,加强市场监管,促进民用无人机产业安全、有序、健康发展,共 3 章 20 条。主要内容包括:明确民用无人机经营活动的范围,包括航空喷洒(撒)、航空摄影、空中拍照、表演飞行等作业类和无人机驾驶员培训类的经营活动;主要设定两类许可项目,一类是作业类,包括航空喷洒(撒)、航空摄影、空中拍照、表演飞行 4 种经营项目,另一类是培训类,即无人机驾驶员培训;许可条件根据民用无人机运行特点和安全风险评估,对民用无人机经营许可准入条件进行大幅简化,由设立通用航空企业需具备的 13 项简化为作业类 3 项、培训类 4 项,仅保留企业法人、经实名登记的无人机、经认证的培训能力(培训类)和地面第三人责任险等基本许可条件;采用经营许可全流程"不见面"审批,采用在线申请和在线审批的方式,企业可登录"民用无人驾驶航空器经营许可管理系统"在线申请"无人机经营许可",许可部门需在 15 个工作日内完成审查,并作出许可决定,准予许可的,申请人可在线下载并打印"电子经营许可证",不予许可的,申请人可在线查询原因;加强事中事后监管,一是加强信息报送监管工作,转变监管方式,实现由"人"盯"企业"到盯"系统"的转变,二是委托行业协会实施许可管理。

2. 公安机关发布的无人机管理规范性文件

公安机关发布的无人机管理规范性文件一般分为两类:一类是针对大型活动、重要庆典、重要会议等发布的临时性的区域性限制飞行通告;另一类是公安机关发布的一般性的常态化无人机管理规定。

前一类较为常见的有《北京市公安局关于加强北京地区"低慢小"航空器管理工作的通告》《揭阳市公安局 2017 年金砖会议期间无人机等"低慢小"飞行物的禁飞公告》。此类规范性文件的特点:一是临时性,一般规定通告或公告在特定的时间段内有效;二是适用对象广泛,对于"低慢小"航空器的种类几乎不进行区分,全部纳入适用范围;三是管理方式较为简单,就是禁止飞行;四是法律责任较重,在禁飞期违法违规飞行,会受到严厉处罚。

后一类比较典型的是《广东省公安厅关于加强无人机等"低慢小"航空器安全管理的通告》。此类规范性文件的特点:一是适用时间较长,广东省公安厅发布的通告适用期为 3 年;二是适用对象特定,如该通告所称的"低慢小"航空器是指飞行高度低于 500 m、飞行速度小

▶▶▶ 智慧监狱无人机警务

于 200km/h,雷达反射面积小于 2 m² 的飞行目标,主要包括无人机、轻型和超轻型飞机、轻型直升机、滑翔机、三角翼、滑翔伞、动力伞、热气球、飞艇、航空航天模型、空飘气球、孔明灯等;三是管理方式为有限制的禁止飞行,禁止飞行的区域相对特定,如该通告第 3 条规定:"严禁在以下区域的上空飞行无人机等'低慢小'航空器:(一)机场净空保护区(机场跑道中心线两侧各 10 km、跑道两端各 20 km 范围)以及民航航路、航线,高速和普通铁路、公路以及水上等交通工具运行沿线、区域;(二)党政机关、军事管制区、通信、水、供电、能源供给、危化物品储存、大型物资储备、监管场所重点敏感单位及其设施;(三)大型活动场所、公民聚集区、广场、公园、景点、商圈、学校、医院等人员特定情况下,经批准可以在禁飞区域飞行,例如,施工作业、航空拍摄等工作需要,确需在该区域飞行,需提前申报批准,须按规定获得批准后才能开展作业。"

二、无人机法律规制的不足

(一)无人机管理相关规定不一致

现有的无人机管理法律依据存在诸多不一致的地方,严重影响了无人机管理的时效。相关规定不一致主要表现在以下几个方面:①关于无人机的定义和分类。不同的无人机管理规定都对无人机进行了定义和分类,但是却存在很多不一致的地方。例如,《民用无人驾驶航空器系统空中交通管理办法》中的民用无人驾驶航空器是指没有机载驾驶员操作的民用航空器;《民用无人驾驶航空器实名制登记管理规定》中的民用无人机是指没有机载驾驶员操纵、自备飞行控制系统,并从事非军事、警察海关飞行任务的航空器,不包括航空模型、无人驾驶自由气球和系留气球;《四川省民用无人驾驶航空器安全管理暂行规定》中的民用无人驾驶航空器是指没有机载驾驶员操纵、自备飞行控制系统,最大起飞质量大于 0.25 kg(含 0.25 kg),并从事非军事、警务和海关飞行任务的航空器。《深圳市民用轻小无人驾驶航空器管理办法(征求意见稿)》所称民用轻小无人驾驶航空器,是指没有机载驾驶员操纵、自备飞行控制系统,最大起飞质量大于等于 0.25 kg 且小于 7 kg,并从事非军事、警务、海关缉私飞行任务的航空器。②禁止飞行的区域划定不统一。③关于无人机驾驶员需要证件的标准规定不一致。④关于无人机违法行为查处和处罚主体的规定不一致。⑤关于无人机登记的内容和程序规定不一致。⑥关于无人机违法行为的罚款数额和幅度规定不一致。这些管理规定不一致的问题需要等待中央立法予以统一。

(二)现有法律法规重管制、轻保护

目前无人机管理的法律依据更多地侧重于从管理部门的角度出发,加强对无人机生产、销售,和使用的监督管理,注重生产许可、生产信息登记、持有登记、销售特别是使用环节,严格划定禁飞区域,在运营方面实行经营类和培训类两项行政许可。总体来看,更多的是侧重事前的管理,而事中和事后的管理规定相对较少,关于无人机服务方面的规定就更少,不利于对合法生产、销售企业以及用户的保护,也不利于无人机行业整体的健康发展。

(三)无人机监管体制模糊,缺乏专门的执法部门

《民航法》第 3 条规定:"国务院民用航空主管部门对全国民用航空活动实施统一监督管

理;根据法律和国务院的决定,在本部门的权限内,发布有关民用航空活动的规定、决定。国务院民用航空主管部门设立的地区民用航空管理机构依照国务院民用航空主管部门的授权,监督管理各地区的民用航空活动。"但就无人机而言,管理环节至少涉及设计、生产、销售、运输、使用、持有、进出口、管控等,管理部门至少涉及民航、空管、工信、工商、海关、公安、安监、质监等。但是,各部门的管理职责和分工尚未理顺,民航管理部门即使负有监管的主要职责,但是由于无人机产业的迅猛发展,加上缺乏专门的监督执法力量,依靠自身力量难以实现对无人机的全程监管,需要与其他部门相互合作,共同管理。希望《无人驾驶航空器飞行管理暂行条例》通过后,可以对无人机管理的相关部门的职责进行划分,明确管理体制,理顺管理分工。

(四)管理碎片化

对于无人机的管理,中央各个部门和地方政府出台了很多政策性、临时性文件,以及数量相当庞大的通知通告,立规矩的主体多、文件多,层次不清楚,行政主导特征明显,大大降低了社会管理的效率和效益。同样这种以"不出事"为导向的现象导致了规定指向性的集中,大部分的政策性、临时性文件只体现在飞行活动的控制上,也就是说仅对无人机产业链条末端加强控制,而对于生产、销售、驾驶员资质、空中交通规则、适航标准等却缺少明确的指导说明。无人机是个系统化的产业,不能仅从末端对其进行限制、使用,如果在制造、销售以及飞行配套环节上标准滞后、条文模糊,会使得管理规定呈现出不全面、不完善的特征,立法规制缺乏系统性也就是必然了。

第二节 无人机飞行空域管理

《征求意见稿》针对各类无人机飞行活动对安全的影响程度,充分考虑无人机和微型、轻型、植保等民用无人机的特殊使用需求,以飞行安全高度为重要标准,明确了微型无人机禁止飞行空域和轻型、植保无人机适飞空域的划设原则,规定了无人机隔离空域的申请条件,以及具备混合飞行的相关要求,基本满足了各类无人机飞行空域需求。《征求意见稿》突破现行"所有飞行必须预先提出申请,经批准后方可实施"的规定,对部分运行场景的飞行计划申请与批复流程适当简化。微型无人机在禁止飞行空域外飞行,无须申请飞行计划;轻型、植保无人机在相应适飞空域内飞行,只需实时报送动态信息;轻型无人机在适飞空域上方不超过飞行安全高度飞行,具备一定条件的小型无人机在轻型无人机适飞空域及上方不超过飞行安全高度的飞行,只需申请飞行计划;国家无人机在飞行安全高度以下执行作战战备、反恐维稳、抢险救灾等飞行任务,可适当简化飞行计划审批流程。同时,将紧急任务飞行申请时限由现行"1 h 前"调整为"30 min 前",为紧急任务提供便利。

一、空域概述

空域是航空活动的主要场域,是指地球表面以上可供飞机以及火箭、气球、滑翔机、无人

▶▶▶ 智慧监狱无人机警务

机等航空器飞行的三维空间资源。我们通常将航空器的空间活动范围统称为空域,有别于地面的交通运输,空域通常是指航空器飞行所占用的空间,它不仅是水平方向上的距离范围,同时也包括垂直方向上的距离范围,可以说,空域是一个多维的空间。除了空域的平面结构外,空域还有上下限,空域的下限为地球表面,上限根据空中交通管制单位可提供的管制能力的实际情况确定。同时,类似于一国的国土、海洋,空域还具备使用上的无限循环性,它是一个立体结构。因此,空域是一国领土与领海上方的国家重要的战略资源,目前在世界各国得到了普遍重视。空域以其所富含空气的载体功能而使人类脱离地球表面、延展活动空间成为可能。科学有效地利用空域对于促进国家经济发展、改善民生、提高人民生活水平有着积极的意义,同时它也是一个国家航空产业快速发展的前提条件。

目前,世界上主要国家的空域管理模式各有特色:美国是国家航空局行使空域管理权,俄罗斯是以军队主导进行空域管理,欧洲采用的是一体化的空域管理模式,新加坡则采用政企分离的空域管理制度。反观我国,由于长期受到苏联(俄罗斯)影响,我国的空域也是以军队为主进行管理的。在我国,空军既是我国大部分空域的使用者同时也是管理者。依据《中华人民共和国飞行基本规则》的规定,我国由国务院、中央军委空中交通管制委员会领导全国的空域管理和飞行管制工作,空军负责具体实施全国的飞行管制。这是一种"统一管制、分别指挥"的空管体系。

(一)我国及国际民航组织空域划分

1. 我国空域划分

我国根据军事飞行需要,划设机场飞行空域、待战空域、巡逻空域和空中限制区;根据重要军事设施的安全需要,划设禁区和危险区。固定空域划定编号、相邻空域协同作战、飞行按照分区负责,分段移交。限制因素和空域需求决定了我军航空空域划设的现状,即以"固定式为主、临时为辅"向"以临时式为主"的方式转变。

在我国,《民用航空使用空域办法》(中国民用航空总局于 2004 年颁布)中对我国民用空域按照 A、B、C、D 进行了四类划分(见图 9-2),并要求不同类型的空域垂直相邻时,在不同飞行高度层的飞行应当遵守限制较少的空域类型的要求。A、B、C、D 类空域对飞行的限制程度按照字母顺序递减:

(1)A 类空域为高空管制区,即在我国境内标准大气压高度 6 000 m 以上的空间,仅允许航空器按照仪表飞行规则飞行,对所有飞行中的航空器提供空中交通管制服务,并在航空器之间配备间隔。

(2)B 类空域为中低空管制区,即在我国境内标准大气压高度 6 000 m(含)下指定高度的空间,允许航空器按照仪表飞行规则飞行或者按照目视飞行规则飞行。在此类空域内飞行的航空器,可以按照仪表飞行规则飞行,并接受空中交通管制服务;对符合目视气象条件的,经航空器驾驶员申请,并经过相应的管制单位批准,也可以按照目视飞行规则飞行,并在航空器之间配备间隔。

(3)C 类空域为终端(进近)管制区,通常是指在一个或者几个机场附近的航路、航线会合处划设的、便于进场和离场航空器飞行的管制空域。允许航空器按照仪表飞行规则飞行或者按照目视飞行规则飞行,对所有飞行中的航空器提供空中交通管制服务,并在按照仪表飞行规则飞行的航空器之间,以及在按照仪表飞行规则飞行的航空器与按照目视飞行规则飞行的航空器之间配备间隔;按照目视飞行规则飞行的航空器应当接收其他按照目视飞行规则飞行的航空器的活动情报。

(4)D类空域为机场管制地带,通常包括起落航线和最后进近定位点之后的航段以及第一个等待高度层(含)以下至地球表面的空间和机场机动区。允许航空器按照仪表飞行规则飞行或者按照目视飞行规则飞行,对所有飞行中的航空器提供空中交通管制服务;在按照仪表飞行规则飞行的航空器之间配备间隔,按照仪表飞行规则飞行的航空器应当接受按照目视飞行规则飞行的航空器的活动情报;按照目视飞行规则飞行的航空器应当接收所有其他飞行的航空器的活动情报。对符合目视气象条件的,经航空器驾驶员申请,并经塔台管制室批准,可以按照目视飞行规则飞行,并接受空中交通管制服务。

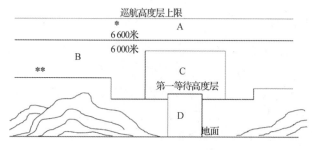

图 9-2 我国民用航空空域划分

2. 国际民航组织空域划分

根据航路结构的要求、机场的布局、飞行活动的性质和提供空中交通管制的需要,国际民航组织(1947年5月13日成为联合国组织的一个专门机构)把空域划分为A、B、C、D、E、F、G七个类别,空域种类分别对飞行种类、间隔提供对象、提供的服务类型、能见度及距云的距离、速度限制、要求的无线电限制、接受无线电许可七个方面进行了初步规定。国际民航组织的空域划分(见图9-3)为世界各国制定自己的空域分类提供了参考。从A类空域到G类空域逐步放松对目视飞行的限制。随着空域类别等级的降低,对航空器的限制和要求也相应降低。其中A、B、C、D类空域为管制空域,E、F、G类空域为非管制空域。A类空域到E类空域的空域划分方式被大多数国际民航组织公约缔约国中航空业发达的国家所采用或借鉴;而对于F类空域,很多国际民航组织缔约国没有在本国的空域划分中专门列出,只作为在没有空中交通管制服务条件下的临时性服务方式,这是因为在该空域,只提供空中交通服务咨询服务和飞行情报服务;G类空域指常说的非管制空域,采用目视飞行规则,不用提交申请就可以执行飞行计划。

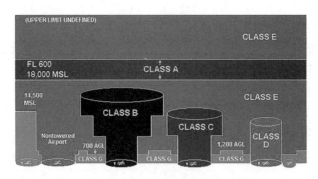

图9-3 国际民航组织空域划分

二、低空空域概述

(一)低空空域的概念

随着人们对航空活动认识的不断深入及空中交通服务的不断改善,针对空域资源的管理和研究也逐步增多,并在20世纪90年代出现了针对低空空域的研究,而对低空空域的研究又首先集中在对低空空域的界定、划分、使用、管理问题上。低空空域是通用航空、民用航空飞机起降、车航活动、无人机飞行的主要区域,作为国家的一种重要自然资源和战略资源,有极其重要的经济价值、社会价值和军事价值。

"低空空域"中的"低空",结合"空域"的含义,可知其是指一定空间的范围。从国际上看,国际民航组织将"低空空域"的范围设定在3 000 m以下,即在一国的领土范围内,由地平线或海平面向上的垂直高度区间。许多国际民航组织的成员也将这一规定运用于本国的航空领域,如美国、澳大利亚等。也有一些国家并未适用国际民航组织的规定,如俄罗斯。俄罗斯的相关法律规定,"低空空域"的空间范围仅有800 m,是从地平线或海平面上200~1 000 m,并且仍然适用严格的管制制度。然而,作为国际民航组织的成员之一,我国并未绝对或直接采用国际民航组织的规定,之前并没有确立一个官方的明确概念,同时也未从理论上明确"低空空域"的概念。对此尚且有迹可循的规定是国务院、中央军委于2010年8月印发的《关于深化我国低空空域管理改革的意见》,第一次明确举例了真高(真高就是距离地面的真实高度)1 000 m以下可以被称为"低空空域",即各类低空空域垂直范围原则为真高1 000 m以下,可根据不同地区特点和实际需要,具体划设低空空域高度范围,报批后严格执行。该意见要求我国在低空空域中细化相应的限制等级以满足不同客户的需求,低空空域内允许不同种类(按照仪表飞行规则或视飞行规则)无人机的飞行,空中交通管制单位应根据不同空域类型的要求分门别类地提供航空管制服务以及航行情报服务,对有的低空空域可以实现完全放开、由航空用户自主使用,继而实现低空空域的高效利用。

(二)我国低空空域划分组成

低空空域是民航运输的重要使用空域,它是除高空管制空域中低空管制空域、塔台管制空域、机场管制地带以及由于特殊原因划设的空中危险区、限制区、空中禁区、空军训练空域等以外的可使用空域。依照我国的国情和航空使用者的基本需求,将低空空域划设为三类空域,即低空管制空域、低空监视空域和低空报告空域。三类空域的开放高度原则上为真高 1 000 m 以下的空域,根据地形特征可以适当加大安全高度,这就是目前我国低空空域划设的基本构成。低空管制空域,是指为飞行活动提供空中交通管制服务、飞行情报服务、航空气象服务、航空情报服务和告警服务的空域,类似于现在的民航管制空域,需要接受管制员的统一调配,由管制员对航空器之间的间隔负责;低空监视空域,只是提供监视服务在有需要的时候可以与航空器进行联系,这类空域管制员不再对航空器进行不必要的调配,只需要进行相关的监视;低空报告空域是指为飞行活动提供航空气象服务和告警服务,并根据用户需求提供航空情报服务的空域,这类空域最灵活,只需要航空使用者报备,在这个空域具体怎么飞、飞多高完全由航空使用者决定,同时航空器经营人对安全负责,这类空域真正做到了让航空爱好者自由翱翔天空的飞行梦变成现实。

三、无人机飞行空域管理

(一)无人机飞行空域特点

1. 微小型无人机适合在隔离空域飞行

无人机相对于有人机而言,从技术上讲,由于驾驶员不在无人机中操控,数据链传输有延时,驾驶无人机存在着感知/避让的技术难题。

无人机感知/避让的技术障碍,致使无人机和有人机在融合空域中一同飞行非常危险,而有人机发展在先,在融合空域飞行的无人机需要适应有人机的飞行规则,对无人机的要求很高,如轻小型无人机根本无法装载有人机的航管设备。因此,在目前技术状态下,无人机仅适合在隔离空域中飞行。

2. 微小型无人机适合在超低空空域飞行

微小型无人机本身起飞质量不大,具有续航时间不长、飞行高度不高、飞行速度不快等特点,是"低慢小"航空器。因此,微小型无人机的飞行空域一般为 120 m 以下的超低空。

(二)无人机空域的管理

1. 美国对轻型无人机的运行监管

2016 年 6 月 21 日,美国联邦航空管理局(Federal Aviation Administration,FAA)正式颁布 14CFR Part107《轻型无人机系统》。该规章规定了 55 lb(25 kg)以内轻型无人机在国家空域系统的运行要求。14CFR Part107 由 A、B、C、D 四部分组成,共 44 个条款,其中 A 部分为总则,B 部分为运行规章,C 部分为无人机驾驶员适航审查,D 部分为豁免。美国联邦航空管理局强调,14 CFR Part110 仅是无人机系统进入国家空域系统的第一步,14 CFR Part107 对于轻型无人机的监管可以分为对无人机驾驶员的监管及对轻型无人机飞行过程的监管。

(1)对轻型无人机驾驶员的监管。

▶▶▶ **智慧监狱无人机警务**

在驾驶员资格方面,14 CFR Part107 规定操作轻型无人机的驾驶员必须在轻型无人机系统评级中获得飞行许可证后,方可进行轻型无人机的飞行。

在驾驶员操作方面,14 CFR Part107 也作出了许多规定。例如 107.17 规定,任何身体或心理状况可能会影响轻型无人机系统操作的人不得担任轻型无人机的驾驶员、观察员,或者直接参与轻型无人机的飞行;107.21 规定,飞行中如果出现紧急情况,无人机驾驶员必须马上采取措施,并要求事后书面报告航空管理局;107.23 规定,任何人不得由于粗心或鲁莽地操作轻型无人机或由于机上物品坠落,对其他人员和财产造成伤害;107.35 规定,同一人不能同时操纵一架以上的无人机。

(2)对轻型无人机飞行过程的监管。

对轻型无人机飞行过程,14 CFR Part107 也作出了相关规定。例如,107.49 规定了无人机起飞前必须进行飞行检查:应获知飞行环境,考虑附近地表及空中可能对人身及财产安全造成危害的因素,包括天气情况、空域及航班限制、地表人员及财产的位置等因素;确保地面控制及轻型无人机之间的控制链路运行正常;确保轻型无人机在预定飞行时间内有充足的电源;确保轻型无人机运输的任何货物是安全可靠的,不对飞行特性和无人机可操控性产生影响。

又如,107.51 规定了轻型无人机准许驾驶的速度高度及空域等;轻型无人机最大地面速度为 100 mile 时,美国联邦航空管理局认为速度限制是必须的,当无人机发生应急情况时,飞行速度越大对人员财产和其他航空器造成的风险越大,而且更低的速度限制将为无人机操纵者的感知和避让提供充裕的时间;轻型无人机最大飞行高度为 400 ft(121.9 m),由于大多数有人机运行高度都在 500 ft 以上,确定 400 ft 的飞行高度,可以为有人机与无人机控制相撞提供足够的安全距离;轻型无人机的最小飞行能见度为 3 mile(4 828 m);轻型无人机必须在云层下方 500 ft(152.4 m)下运行。

2. 我国现行无人机空域管理

目前,我国尚未发布无人机运行监管的适航规章,但中国民用航空局飞行标准司、运输司等部门颁布了多项法规,对我国的无人机运营展开监管工作。

(1)《民用无人驾驶航空器系统驾驶员管理暂行规定》。2013 年 11 月 18 日,中国民用航空局飞行标准司发布《民用无人驾驶航空器系统驾驶员管理暂行规定》(AC-61-FS-2013-20),主要解决无人机的驾驶员资质管理问题,并规定质量小于等于 7 kg 的微型无人机飞行范围在视距内半径 500 m、相对高度低于 120 m 范围内,无须证照管理,但应尽可能避免遥控飞机进入过高空域;质量等指标高于上述标准的无人机以及飞入复杂空域内的,驾驶员需纳入行业协会甚至民航局的监管。

(2)《关于民用无人驾驶航空器系统驾驶员资质管理有关问题的通知》。2014 年 4 月 29 日,中国民用航空局发布《关于民用无人驾驶航空器系统驾驶员资质管理有关问题的通知》(民航发〔2014〕27 号)有效期至 2015 年 4 月 30 日,民航局规定,无人机驾驶员资质及训练质量管理由中国航空器拥有者及驾驶员协会(中国 AOPA)负责,这也是我国首次对无人机驾驶员的资质培训提出要求。2015 年 4 月 23 日,中国民航局再次发布《关于民用无人驾驶航空器系统驾驶员资质管理有关问题的通知》(民航发〔2015〕34号),进一步规范了民用无人机驾驶员的管理。

(3)《使用民用无人驾驶航空器系统开展通用航空经营活动管理暂行办法(征求意见稿)》。2015年12月30日,根据《中华人民共和国民用航空法》《通用航空经营许可管理规定》,中国民航局运输司发布了《使用民用无人驾驶航空器系统开展通用航空经营管理暂行办法(征求意见稿)》,并于2016年1月8日前公开征求意见。该办法适用于使用无人机开展通用航空经营活动的管理。

(4)《轻小无人机运行规定》。2015年12月29日,中国民用航空局飞行标准司发布《轻小无人机运行规定(试行)》(AC-91-FS-2015-31),规定Ⅲ、Ⅳ、Ⅵ和Ⅶ类民用无人机应安装并使用电子围栏、接入无人机云,并对上述类别无人机在机场净空区和重点地区的管理作出了相关规定。我国对无人机的等级划分如图9-14所示。

(5)《民用航空飞行标准管理条例(征求意见稿)》。2016年3月24日,民航局飞行标准司重新整理并起草了《民用航空飞行标准管理条例(征求意见稿)》行政法规,纳入无人机运行的相关规定。该条例规定,使用全重1.5 kg(不含)至150 kg(含)的无人机实施运行的运营人,无须向民用航空主管机构申请领取运行许可证书,但应按照国务院民用航空主管部门的规定实施运行。

分类等级	空机质量/kg	起飞质量/kg
Ⅰ	$0<W\leqslant0.25$	
Ⅱ	$0.25<W\leqslant4$	$1.5<W\leqslant7$
Ⅲ	$4<W\leqslant15$	$7<W\leqslant25$
Ⅳ	$15<W\leqslant16$	$25<W\leqslant150$
Ⅴ	植保类无人机	
Ⅵ	无人飞艇	
Ⅶ	超视距运行的Ⅰ、Ⅱ类无人机	
Ⅺ	$116<W\leqslant5\ 700$	$150<W\leqslant5\ 700$
Ⅻ	$W>5\ 700$	

图9-4 我国对无人机的等级划分

3.《征求意见稿》涉及无人机空域管理的相关问题

在这部分内容里反复出现一个词汇"适飞空域",那么到底什么是适飞空域呢?适飞空域实际并不是指某一块适合飞行的空域,而是指排除规定里不能飞的空域外的所有空域。《征求意见稿》对于微型和轻型无人机的具体内容非常详细。

(1)微型无人机的规定。

《征求意见稿》第27条规定:"微型无人机禁止在以下空域飞行:

智慧监狱无人机警务

(一)真高 50 m 以上空域;

(二)空中禁区以及周边 2 000 m 范围;

(三)空中危险区以及周边 1 000 m 范围;

(四)机场、临时起降点围界内以及周边 2 000 m 范围的上方;

(五)国界线、边境线到我方一侧 2 000 m 范围的上方;

(六)军事禁区以及周边 500 m 范围的上方,军事管理区、设区的市级(含)以上党政机关、监管场所以及周边 100 m 范围的上方;

(七)射电天文台以及周边 3 000 m 范围的上方,卫星地面站(含测控、测距、接收、导航站)等需要电磁环境特殊保护的设施以及周边 1 000 m 范围的上方,气象雷达站以及周边 500 m 范围的上方;

(八)生产、储存易燃易爆危险品的大型企业和储备可燃重要物资的大型合库基地以及周边 100 m 范围的上方,发电厂、变电站、加油站和大型车站码头、港口、大型活动现场以及周边 50 m 范围的上方,高速铁路以及两侧 100 m 范围的上方,普通铁路和省级以上公路以及两侧 50 m 范围的上方;

(九)军航超低空飞行空域。

(2)轻型无人机的规定。

《征求意见稿》第 28 条规定:"划设以下空域为轻型无人机管控空域:

(一)真高 120 m 以上空域;

(二)空中禁区以及周边 5 000 m 范围;

(三)空中危险区以及周边 2 000 m 范围;

(四)军用机场净空保护区,民用机场障碍物限制面水平投影范围的上方;

(五)有人驾驶航空器临时起降点以及周边 2 000 m 范围的上方;

(六)国界线到我方一侧 5 000 m 范围的上方,边境线到我方一侧 2 000 m 范围的上方;

(七)军事禁区以及周边 1 000 m 范围的上方,军事管理区、设区的市级(含)以上党政机关、核电站、监管场所以及周边 200 m 范围的上方;

(八)射电天文台以及周边 5 000 m 范围的上方早地面站(含测控、测距、接收、导航站)等需要电磁环境特殊保护的设施以及周边 2 000 m 范围的上方,气象雷达站以及周边 1 000 m 范围的上方;

(九)生产、储存易燃易爆危险品的大型企业和储备可燃重要物资的大型仓库、基地以及周边 150 m 范围的上方,发电厂、变电站、加油站和中大型车站、码头、港口、大型活动现场以及周边 100 m 范围的上方,高速铁路以及两侧 20 m 范围的上方,普通铁路和国道以及两侧 100 m 范围的上方;

(十)军航低空、超低空飞行空域;

(十一)省级人民政府会同战区确定的管控空域。

轻型无人机的适飞空域与微型无人机相似,但是对安全距离的要求更高。在城市和有建筑的区域飞行一定要先查询该区域是否符合适飞空域要求。适飞空域并不是一个固定的空域,会随时更新,建议每次飞行之前查询一下。在飞行时需要格外注意,大型活动现场以及周边 50 m(微型)或 100 m(轻型)范围禁飞。也就是说,马拉松、骑行赛之类的活动是不能靠近拍摄的,其他空域可以遵循"法无禁止即可为"的原则,无特殊情况都是微型、轻型无人机适飞空域。

(3)植保无人机的单独规定。

《征求意见稿》里对植保无人机适飞空域作了单独说明:位于轻型无人机适飞空域内,真高不超过 30 m,且在农林牧区域的上方。同时符合这两个条件就是植保无人机适飞空域。植保无人机是指设计性能同时满足飞行真高不超过 30 m、最大飞行速度不超过 50 km/h、最大飞行半径不超过 2 000 m、最大起飞质量不超过 150 kg,具备可靠被监视能力和空域保持能力,专门用于农林牧植保作业的遥控驾驶航空器。根据《征求意见稿》里的要求来看,目前的植保无人机只需要安装一个"Agent",开启"U-Care"应用(见图 9-5)就能直接合法飞行了。《征求意见稿》从多个方面给植保无人机提供了绿色通道,必将促进无人机在农业植保方面的高速发展。

图 9-5　优凯飞行 Agent(U-care)云系统界面

(三)无人机空域划设

1. 无人机空域划设的职责和具体流程

由省级人民政府汇总各方需求后,向有关飞行管制部门提出轻型无人机空域划设申请,负责审批的飞行管制部门批复,并通报相关民用航空情报服务机构,省级人民政府发布行政管辖范围内空域划设信息,国务院民用航空主管部门收集并统一发布全国空域划设信息。临时关闭部分轻型无人机适飞空域,由省级(含)以上人民政府或者军级(含)以上单位提出申请,飞行管制部门根据权限进行审批,并通报相关民用航空情报服务机构。

根据《征求意见稿》,除微型、轻型无人机外,小型、中型、大型无人机都不符合适飞空域飞行规则。无人机通常与有人驾驶航空器隔离运行,划设隔离空域,并保持一定间隔。

在《征求意见稿》中符合下列条件之一的,可不划设隔离空域:

▶▶▶▶ 智慧监狱无人机警务

(1)执行特殊任务的国家无人机飞行;
(2)经过充分安全认证的中型、大型无人机飞行;
(3)轻型无人机在适飞空域上方不超过飞行安全高度飞行;
(4)具备可靠被监视和空域保持能力的小型无人机在轻型无人机适飞空域及上方不超过飞行安全高度飞行。

2. 隔离空域申请

《征求意见稿》明确了中型、大型无人机可以与有人驾驶航空器不隔离运行,为大型物流无人机提供法律保障。

《征求意见稿》中关于隔离空域申请的具体内容有:由申请人在拟使用隔离空域7个工作日前,向有关行政管制部门提出;负责批准该隔离空域的飞行管制部门应当在拟使用隔离空域3个工作日前作出批准或者不予批准的决定,并通知申请单位或者个人。申请内容主要包括使用单位或者个人,无人机类型及主要性能,飞行活动性质,隔离空域使用时间、水平范围、垂直范围、起降区域或者坐标,飞入飞出隔离空域方法,登记管理的信息等。大部无人机所有者并非航空业内人士,不知道该向哪个部门申请,因此推荐使用U-Care等无人机综合云监管系统来申请,其申请界面如图9-6所示。

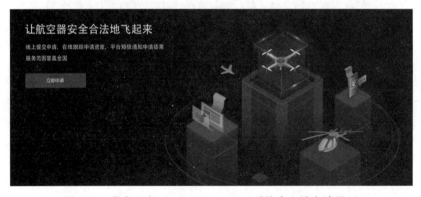

图9-6 优凯飞行Agent(U-care)云系统中空域申请界面

(四)无人机飞行空域建议

1. 我国具有无人机隔离空域资源优势

国外通用航空十分发达,有人机已经占据了各类空域。如美国,划分了A、B、C、D、E、G共六类空域,这些空域均为有人机空域,若为无人机划设隔离空域则与现有航空法规冲突很大。因此,目前国外研究的无人机法规,都是非隔离空域的无人机法规。如美国联邦航空管理局制定的相关管理规则,主要是针对无人机在G类空域飞行的规则。

我国为民航仅划分了A、B、C、D四类空域,除此之外的空域现在由空军实施管理。管理的方式是划设临时空域,划设给无人机使用的临时空域实质上就是隔离空域。根据《通用航空飞行管理条例》,可依据现有法规申请无人机临时空域,即隔离空域。《征求意见稿》也正是根据这一规定划设无人机飞行空域的。图 9-7 所示为靖边通用机场(无人机试验测试中心)获批 5 000 km² 空域。

图 9-15　靖边通用机场(无人机试验测试中心)获批 5 000 km² 空域

近年来以多旋翼为代表的轻小型无人机发展迅猛,无人机需求空域更加接近地面。民航 A、B、C 类空域下限高度至少在 200 m 以上,最低超障余度在山区是 600 m,在平原是 400 m。CCAR-91 部规定了有人机最低安全行高度是 150 m。在非民航空域,军用飞行除特殊的超低空训练或执行任务外,一般也设定了不小于 150 m 超低空的最低安全飞行度。这表明,我国 150 m 以下超低空空域和山区最低安全飞行高度以下的空域一般不允许有人机飞行,自然而然地形成了有人机的"飞行禁区"。可专门划设为无人机隔离空域,以满足无人机使用空域的需要。《征求意见稿》划设的轻型、植保无人机适飞空域,实际上就是这一空域。

2. 无人机隔离空域的航管系统

(1)民用无人机超低空隔离空域划设。

1)为便于理解,民用无人机超低空隔离空域可认为是有人机最低安全飞行高度以下,有人机机场空域、空中禁区、空中限制区和空中危险区以外的低空空域。这一空域范围十分广阔,尤其是边远山区域高度可达 600 m,目前由于有人机航行安全因素,几乎没有被利用,是用作无人机隔离空域的优质资源。

2)无人机隔离空域应该根据无人机的特点和空域属性建立创新的无人机航行监管系统,以提高空域内无人机作业效率,保障无人机飞行安全。

3)在无人机隔离空域,无人机按航行监管系统规则进行管理。

(2)无人机隔离空域的航管系统。

1)无人机航管原理与有人机航管原理一样,主要包括通信、导航、监视和飞行管制四部分。但相对于有人机,无人机航管通信有很大的不同。有人机驾驶员在航空器驾驶,驾驶员和航管中心主要通过地空语音通信;而无人机驾员不在航空器上驾驶,是在遥控站通过无人机数据链控制无人机驾驶员。无线电波是以直线传播的,受地球曲率的影响,在超低空空域无人机航管设备的通信监管范围内有很大的局限。这些因素使得无人机航管系统必须建立在以地面组网为主的基础上。

2）移动通信系统可保障无人机航管的通信链路,同时也可保障无人机超视距飞行时与控制之间的数据链。无人机航管系统应该制定规则,统一制定无人机控制站与航管中心的数据链协议,统一制定无人机控制站通过移动通信系统与无人机的数据链协议。对控制站与无人机的数据链,重点要解决时延问题。4G网络端到端的时延是50 ms,用于无人机实时控制有一定的困难;5G网络的时延可达到1 ms,较大地升高了无人机实时控制的能力。

3）无人机导航都依靠全球导航卫星系统(Global Navigation Satellite System，GNSS)。GNSS的基本原理是同时接收4颗卫星导航信号才可进行一次基本定位,而定位的精度与4颗卫星的相对位置相关。在超低空空域,尤其是在边远山区,由于地物的遮挡或者电磁干扰,一旦不能同时接收4颗卫星的信号,就会中断无人机的导航航迹,无法保障导航的可靠性。解决的方法是,可依托我国北斗导航卫星系统,在移动通信基站设置"伪卫星",即地面定点卫星,来保障北斗导航的可靠性和导航精度。北斗导航卫星系统是我国自主研制的,"伪卫星"可直接加入北斗系统星律规则中。

4）利用移动通信系统可为无人机航管构建类似ADS-B的无人机广播式自动相关监视系统,即无人机自身的导航位置信息通过移动通信系统数据链传输到航管中心和人机控制站,再由航管中心有选择性地通报给相关飞行空域的无人机控制站,实现对空域内的无人机航行管制。

5）以移动通信系统为基础,在相关基站设置"伪卫星"和一次航空雷达设备,使无人机具备航管系统的通信、导航和监视的基本功能。在此基础上的无人机飞行管制需要根据各行各业无人机航空作业的特点,制定相应的无人机航管规则,如无人机物流的航管规则、农林业无人机植保的作业规则、无人机电力巡线的航行规则、无人机救援的航管规则等。无人机航空系统实际上是全国无人机物联网。随着经济和科技的发展,在无人机物联网应用层需要开发的规则协议和行业应用将不断深化。

6）无人机隔离空域建立起的无人机航管系统,同样适合通用航空的有人机,只要有人机加装无人机航管设备,遵守无人机航管规则,就可以和无人机在隔离空域"和平共处"。实际上,无人机只是通用航空的一种特殊的机型,是通用航空异军突起的新生力量。建立隔离空域无人机航管系统,可先行先试,为我国通用航空低空航管积累经验,时机成熟后,再扩充发展为通航低空航管系统。

3. 无人机航管系统实施建议

（1）无人机航管系统实际上是全国无人机物联网,故建议将无人机航管系统纳入移动通信系统建设规划,从国家层面统筹顶层设计,尤其在5G网络的规划中要充分考虑无人机应用的特点,重点做好网络层和感知层基础协议规则的设计,为无人机航管的应用开发打牢基础。

（2）利用现有移动通信系统网络,鼓励并授权各行各业根据实际应用需求,在网络的应用层开发、制定各自的无人机航行作业航管规则。如无人机娱乐、无人机物流、农业无人机植保、无人机救援和无人机电力巡线等,都具有十分独到的特性。没有必要也不可能用统一的规则进行飞行作业管制。应以现有条件为基础,开发不同的航管规则,先试先行,不断完善。

(3)无人机航管系统建设需要资金投入,完全由国家投资建设是不实际的。建议运用市场机制,借鉴高路发展方式,采用PPP模式,共建共享无人机监管系统。如以固定航线监测地面或水面目标的无人机飞行应用,电力巡线、输油管道巡查、高速公路巡查、高铁巡查、河道巡查、海洋航道巡查、森林防火、保护区巡查等,均有着巨大的市场需求,足以支付无人机航管系统的建设投资。

第三节 民用无人机生产监管

无人机唯一产品识别码是无人机身份识别的基础,也是无人机管理的重要基础性工作。此码是赋予每一架无人机终生不可改的唯一编码,通过该码,无人机用户、民航、公安、海关等相关部门均可查询该无人机生产相关信息。构建无人机唯一产品识别码是一项贯穿无人机全生命周期的工作,涉及无人机的制造、流通和运行等环节。

无人机唯一产品识别码的构建涉及多种技术手段,包括编码、存储、通信、数据融合等。通过研究民用无人机数字身份识别关键技术,从全局角度出发,统筹规范民用无人机身份识别在制造、流通和运环节的管理需求,实现在民用无人机设计制造、流通及使用相关责任人的身份识别和监管,及时、有效地处置违法违规飞行活动,落实相关责任追究,从而确保对民用无人机的全面管理。

一、无人机唯一产品识别码相关法规

《无人驾驶航空器飞行管理暂行条例(征求意见稿)》第9条对无人机制造的行业管理作出明确规定,除微型无人机以外的民用无人机应当按照国务院工业主管部门规定具备唯一产编码。第13条对登记管理作出相应规定:除微型无人机以外的民用无人机,应当向国务院民用航空主管部门进行实名注册登记。同时,第11条对产品认证管理也作出了相应规定。这些都为无人机唯一产品识别码的技术应用提供了法规依据。

二、相关产业发展政策

2017年12月,工业和信息化部发布了《工业和信息化部关于促进和规范民用无人机制造业发展的指导意见》,在总体要求中明确提出"安全管控技术手段不断完善,国家级安全管控平台基本建立,企业级监管平台基本实现全覆盖,民用无人机产品全部实现'一机一码',自动识别率达到100%,满足接入管控平台的功能要求。"在主要任务中明确提出"研究制订民用无机数字身份识别规则、技术方案,实现'一机一码;引导企业通过加装通信模块、飞控软件升级、预留接口或采用国家制订的统一传输协议等技术手段,将产品纳入国家统一管控;利用移动通信网络、广播式自动监视系统或卫星通信等方式实现民用无人机可识别、可

监视和可管理。推动企业建设产品基础信息数据库及企业级产品监控服务平台,确保全部产品信息登记,实现民用无人机全生命周期管理。"这些都是民用无人机生产制造管理部门对无人机生产研制单位所生产的无人机身份识别提出的具体要求。

三、无人机唯一产品识别码相关标准

2017年6月,国家标准化管理委员会、工部、科技部、公安部、农业部、国家体育总局、国家能源局、民航局等部门联合发布了《无人驾驶航空器系统标准体系建设指南(2017—2018年版)》(以下简称"指南")。"指南"包括"分类分级"和"身份识别"等基础类标准,"注册管理""制造管理""运行管理"等管理类标准,"系统级"和"部件级"等技术类准,以及在不同行业的应用类标准。其中,基础类标准以国家标准为主,管理标准、技术类标准和行业应用类以行业标准为主。已列出了267项标准名称,其中多项标准与无人机身份识别密切相关。

四、国际工作进展

目前,国际标准化组织(International Standardization Organization/International Electrotechnical Commission,ISO/IEC)、国际民用航空组织(International Civil Aviation Organization,ICAO)和EEE等国际组织尚未发布无人机身份识别相关标准。2018年4月,ISO/IEC JTC 1/SC17成立了W12无人机执照与无人机识别模组工作组,聚焦于无人机执照与无人机识别模组有关的标准化工作,涉及无人机相关通信协议、密码安全、身份鉴定等标准化工作内容。我国已派出专家参加该工作组并承担了ISO22460PART2"无人机识别模组"联合编辑工作,有效保证了国内无人机身份识别与国际接轨。目前该标准已进入工作组草案阶段。

ISO/IEC JTC 1/SC17WG12无人机执照与无人机识别模组工作组第二次会议于2018年7月在荷兰莱登UL实验室召,中国专家在会上做了题为"中国专家无人机识别模组技术方案建议"的技术报告,提出了无人机识别模块(Drone Indentify Module,DIM)必须含不可变内容作为无人机的"基因",支撑无人机的全生命周期管理,同时包含注册编码等可变信息码,此观点得到了与会专家的广泛认同。IEEE在2019年3月成立IEEE-SAP1939.1工作组,旨在形成无人机低空运行与管理国际化标准涉及无人机识别与鉴权内容。截至2019年10月,已形成组内标准草案。

五、国内工作进展

2018年4月,在工业和信息化部电子司的支持下,全国信息技术标准化技术委员会及身份识别分技术委员会成立了"无人机执照与无人机识别模组工作组",工作组首批成员单位包括中国电子技术标准化研究院、北京航空航天大学、中国科学院地理科学与资源研究所、华为技术、京东无人机、小米科技等近40家国内无人机应用与管控领域科研单位及企业。经国内工作组多次会议研究讨论,拟制定十项国家标准以支撑国内无人机管理工作。在工作组研讨标识方案过程中,以大疆为代表的无人机企业普遍关注无人机增加标识的成本,工作组也在进行方案比较,尽量降低标识增加的制造成本。综合考虑,在制造过程中增加标识功能,要比生产制造后进入销售阶段、使用阶段再分别增加标识功能综合成本更有优

势且便于管理。

六、无人机"一机一码"示范验证平台

工业和信息化部电子标准院联合大疆创新、星逻智能、一电科技、成都纵横等多家国内无人机企业在苏州联合搭建无人机"一机码"示范验证平台。2019年7月30日,在苏州召开了由工业和信息化部指导,由中国电子技术标准化研究院主办的"新一代信息技术产业标准化论坛",该论坛以"数字赋能,标准引领"为主题,就新一代信息技术产业发展趋势、标准化需求相关产业标准化重点工作展开讨论,并为无人机"一机一码"示范验证平台揭牌。

民用无人机"一机一码"的编码由四段组成,即由制造商代码(MFC)、产品型号代码(PMC)、序列号(SN)和校验字符(CKC)共20位字符组成。其中,MFC由4位固定长度的字符组成,4位字符由数字(0~9)及除大写字母"O"和"I"外的大写字母(A~Z)中的4个字符及其组合组成,MFC需由无人机生产企业进行注册。具体编码方案依据相关标准制订。无人机产品识别码结构如图9-8所示。

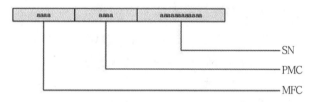

图9-8 无人机产品识别码结构

第四节 民用无人机监管技术

一、云端监管技术

云端监管是依托互联网技术发展起来的,通过无人机定位设备获取无人机位置及飞行状态信息,并按一定的数据接口规范将信息推送至特定的云端,云端之间通过无人机云交换系统实现全国无人机定位及飞行状态信息的交换与共享。无人机管理云平台如图9-9所示。

图9-9 无人机管理云平台

▶▶▶ 智慧监狱无人机警务

(一)无人机定位与状态信息云端推送技术

随着无人机各类应用的快速发展,无人机云端飞行管理服务系统面临的系统关键技术有待进一步发展和完善,典型的包括基于5G技术的无人机信息接入技术、无人机云系统接口技术及无人机交换系统技术等。

当前,无人机云系统读入的无人机定位信息,来源形式多样。大多数无人机云系统都使用基于2G(或3G、4G)网络的外挂式GPS定位设备,如优云的U-Box、优凯的U-Care Agent。采用外挂式GPS定位设备的原因是无人机云系统注册用户来源多样,所使用的无人机厂家及型号各不相同,采取外挂设备的方式来实现无人机信息的接入较易实现。部分云系统则利用自己生产无人机的便利,直接从飞控中读取无人机位置等信息,无须外挂定位设备。随着无人机生产的进一步规范化,在飞控设计及生产环节就将无人机系统与无人机云系统的数据传输技术一并考虑,是人机定位信息接入的发展趋势。随着5G技术的发展和应用,不论是外挂式还是内置式的无人机信息接入技术发展都将迎来新的局面。

(二)无人机云系统接口数据规范技术

民航局2017年11月发布《无人机云系统接口数据规范》行业标准,我国也由此成为全球范围内最早出台此类行业标准的国家。这部行业标准于2017年12月正式实施,对统一行业标准、促进无人机行业协调发展起到了重要作用。

《无人机云系统接口数据规范》规定了轻小型民用无人机系统与无人机云系统之间传输数据的要求,包括数据加密、编码规则、性能等。无人机系统和无人机云系统按照上述规范要求的数据接口进行双通信。无人机用户可以根据运行需求选择加入无人机云系统。无人机云系统可以向无人机用户提供航行服务、气象服务等。无人机系统应将飞行数据及时上报。无人机云系统对加入的无人机可实现地理围栏触发报警等功能。

根据《无人机云系统接口数据规范》,无人机系统向云系统提供的数据内容包括:①无人机注册信息。注册信息是无人机系向无人机云系统传输无人机相关身份标识的信息,以及无人机云系统为无人机成的编码,应至少包括产品序列号(Manufacturer Serial Number,MSN)、飞控系统序列号(FCSN)、国籍标记标志或实名注册编码(REG)、无人机云运营商(简称"运营商")在云系统中为无人机生成的编号(CPN)。②无人机动态信息。动态信息是表征无人机实时运行状况的信息,内容至少包括CPN、经度、纬度、高度、地速、航向、定位精度、时间等内容,无人机云系统所使用的经纬度坐标,均为WGS-84坐标。③无人机驾驶员登记信息。

无人机云系统应具备有线或无线通信功能,同时无人机云系统与无人机系统传输的数据应包含以下内容:①指令一,编码为MAYDAYMAYDAYMAYDAY,表示无人机接到该指令后,在指定区域内的无人机需立即降落;②指令二,编码为PANPANPANPANPAN-PAN,表示无人机接到该指令后,在1h之内离开指定区域,无法离开的完成返航备降;③指令,编码为CLEANCLEANCLEAN,表示无人机接到该指令后,在3h之内离开指定区域,无法离开的完成返航备降。随着无人机应用的广度和深度的快速扩大和加深,无人机系统与无人机云系统之间传输的内容也会发生变化,无人机云系统接口数据规范技术也处于不断完善之中。

(三)无人机云交换平台

为解决同一空域下注册无人机互相可见的问题,民航局委托中国民航科学技术研究院开发了无人机云交换平台,以供多家人机云系统进行实时数据交换和共享。

无人机云系统应该具备接收交换系统转发的国家无人机综合监管平台、无人机数据存储系统、无人机实名登记系统,以国家法律法规所要求的其他系统的数据能力。无人机云系统飞行数据同步要求:①无人机云系统应具备每 5 s 向交换系统上传一次所有飞机的飞行数据的能力;②交换平台应具备每 5 s 向无人机云更新一次其他无人机云系统上报的飞行数据的能力。连续 3 个月达到 2 000 架次及以上的无人机云系统可参与交换系统的数据共享和交换;当无人机云系统的前 12 个月的月平均运行量低于 2 000 架次时,则暂停其与交换系统的交互。

二、地理围栏和动态更新技术

地理围栏(电子围栏)技术已成为用户合法飞行的基础,也是国内民用无人机的主要监管方法。通过此项技术,可以保护机场净空区、核电站区域等敏感区域,为合法运行的民用无人机提供提示或警告信息,使其做到提前防范。无人机地理围栏如图 9 - 10 所示。

图 9 - 10 无人机地理围栏(电子围栏)

(一)地理围栏概况

近年来,轻小型民用无人机被广泛应用,由于无人机的使用者对于相关运行法规政策知之甚少,进而有意无意频频"闯祸"。无人机导致的事故种类五花八门,归结起来主要有三类:①对国内的空防安全造成了威胁;②与国内现有的有人驾驶航空运行产生了冲突;③部分无人机的使用有可能威胁到人身安全。①主要指的是一些无人机的户外活动,甚至与恐怖活动相关。②指的是机场附近的"黑飞",这类事件的出现经常会引起舆论界的轩然大波。例如,在 2017 年 4 — 5 月,在成都双流机场和昆明长水机场多次出现的无人机非法飞行已影响到民航的运行安全。③与公共安全和个人隐私有关。2017 年上半年,发生的无人机干扰民航正常飞行运行事件高达40余起。

为了降低无人机飞行干扰航班正常运行的风险，促进无人机相关信息在监控各环节顺畅流转，提高无人机冲突数据报告的规范化程度，优化监管部门及时采取风险缓解措施，民航局空管办在2017年5月公布了我国155个民用运输机场的净空保护范围数据。2017年7月，中国民航局飞行标准司发布了《关于飞行机组报告无人机冲突风险的通知》，并制作了"无人机报告表"供行机组使用，以作为无人机位置信息获取途径的重要补充。同年，民航局制定并布了《无人机围栏》和《无人机云系统接口数据规范》两个行业标准。此后，无人机"扰航"显著减少。其中不得不提的是无人机地理围栏，它为无人机自由地在天空翱翔提供了支持，避免无人机误入"红区"或"黄区"。在无人机飞行控制系统中植入地理围栏后，结合无人机系统中的定位等功能，无人机自动识别其地理位置，一旦判定自身位于地理围栏内，无人机会返航或自动降落。通过地理围栏这一技术手段能很好地解决普通无人机操作人员误闯误进军事场地、核电站、机场等问题。更简单地说，通过使用无人机系统中的地理围栏，可很好地解决非专业人士和普通无人机使用人不知道哪儿能去、哪儿不能去的问题。2018年10月，中国民航科学技术研究院民用无人机检验中心对拓攻机器人公司研发的无人机飞控系统进行了系统安全能力地理围栏等级检验，拓攻成为国内首家通过检验的企业；2019年8月，亿航通过了民用无人机检验中心无人机系统安全能力Ⅱ级围栏检验。

(二)地理围栏标准

2017年10月民航局正式发布《无人机围栏》行业标准，并于2017年12月正式实施。该标准由中国民航科学研究院负起草编制，中国科学院地理科学与资源研究所、中国航空器拥有者及驾驶员协会、北京优云智翔航空科技有限公司、北京国泰北斗科技有限公司、致导科技(北京)有限公司、易瓦特科技股份公司等单位参与起草。该标准明确了地理围栏的范围、数据结构、构型、性能要求和测试要求等内容，规定了地理围栏的分类及使用的坐标系统。此外，为了能动态升级和迭代更新地理围栏，该标准还做了一些前瞻性设计，如统一了地理围栏数据格式的基础标准，为今后地理围栏数据的规范发布和接收奠定了坚实基础，同时也降低了无人机制造商和无人机用户的使用成本。

(三)地理围栏的基本概念

地理围栏，也称电子围栏、无人机围栏，是为阻挡即将侵入或违规飞出特定区域的航空器，在相应的电子地理范围中画出特定区域，并配合无人机云系统或飞行控制系统、保障区域安全的软硬件系统。地理围栏技术需要无人机飞控系统或无人机云系统配合使用。地理围栏模型采用四空间结构，包括经度、纬度、限制高度和有效时间。按照在水平面投影的几何形状，地理围栏构型分为三种——民用机场障碍物限制面、扇区形和多边形。地理围栏的经纬度均使用 WGS-84 坐标。

(四)地理围栏的构型与有效时间

民用机场的障碍物是指一切固定(无论是临时还永久)和活动的物体，或是这些物体的一部分，或为保护飞行中的航空器而规定的限制面，或位于评定为空中航行有危险的规定限制面之外。为保证民航飞机的起降安全,需要对障碍物进行评估,根据评估结果实行一定高度的限制。障碍物限制面的范围也称净空区,障碍物限制面的要求是根据跑道的使用方式(即起飞或着陆以及进近的类型)来规定的,并拟在跑道按所述情况使用时适用该要求。

民航运输机场净空区一般由端净空和侧净空组成。端净空是一组从跑道两端以远一定距离起,根据不同条件,采取不同的起始宽度和向两侧扩展的斜率及不同的障碍物限制坡度所组成的梯形或舌形的净限制面,包括起飞爬升面、进近面、内进近面、复飞面等。侧净空是从飞行区两侧开始向外扩展的一组障碍物限制面,包括过渡面、内水平面、锥形面等。

多边形地理围栏空间几何构型由不同海拔的底面和顶面组成的立方体构成。空间几何型的一个面是由同一平面上的 N 个空间点构成的闭合的空间区域,空间点以真北为起点,在水平面上按顺时针依次命名。顶点顺序为顺时针方向。构成顶面和底面顶点的数量相等。扇区形地理围栏空间几何构型是由不同海拔的扇区形底面和顶组成的立方体;构成一个空间的扇区面是由同一平面上的扇区原点、扇区半径和扇区起止方位角(扇区开始真方向和扇区结束真方向)构成的闭合空间区域。

地理围栏的有效时间是指禁止无人机在该空间范围飞行的时间段(包括起始时间和结束时间),有效时间可以是多组时间段,每个地理围栏均有有效时间。其中地理围栏起始时间使用 UTC 时间,格式为 UTC YYYYMMDD TTMM,永久有效的地理围栏在起始时间 UTC 后标注 NONE。地理栏终止时间也使用 UTC 时间,格式为 UTC YYYYMMDD TTMM,永久有效的地围栏在终止时间 UTC 后标注 9999。

三、无人机云系统

无人机云系统(或简称"无人机云")(中国民用航空局飞行标准司,2015 年),是指轻小型民用无人机运行动态数据库系统,用于向无人机用户提供航行服务、气象服务等,对民用无人机运行数据(包括运营信息、位置、高度和速度等)进行实时监测。接入系统的无人机应即时上传飞行数据,无人机云系统对侵入地理围栏的无人机具有报警功能。2015 年 12 月,民航局飞行标准司下发了《轻小无人机运行规定(试行)》,对Ⅲ类以上无人机及部分Ⅱ类无人机提出了接入无人机云系统的要求。

(一)已获民航局批准运行的无人机云系统

自 2016 年 3 月,民航局飞行标准司给优云(U-Cloud)发出第 1 张"无人机云批准信",到 2019 年 4 月,民航局飞行标准司给中科天网发出第 10 张"无人机云批准信",一共发出 11 张"无人机云批准信",俗称"11 朵云"。这"11 朵云"中,"飞云"于 2018 年 8 月 31 日到期后资质失效,其余"10 朵"目前有效。由不同背景的提供商运营,各自的统功能结构及服务侧重点有所不同,用户数量差别也较大。"11 朵云"主要包括如下内容。

1. U-Cloud

U-Cloud 的提供商是北京优云智翔航空科技有公司,是审批通过的首家无人机云系统,批准时间是 2016 年 2 月 13 日。优云是中国航空器拥有者及驾驶员协会(中国 AOPA)。

▶▶▶ **智慧监狱无人机警务**

无人机管理办公室顺应无人机和"互联网＋"发展趋势,利用协会自身优势,与相关部门与企业合作推动和加速互联网向低空民用无人机监管领域拓展,共同研发的低空空域民无人机飞行管理动态大数据云系统,可满足数量庞大的无人机群体的飞行数据处理。U-Cloud优云无人机飞行平台如图9-11所示。

图9-11 U-Cloud优云无人机飞行平台

2. U-Care

U-Care的提供商是青岛云世纪信息科技有限公司。U-Care系统是国内首个基于民用航空行业标准、符合空管雷达数据传输规范的无人机管控系统,于2018年4月正式改名为优凯飞行。它除了具备无人机与驾驶员管理、飞行计划和服务管理、航空资料大数据等基本功能,还在使用、飞行计划审批和空域监管上结合了国内的空域资源管理现状,在系统直接预留了与军民航空监视系统的接口。

3. Flying-Cloud

Flying-Cloud的中电科航空电子有限公司(飞云飞行服务系统为Flying-cloud),支持互联网、低空雷达、2G/3G/4G等多种链路数据接入。无论室内还是室外,可随时通过电脑、手机APP管理和监管各类无人机;结合了禁飞区数据和地理围栏;与四南空管局实行了数据对接,可提供更为准确的气象信息。该系统已于2018年8月31日到期终止使用。

4. 北斗云

北斗云的提供商是北京中斗科技股份有限公司。北斗云无人机云系统是集飞手注册、培训管理、飞行计划管理、无人机低空定位、轨迹跟踪、地理围栏、空中防撞、越界警告、线路优化、气象情报、动态监测、数据(包括位置、高度、速度等)统计分析功能于一体的智能化管控平台。为配合法规政策的实施,它授权植保无人机企业进行数据接入,2017年极飞科技便将其无人机数据接入北斗云。

5. 无忧云

无忧云的提供商是北京云无忧大数据科技有限公司。无忧云除了能实现无人机的监管功能外,还首次实现了对授权无人机进行简单控制的功能,是唯一一家被授权的能实现B

级控制的云系统供应商。无人机云系统接口等级分为 A、B 两级,A 级接口可以实现对无人机监视,B 级接口则在监视功能外能对无人机进行简单控制,包括悬停、降落等[无忧云大数据(5U-Cloud),2019 年]。

6. 大翼鹰眼云

大翼鹰眼云的提供商是南京大翼航空科技有限公司。无人机接入大翼鹰眼云系统后,可查看无人机的连接状态、天气情况和飞行建议,还可进行无人机任务协同规划与指挥调度、航拍数据的远程实时显示,以及飞行记录和无人机地理空间数据(飞行轨迹、禁飞区)的三维可视化展示、倾斜摄影数据的建模展示等功能。

7. 知翼

知翼的提供商是千寻位置网络有限公司。知翼可为接入平台的无人机提供 3D 可视化功能,实时跟踪飞行中的无人机。可构建 4D 时空地理围栏,进行空间精细化的动态监管。具备无人机轨迹的事后分析能力。知翼基于运营人、无人机、驾驶员等内容构建了监管信息,并融合气象等数据,可多维度助力无人机安全飞行。

8. 云网

云网的提供商是天宇经纬(北京)科技有限公司。云网面向各类无人机用户和服务商,提供远程、实时、宽带的网络测控接入和大数据服务,还可提供无人机飞行数据实时传输、存储和分发,飞行数据处理、分析、交易,以及空域、保险、气象、飞行、咨询等一站式服务。

9. 极飞云

极飞云的提供商是广州极飞科技有限公司。极飞云是国内第一个,也是目前唯一一个获批的农林植保专用云服务系统。极飞云服务系统能够帮助客户在使用极飞无人机进行喷洒作业时,实时掌握作信息,保证作业安全可靠。同时极飞云也提供历史故障纪录,更加高效地为客户服务。实施农林喷洒作业的运营人员可在其运行时保存相关的喷洒数据。确保用户能够方便、快捷地接入云系统记录并保存喷洒数据,安全、合规地进行喷洒作业。极飞云无人机飞行平台如图 9-12 所示。

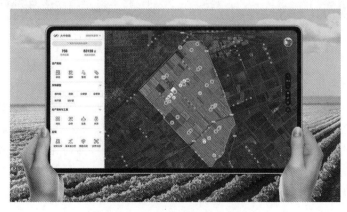

图 9-12 极飞云无人机飞行平台

10. 拓攻云

拓攻云的提供商是上海拓攻机器人有限公司。拓攻云可以对民用无人机的运行数据进行实时监测,对无人机运营人、无人机驾驶员、无人机作业空域申请进行管理,对无人机违法飞行进行监视和报警,同时可以向无人机用户提供气象服务,与相关部门和其他无人机云提供商共享数据。拓攻无人机飞控系统用户可以通过飞控附带的4G通信模块或拓攻的地面站软件(PCAPP)实时上报无人机的飞行数据。

11. 中科天网

中科天网由中国科学院地理科学与资源研究所、中国科学院无人机应用与管控研究中心、北京星球时空科技有限公司、深圳飞马机器人科技公司、天津中科无人机应用研究院等联合研发,由北京星球时空科技有限公司提供技术维护和运行支撑。自2012年,在科技部国家遥感中心和中国科学与地理资源所积极推动下,多单位联合开展了无人机平台的数据库管理研究。2016年国家遥感中心无人机应用专家组与中国科学院地理资源所联合开展了无人机云端管控制研究,并开发中国科学院无人机云端控制系统——如来天网(RUNET)系统,2017年3月26日,如来天网成功投入测试运行。2018年,在如来天网的基础上开发中科天网。中科天网面向科研应用,依托中国科学院野外科学台站布局特点植入低空公共航路,基于云计算进行系统设计与构建,为有效支撑服务国内统一的无人机运行管理体系提供技术基础。如来天网无人航空器监管平台如图9-13所示。

图9-13 如来天网无人航空器监管平台

(二)无人机云系统的运行情况

2019年2月,民用无人机检验中心发布2018年无人机云数据统计报告。报告对参与无人机云数据交换和共享的7种无人机云系统(优云、优凯、飞云、北斗云、无忧云、知翼云和极飞云)的无人机飞行数据进行了统计。报告显示,2018年,参与无人机云交换系统进行数据交换的无人机共3.1万架,全年总飞行时长达988 625 h(绝大多数娱乐类无人机属于Ⅰ类无人机,目前无接入云的要求,因此该报告数据不含此类)。

综上所述,可以将国内运行的无人机云系统分为三类:第一类是经民航局批准由商业公司运营管理的商用无人机云系统,如 AOPA 的优云和青岛云世纪的优凯;第二类是经民航局批准供科研院所研究应用的公用无人机云系统,如中国科学院的中科天网;第三类是尚未经民航局批准由云系统主体单位自运行的系统,如大疆的 GEO。

以上云系统都充分利用了互联网的云计算云存储能力,可以实时上传无人机产品序列号、登记人资料等静态信息和无人机位置姿态等动态信息,并长期存储数据。除此之外,地理围栏的实时更新信息和报警信息也在无人机云系统中得以体现。各云系统均符合民航局《轻小无人机运行规定(试行)》和《无人机云系统接口数据规范》相关规定。除此以外,各系统在业务功能和数据传输模式上有自己的一些特点。如:优云因为最早入驻无人机云,接入的无人机数据在数量上远大于其他无人机云,此外还提供飞行计划快速批报服务;优凯完全按照空管运行系统标准开发,除了具备一些基本的飞行管理功能,还预留了与军民航空管监视系统的接口;无忧云具备对无人机进行简单控制的功能;知翼云具备三维可视化功能;等等。

无人机云系统的兴起为无人机监管手段带来了新的活力,但在发展中仍存在一些普遍问题,如当下各无人机云提供商未建立相关部门或其他无人机云提供商的数据分享机制,无人机云系统中普遍缺乏相应的路网,这使得决策部门在审批无人机飞行计划时缺乏航路及其环境评估的科学依据,给决策带来不便。

第十章　无人机防御与反制技术

第一节　无人机防御反制系统概述

无人机防御反制系统是利用无线电、雷达、声波、信号、激光等手段,压制、阻止和干扰无人机的正常运行,甚至直接击落无人机的侦测反制装备体系。

无人机防御反制系统在反恐怖袭击,维护社会治安秩序,防范和应对无人机侵扰,确保警卫目标、重点单位和重大活动安全等方面发挥出越来越重要的作用。目前无人机防御反制系统主要通过探测跟踪和预警、干扰、伪装欺骗、毁伤等技术实现对无人机的反制。无人机侦查反制指挥车如图 10-1 所示。

图 10-1　无人机侦查反制指挥车

无人机防御反制系统是一种典型的防空系统,与传统军用防空系统相比,其功能同样需要覆盖探测、预警、识别、跟踪、攻击、干扰等部分,但由于具备"低、慢、小、快"的技术特点,因此探测识别、干扰攻击的技术反制的难度更大。经过多年的发展,从预警到捕杀,反无人机技术已经拥有一套相对完整的体系。

当前的反无人机设备按照功能主要分为两种:①防御类设备;②反制类设备。防御类设备的主要功能是进行目标区域无人机探测(无人机搜索)、可疑目标报警、目标跟踪以及敌我无人机识别。反制类设备的主要功能是对可疑无人机进行信号链路干扰阻断,进行无人机控制以及无人机销毁。目前市场很多厂家采用集成式防御系统进行无人机防御,主要是采用多种防御技术结合进行无人机探测,发现无人机后联动反制设备进行无人机反制,形成立体化防御。

第二节　无人机探测与识别技术

无人机探测与识别是一项综合多学科的应用技术,涉及的学科领域包括传感器技术、微波技术、红外技术、电子学、声学、计算机技术、激光技术、自动控制技术、测试技术、人工智能技术等。它的主要目的是采用非接触式的方法探测空中移动的入侵无人机,通过目标识别技术,完成对受控对象的控制任务,如实施对无人机的锁定跟踪,并进行精确打击。目前,对于无人机探测与识别技术的研究,主要方向有光学探测与识别、微波探测与识别、声波探测与识别、基于已有产品数据库特征的匹配技术。单一的技术手段难以保证对复杂低空背景下无人机的识别与锁定,往往采用多种复合探测手段。

一、光电探测技术

温度高于绝对零度的有生命和无生命的物体时刻都在辐射红外线,红外光最大的特点是具有光热效应,能辐射能量。红外探测器是将红外辐射能转换为电能的一种光敏器件。检测红外辐射的存在,测定它的强弱并将其转变为其他形式的能量以便应用,这就是红外探测器的主要任务。针对无人机的热辐射特性,采用红外探测器进行检测。在无人机飞行过程中,主要的发热位置集中在电池以及电机位置。在远距离成像时,小型无人机的红外图像为弱小目标,目标容易淹没在背景杂波中,信噪比较低,目标图像携带的信息量少,给目标的探测与识别带来很大困难。背景杂波和噪声是影响无人机探测的主要因素,其中前者是造成探测虚警的主要原因,背景主要指缓慢运动的云层、地面的建筑物和树林等干扰。目前无人机的红外探测难点是红外弱小目标的检测。但采用红外技术,可以有效解决夜间对于无人机的探测难点,对提升整个反无人机系统性能具有很大的意义。

可见光相机在白天对于目标无人机的确认具有直接视觉效果,有利于目标识别。由于成本低廉,现有的探测与识别装置普遍配备可见光相机。为了实现对无人机的探测与识别,通常采用多种光学探测设备(见图10-2)进行数字融合以达到最佳成像。

探测原理:光电探测设备接受"低慢小"目标反射或辐射出的可见光和红外波,通过光学成像、红外成像、激光红外成像以及热成像技术采集无人机图像进行分析对比,从而判断无人机类型、位置等参数,进而达到探测的目的。相比于其他探测方式,它能够直观反映目标的轮廓特征,能够辨别目标的形态和种类,可以弥补雷达探测存在盲区的缺陷,完成近距离的精准探测。此类设备主要叠加其他探测方式使用,如频谱或协议破解技术,用于探测到无人机后进行后续追踪。

技术局限:①作为"低慢小"目标,体积小,其可见光和红外辐射特征较弱,使得通过可见光、红外探测的发现距离大大缩短,激光雷达探测目标反射回波更弱,这些都使光电探测更加困难。②光电探测受天气的影响较大,其中光线、能见度、云层、雨、雾等均会影响光电探测的探测距离和对目标的探测概率。③应对多架无人机目标时,其能力有限。

图10-2 无人机光电探测设备

二、雷达探测技术

雷达是利用电磁波探测目标的电子设备。雷达发射电磁波对目标进行照射并接收其回波,在任务区域内继续搜索和收集回波信号,由此获得目标至电磁波发射点的距离、距离变化率(径向速度)、方位、高度等信息。

探测原理:雷达探测是基于多普勒效应,根据反射回波能够对目标进行精确测距;结合雷达本身的方位、俯仰角和卫星导航信息,能够获取目标的三坐标值。雷达技术是一种非常成熟的探测技术,具有探测距离远、定位较精确、反应速度快等优势,在白天或晚上均能够探测目标,不受风、云、雨、雾等恶劣天气的影响,具备全天候探测的能力。无人机雷达探测设备如图10-3所示。

图10-3 无人机雷达探测设备

第十章 无人机防御与反制技术

技术局限:①雷达只会对超出速度探测阈值的移动目标作出反应,而对速度低于探测阈值的慢目标(比如在悬停或慢速移动时),雷达往往会作出"无视"反应,达不到探测的目的。②现代"低慢小"目标一般都是由复合材料、塑料泡沫等构成的,这些材料具有透波特性,使目标具有低可探测性,而且"低慢小"目标的电机、发动机、电池、导线等金属材料体积较小,大大降低了目标自身的雷达反射截面,降低了被雷达探测的距离和发现概率,也缩短了后续处置的反应时间。③通常"低慢小"目标飞行高度较低,地杂波的影响也将给地面雷达的搜索探测增添一些难度。在临海、森林遮挡、楼宇遮挡的情况下,探测效果也会受到影响。④由于雷达天线的波束条件限制,需要较好的架设条件(如城市环境中,需要架设在高大建筑物顶层),对周围的环境有电磁污染,造价昂贵,需要专业的技术人员操作。同时,空中的不明干扰物,也会造成大量虚警、形成误报。

三、声学探测技术

探测原理:声学探测主要通过检测目标内机械部件运动所带来的声波信号,达到探测目标的目的。无人机在飞行时,电机和旋翼震动会产生一定程度的噪声,频率主要在 0.3~20 kHz 范围内。每个无人机的螺旋桨旋转声都可作为独一无二的"音频噪声"。声波识别就是通过麦克风探测和记录音频噪声,并与记录了所有无人机音频的数据库进行匹配,从而辨识出是否为无人机的声响。无人机声学探测设备如图 10-4 所示。

图 10-4 无人机声学探测设备

技术局限:①目前"低慢小"目标的飞行速度较慢,飞行动力很大比例上依靠电动力,这些均使得目标噪声水平很低,给声学探测带来很大的困难。②通过专门设计,在周边环境噪声的干扰下,部分目标可以使其噪声达到难以探测的程度。

四、频谱侦测技术

无人机频谱侦测技术是通过探测、搜索、截获地域内的无线电信号,并对该无线电信号进行分析、识别并获取其技术参数、工作特征和辐射位置等信息来判别和跟踪无人机的。无人机在飞行的时候,无人机与遥控器之间会通过无线电不断进行数据交换。无人机频谱侦测系统就是通过捕获无人机或遥控器发出的无线通信信号,来实现对无人机飞入管控区域的识别与跟踪定位。

▶▶▶ **智慧监狱无人机警务**

探测原理:"低慢小"目标与地面站(或地面遥控器)之间的测控信号可通过无线电频谱监测手段探测,无线电频谱监测正是基于这种原理进行监测的。通常情况下,无人机在飞行过程中,飞控系统和图传系统都会发射无线电信号。飞控系统通过无线信号遥控指挥飞机;图传系统通过无线信号回传图像信息。利用飞控信号和图传信号的频谱特征,可通过无线电信号分析技术实现对无人机的探测和识别。当前信号分析技术可以通过采集、分析信号的频率、信道带宽、调制方式、符号率、跳变参数等数据,提取信号特征,从而识别出所采集频段范围内的无人机信号,并通过信号特征判断无人机的品牌、型号甚至其唯一的指纹信息,进而创建无人机黑、白名单,实现精准识别和预警警告,并且最快可以在无人机开机起飞时探测到,达到快速响应的目的。此外,通过对未加密图传信号进行解调,可观察到无人机实时传输的图像信息,协助识别无人机用户信息。利用这种探测手段还能够获取遥控无人飞行器的遥控频率和方位信息,进行目标的三坐标定向定位,进而定位飞手位置。若已知目标信号型号和初始信号发射强度,就能够计算出目标的距离信息,也可以无人机为载体,搭建空中监测平台,对目标实施空中监测。其优势在于不受无人机尺寸、材质、建筑物遮挡限制,没有电磁污染、可以用于长期无人值守的无人机防御任务。无线电频谱探测装备的造价和成本相对较低,能够在较大的范围内定点布设。图 10-5 为无人机信号的频率。

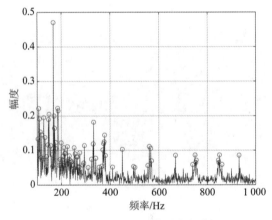

图 10-5 无人机信号的频率

技术局限:①无线电信号探测的难点主要在于对加密无线电信号通信协议和内容的破解,需要持续更新信号特征库来实现对最新款无人机信号的探测和识别,对于未知的无人机频段探测效果劣于常用已知机型。②无人机目标采用自主飞行模式不发射无线电信号而处于"静默"状态时,将无法使用此技术来探测无人机。③目前部分无人机会针对频谱探测设备进行跳频反制,对于超高频率的跳频,无人机频谱无法很好地进行跟踪。图 10-6 为无人机频谱侦测设备。④多点定位、空间定位准确程度有限,对加密信号跟踪破译耗时较长,在城市复杂电磁环境下,被动式的频谱探测容易受到干扰。

图 10-6　无人机频谱侦测设备

第三节　无人机反制技术

无人机反制技术大体上可分为四类：①直接捕捉类，通过使用无人机携带或者从地面发射捕捉网捕获无人机；②干扰阻断类，通过向无人机发射定向大功率干扰射频，切断无人机与遥控平台之间的通信，迫使无人机自行降落或返航；③直接摧毁类，主要是利用激光武器、微波武器、格斗型无人机以及常规火力等手段直接摧毁无人机；④监测控制类，通过无线电信号劫持、信号欺骗和黑客攻击等方式控制无人机并引导其返航，同时避免无人机坠毁。

一、直接捕捉类

目前，主要通过发射捕捉网来直接捕捉无人机。捕捉网可以从地面设备发射，也可以通过无人机从空中发射。地面发射设备通过装备智能传感器，可自动校准无人机的方位并计算距离，以协助操作人员实施精准发射。发射的大捕网缠绕无人机螺旋桨后通过降落伞安全降落地面。空中捕捉需要使用大型的无人机拖挂特制网兜，并由专人操作来捕捉小型无人机。但直接捕捉需要无人机在可视范围内，难以对抗机群，对捕捉飞手技能要求高，射程有限。随着无人机避障技术的发展，捕捉越来越困难。图 10-7 所示为无人机空中捕捉设备。

二、干扰阻断类

无人机的卫星定位系统和飞控系统都需要使用无线电信号进行通信。通过对这两类无线电信号进行干扰，可使无人机根据自身的保护策略失控迫降、悬停或者返航等，达到驱逐防御和打击无人机的目的。图 10-8 所示为无人机干扰阻断反制原理。

▶▶▶ 智慧监狱无人机警务

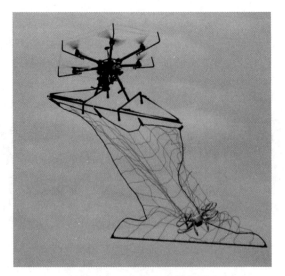

图 10-7　无人机空中捕捉设备

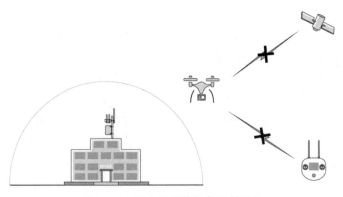

图 10-8　无人机干扰阻断反制原理

无人机导航、数传、图传三类链路分别或同时受到压制式干扰时，无人机通常会有四种典型压制干扰工况——直接坠落、自动返航、自动下降或空中悬停。

直接坠落：一般来说，出现直接坠落的无人机大多是因为飞控程序中没有失控保护算法。当无人机部分或全部链路中断时，程序性错误会导致飞机直接坠落，此种情况多见于智能化程度较低的航空模型无人机或技术不完善的工业级无人机。

自动返航：对于受到干扰后自动返航的无人机而言，因为其可以按照之前记录的起飞点自动精准返回，所以通常导航链路通信仍然正常，受到干扰的是数传、图传链路。同时，此类无人机飞控算法中都会设置为无人机失去控制后自动返航，因此无人机可以按照程序预设完成返航操作。

自动下降：无人机受干扰后实现自动下降通常需具备两个条件，首先是无人机飞控算法中设置为无人机失去控制后自动返航或者降落，其次是其导航链路受到了干扰影响。

空中悬停：无人机飞控中如果设置其在受到干扰后继续滞空，则无人机在受到压制式干扰后会保持在空中悬停的动作。值得注意的是，如果此时无人机导航链路也受到了干扰，则

第十章 无人机防御与反制技术

无人机因为无法定位,通常表现出的飞行工况是随风漂移。

(一)对卫星定位信号的干扰

无人机利用卫星定位信号来实现导航、定位、悬停和姿态调整等。现有的卫星定位系统大多采用扩频通信技术,且卫星定位信号比较微弱,因此只需对定位系统的通信频段实施全频带干扰,就能阻断无人机接收卫星定位信号。无人机在丢失卫星定位信号后,根据飞控程序的不同设置,会有不同的处置方式。对于经验丰富的飞手来说,可以通过手动控制引导无人机飞回或降落;对于新手而言,无人机此时难以控制,会导致无人机失控漂移或者坠机。但使用干扰卫星定位信号的方式干扰无人机飞行时,也会对周围其他需要卫星定位信号的设备造成有害干扰,因此在应用此技术时需要谨慎选择时机和地点。

(二)对上行遥控信号的干扰

无人机飞手通过飞控系统的上行信号发送遥控指令,控制无人机执行飞行任务。如果上行信号受到干扰,无人机将失去控制,只能按照飞控程序预设的路线运行,通常是原地降落、悬停或者返回出发点。目前,对上行遥控信号的干扰主要分为宽带阻塞干扰和跟踪式干扰两大类。此外,还有声波干扰。固定式无人机干扰反制设备如图 10-9 所示。便携式无人机干扰反制设备如图 10-10 所示。

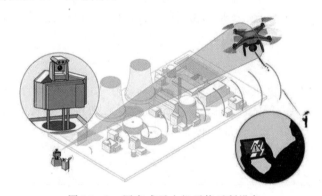

图 10-9 固定式无人机干扰反制设备

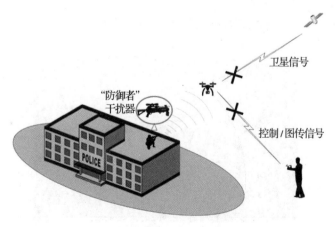

图 10-10 便携式无人机干扰反制设备

▶▶▶ 智慧监狱无人机警务

1. 宽带阻塞干扰

当前无人机遥控信号普遍采用跳频、扩频技术,跳频参数实现自适应,具有一定的抗干扰能力。干扰者在没有掌握跳频信号参数的情况下,宽带阻塞干扰是目前最简单有效的干扰方式,也是大多数无人机反制系统生产厂家常用的反制方式。目前,无人机遥控信号大多在 2.4 GHz 和 5.8 GHz 等频段,只要对这些频段进行全频段宽带阻塞干扰,就能实现对无人机遥控信号的干扰,达到管控目的。无人机反制枪是采用此技术进行干扰的典型产品。由于跳频信号的抗干扰能力较强,需要发射大功率的干扰信号实施全频段宽带阻塞干扰,才能达到良好的干扰效果。但这些大功率的干扰信号同时会干扰 2.4 GHz 和 5.8 GHz 等频段内的其他正常业务(如蓝牙、WLAN 等),而且由于辐射强,一般不能做到持续发射,同时对人体健康危害较大。

2. 跟踪式干扰

对跳频信号的跟踪式干扰基于干扰信号能跟踪跳频信号的跳变。干扰信号的瞬时频谱较窄,只需覆盖跳频信号的瞬时频谱即可,是最节省功率、对电磁环境影响最小的一种干扰方式。跟踪式干扰需要干扰设备具有极强的实时处理能力,能够在极短时间内完成对特定频段跳频信号的捕获、分析、识别出目标信号,并瞄准目标信号频率发射干扰。跟踪式干扰的主要难点在于干扰设备的响应速度。由于跳频信号每一跳的驻留时间极短,干扰设备需要在这极短的时间内完成捕捉、分析、识别和发射等任务,干扰发射机也需要足够快速地达到相应功率。

3. 声波干扰

无人机使用陀螺仪提供机体倾斜、旋转及方向角度等信息,以保持机体平衡。当外部声波达到某一频率时,可使陀螺仪发生共振,从而扰乱无人机的平稳飞行,最终让无人机从高空坠落。该技术目前的难点为瞄准和跟踪,需要与跟踪雷达配合使用。短期内,此类武器尚不能成为反无人机的主要手段。

三、直接摧毁类

使用激光武器、微波武器、格斗型无人机以及常规火力等手段可直接摧毁无人机,但这些方式比较极端,且实战瞄准精度要求高、造价昂贵,无人机被击毁后坠落可能会造成其他损失,所以使用热武器或激光炮直接摧毁无人机的方式在民用无人机行业几乎不可行。无人机激光反制设备如图 10-11 所示。

图 10-11 无人机激光反制设备

四、监测控制类

(一)卫星定位信号欺骗

通过卫星定位信号欺骗可实现禁飞区设置、返航点欺骗和航路欺骗等。

1. 禁飞区设置

当前出于安全考虑,一般在城市、机场、港口、核电站等重要区域都设置了无人机禁飞区,要求无人机生产厂商配备禁飞区设置功能,使得无人机不能飞入禁飞区,或者到达禁飞区时自动降落。由于禁飞区是通过卫星定位来实现的,因此只需向无人机发射比卫星信号更强的定位信号即可欺骗无人机,让其误认为进入了禁飞区而开启禁飞功能,从而让无人机自动降落,达到反制的目的。禁飞区信号欺骗主要有两种实现方式:一是先录制禁飞区内卫星定位信号,然后在管控区域加大功率重放。二是在管控区域发射伪造卫星定位信号。这种方式更具普适性,但需要较强的技术能力才能实施。设置禁飞区只能对带有禁飞区功能的无人机有效,且禁飞区功能很容易被关闭,图10-12所示为设置无人机禁飞区对其进行管控。

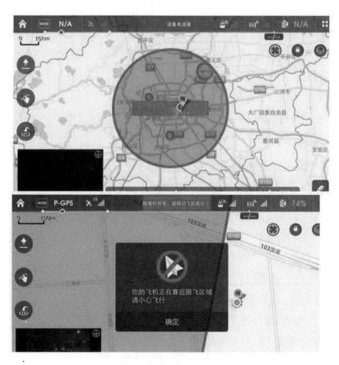

图 10-12　设置无人机禁飞区对其进行管控

2. 返航点欺骗

无人机启动后,一般会将当前的定位设定为返航点。当无人机与遥控器失联时就会自动返航。此时,向无人机发射伪造的卫星定位信号,可误导无人机错误判断当前位置,从而

▶▶▶ 智慧监狱无人机警务

改变返航路线,图 10-13 所示为无人机反制枪干扰无人机使其降落。

图 10-13　无人机反制枪干扰无人机使其降落

3. 航路欺骗

无人机可通过预设路线进行自主飞行,这一功能同样需要卫星定位信号进行辅助。此时,如果无人机接收到伪造的定位信号,就会偏离预设路线飞往错误方向。通过结合无人机实时飞行状态,设置伪造卫星定位信号,在进行返航点欺骗和轨迹欺骗时,甚至能够引导无人机飞往指定的安全区域进行捕获。

同样,在对"黑飞"无人机进行定位信号欺骗时,也会对周围正常飞行的无人机和其他设备造成干扰,不能实现精准打击。

(二)无线电信号劫持(无线电通信协议破解)

软件无线电协议破解技术,是将先进的无线电工程和安全分析应用于空域管理。系统先利用前端检测设备在防御区域内进行无源侦测,对空中的疑似无人机信号进行软件无线电破解,包括频率、下变频、模数变换、滤波、解扩、解调和解码等,然后再进行协议破解,包括链路层、网络层和应用层,解压缩和解密等;分析疑似无人机无线电信号的特征,并与破解协议数据库内的特征进行分析匹配,若信号属于白名单,则不进行防御,若信号不在白名单内,则系统自动预警并进行主动防御。主动发射与遥控器类似的信号,对其无线电通信链路进行接管或者反制,从而触发无人机的破损安全机制,迫使其降落、悬停或者返航,管控中心的控制系统可实时监测防御情况,并可以对事件进行记录、查询、分析和统计。无人机多形式探测反制设备如图 10-14 所示。

当前,无人机使用的控制信号大多在 2.4GHz 和 5.8GHz 等常规民用频段,随着开源硬件的快速发展和软件无线电技术的流行,针对无人机无线电通信协议破解的技术逐渐发展起来。此技术是目前国内外无人机反制领域最为先进的一种技术。通过破解无人机信号通信协议,破解者可以根据协议内容和规范模仿遥控器向无人机发送控制信号,并通过增强信号功率等手段覆盖真正遥控器的信号,从而获得无人机的控制权。最终控制无人机到安全区域降落。由于只需模拟遥控器信号,其发射功率低,频率和功率都接近无人机信号,不会影响其他系统正常工作。通过此技术可区分黑、白名单,能够在对黑名单无人机进行精准打击的同时,不影响白名单无人机的正常运行。但随着无人机通信技术和加密技术的提升,应用此技术破解难度越来越大,并且要求适配市场上多种无人机,需要定期更新无人机频谱特征适配库和通信协议,以确保可有效作用于最新发售的无人机,成本较高。

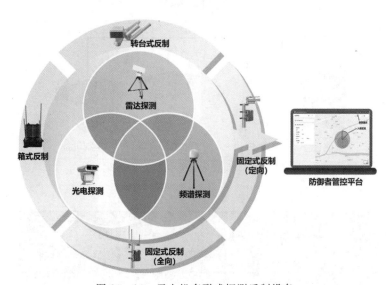

图 10-14　无人机多形式探测反制设备

(三)黑客技术

当前很多无人机为方便用户使用手机和平板电脑等移动设备进行操控,直接使用 WiFi 进行交互控制。这时,一些在互联网中已经很成熟的黑客技术就可以直接应用在无人机上。例如,对通过 WiFi 进行交互的无人机控制系统,可通过系统中开放的端口或密码猜解等手段,进入控制系统实现对无人机的控制。

随着无人机厂家无线电信号加密技术的不断提升,无线电信号劫持难度日益增大;而黑客技术由于门槛较高不易商业化,因此当前无人机反制所采用的技术主要以干扰阻断为主。

第四节　无人机反制系统集成

随着无人机技术的发展,根据实际使用需要,无人机反制系统通常采用多种技术融合方式进行集成,一般采用两种以上的探测方式进行区域内无人机探测,然后联动反制设备进行反制。反无人机系统架构示意图和反无人机系统软件平台示意图分别如图 10-15 和图 10-16 所示。

一般系统由指挥分系统、通信分系统、探测分系统和干扰反制分系统组成。系统集成度高、适用性强并且可以进行功能扩展,根据不同应用场景灵活配置不同探测、干扰和打击设备。涉及特殊重点保护区域,根据需求有时会增配激光定向能武器、无线电侦测设备等。

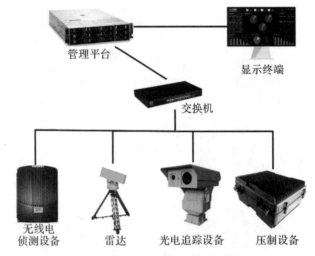

图 10-15　反无人机系统架构示意图

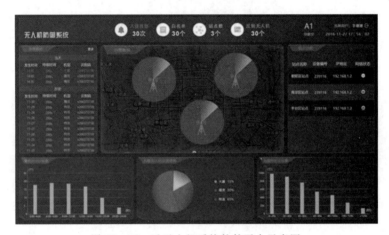

图 10-16　反无人机系统软件平台示意图

无人机反制系统处置流程如图 10-17 所示。

(1)目标探测:在复杂环境下通过主动、被动探测手段发现入侵无人机目标,并引导光电设备对目标进行实时跟踪、执法取证。

(2)态势显示:指挥中心接收探测前端,上报目标信息。实时显示防空区域探视。一旦发现入侵目标,系统会及时报警。

(3)指挥控制:指挥中心根据实时警情,通过通信网络指控引导、干扰实施反制干扰和拦截。

(4)干扰拦截:干扰设备对入侵无人机目标实施反制干扰。激光打击设备对入侵无人机目标实施拦截。

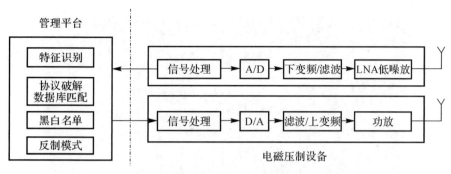

图 10-17　无人机反制系统处置流程示意图

第五节　无人机侦测防御一体机实训(以中科融通 UBI-RE-AB101 型为例)

无人机侦测防御一体机主要由无线电处理单元、测向设备、GPS 信号接收天线、无线电接收/发射天线及综合管理平台组成,部署在户外,其硬件设备如图 10-18 所示。综合管理平台部署在控制指挥中心,通过综合管理平台的操控来实现对既定区域低空无人机的侦测和防御。该设备训练以综合管理平台的操作训练为主。

一、系统启动训练

安装综合管理平台软件的服务器开机后,登录界面如图 10-19 所示。点击桌面上的"无人机防御系统"快捷图标,输入用户名及密码即可进入侦测防御系统。

在系统主页面看到(菜单、功能、信息)三个展示区,如图 10-20 所示。

图 10-18　无人机侦察防御一体机硬件设备

图 10-19　综合管理平台软件登录界面

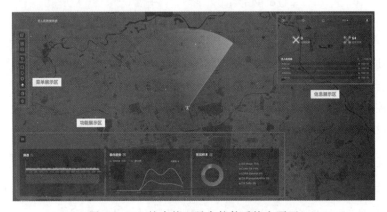

图 10-20　综合管理平台软件系统主页面

主要软件界面的菜单包括主界面、AI 学习、白名单、统计、设备管理、版本、账户设置等功能模块。可根据需要选择点击相应的界面，如图 10-21～图 10-23 所示。

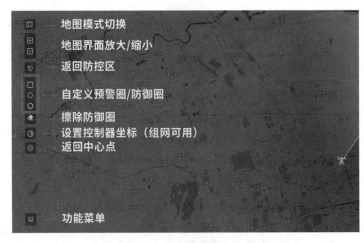

图 10-21　综合管理平台主菜单

图 10-22　综合管理平台信息区菜单

图 10-23　综合管理平台功能区菜单

二、无人机侦测训练

一旦侦测到无人机，系统将自动报警。地图模式显示概略位置，如图 10-24 所示；频谱模式显示频段信息，如图 10-25 所示。界面右侧显示无人机频点、机型、电子指纹、入侵方向、参考距离等信息。

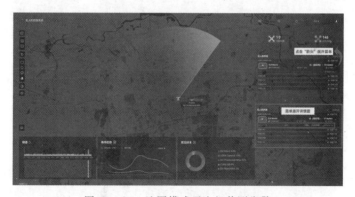

图 10-24　地图模式无人机侦测告警

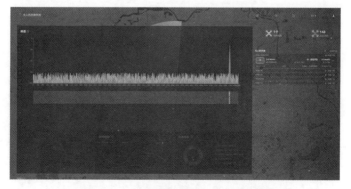

图 10-25　频谱模式无人机侦测告警

三、无人机防御训练

设备侦测到无人机，可根据实际情况，手动选择"精准打击"或者"宽频干扰"，实现对防区内无人机的打击，如图10-26所示。

图10-26　对侦测无人机实施打击

点击软件界面的"取消打击"按钮，设备会取消该无人机的打击状态，如图10-27所示。

图10-27　对侦测无人机取消打击

设备也可设置"自动打击"，如图10-28所示。一旦侦测到无人机，系统会自动开启"精准打击"或"宽频干扰"，直到不再报警后自动取消打击，打击过程也可手动取消，取消方法为点击"取消打击"按钮。

图10-28　对侦测无人机自动打击

第十章 无人机防御与反制技术

四、白名单设置训练

系统侦测到无人机后,查看无人机列表展开菜单,点击加入/移出白名单,如图10-29和图10-30所示,即可将检测到的无人机加入或移出白名单。

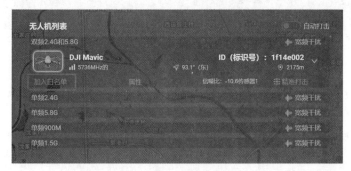

图 10-29 加入白名单

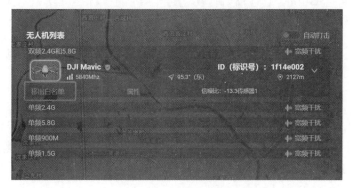

图 10-30 移出白名单

点击右侧侦查到的无人机信号,在属性中可设置指定无人机的信息或者名称,如图10-31所示。

图 10-31 录入无人机属性信息

把鼠标移动到软件左侧的"功能菜单栏",点击"白名单"即可进入白名单界面,管理白名单无人机,如图10-32所示。

图 10-32 管理白名单无人机

第六节 无人机导航诱骗系统实训（以中科融通 UBI-RE-S100 型为例）

无人机导航诱骗系统主要由无人机导航诱骗系统主机、无人机导航诱骗系统天线、GPS 发射天线射频线、GPS 接收天线射频线及系统管理平台组成，硬件设备部署在户外，综合管理平台部署在控制指挥中心，通过辐射低功率再生导航卫星信号（功率不大于 10dBm），侵入"黑飞"无人机导航系统，从而实现对需要使用导航系统进行飞行控制的无人机的截获控制，使其无法飞入受保护区域，保障该区域的低空安全。该设备训练以系统管理平台的设置及操作训练为主。

一、系统启动训练

浏览器设置，Chrome 浏览器是默认禁止自动播放音频的，如果不进行任何的操作，当发现无人机信号时，音频不会播放，所以需要对 Chrome 浏览器进行设置。在程序启动成功后，输入"http://localhost:8099"进入系统，点击进行网站设置，如图 10-33～图 10-35 所示。

设置好声音后，在网址栏输入"http://localhost:8099"进入系统，出现图 10-36 所示界面。输入账户、密码，然后登录系统。

图 10-33 浏览器设置页面 1

第十章 无人机防御与反制技术

图 10-34 浏览器设置页面 2

图 10-35 浏览器设置页面 2

图 10-36 无人机导航诱骗系统登录界面

二、设备连接管理训练

配置连接信息,在系统与设备间建立连接或通信。点击系统管理中的连接管理(见图 10-37),即可进入连接配置,连接配置页面如图 10-38 所示。

点击新增按钮,选择协议,输入 IP、端口,即可进行绑定,如图 10-39 所示。绑定成功后如图 10-40 所示,点击打开端口即可与设备建立连接。建立连接成功后会主动发现该协议对应在线的设备,点击左侧导航栏中的设备管理可以查看在线的设备,如图 10-41 所示。

▶▶▶ 智慧监狱无人机警务

图 10 – 37　进入连接管理

图 10 – 38　连接配置页面

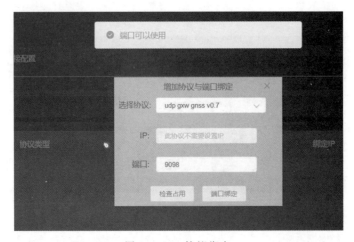

图 10 – 39　协议绑定

图 10 – 40　绑定成功

第十章 无人机防御与反制技术

图 10-41 设备管理页

协议类型说明如下。

udp gxw gnss v0.7：格星微的 gnss 诱骗设备的协议，设置端口号即可，诱骗设备默认配置为 udp client 模式，其默认对应的服务器端口为 9098。

udp jw detect 01：九微的探测设备简易协议，只需要配置监听端口。具体端口需要查看九微设备或者对九微设备进行相关配置。

tcp_c anze detect 01：中科融通探测设备的协议，该设备运行模式为 TCP server，在服务器端配置其 ip 地址和本地端口号。

tcp_c interference detect 01：中科融通探测设备的协议，该设备运行模式为 TCP server，在服务器端配置其 ip 地址和本地端口号。

初次连接到系统的设备并没有加入系统的管理，需要增加设备额外的信息将其绑定到系统之中。

在设备列表页面，未绑定的设备在操作栏中有一个保存信息的按键，点击保存信息，将设备信息保存到数据库，保存时需要输入设备别名、经纬度信息。这里的经纬度信息指是保存在数据库中的信息，如图 10-42 所示。

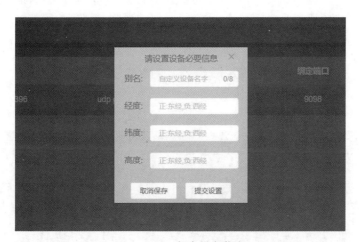

图 10-42 保存设备信息

成功添加导航诱骗设备后，在平台系统首页设备列表可以看到设备信息，地图上也有了设备图标，如图 10-43 所示。

系统配置：连接配置完成，设备添加成功后系统即可开始正常工作，但此时还需要进入

▶▶▶ 智慧监狱无人机警务

系统策略设置,配置压制、诱骗策略以及自动模式下各阶段的执行时间,迫降位置,如图 10-44 所示。

图 10-43　导航诱骗设备在首页显示

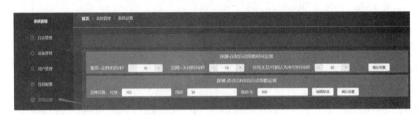

图 10-44　系统策略设置

策略时间配置:探测-压制自动策略时间设置如图 10-44 所示,输入框内会显示当前设置的时间,压制策略阶段最小时间默认为 10 s。驱离-迫降,迫降-关闭都对压制设备生效。

迫降位置配置:探测-诱导自动策略设置如图 10-44 所示,诱导策略中需设置最近的禁飞区坐标。

连接设备后的系统操作界面如图 10-45 所示。

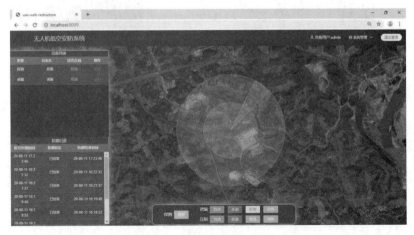

图 10-45　系统操作界面

点击设备状态按钮可查看诱骗设备当前状态,如图 10-46 所示。

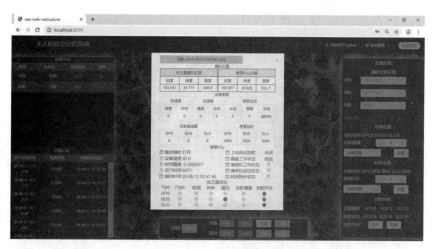

图 10-46 设备状态界面

名词介绍如下。

1)管理中心位置:无人机导航诱骗系统所处位置,即设备真实的 GPS 位置信息。

2)伪卫星模拟位置:需要无人机接收到的虚假位置,即需要诱骗告知无人机的模拟位置。

3)发射控制模式:手动模式(自动模式需要配合无人机侦测系统自动发射)

4)初速度:驱离无人机时,无人机飞行的初始速度。

5)加速度:驱离无人机时,无人机飞行的递增速度。

6)初速度方向:驱离无人机时,无人机的初始方向。

7)加速度方向:驱离无人机时,无人机加速度方向。

8)上电自动发射:设备通电进入准备状态,准备好后自动发射诱骗信号。

9)整点授时使能:诱骗设备每 2 h 需要与天上卫星对时,设备整点自动停止发射诱骗信号并与卫星对时后再自动发射诱骗信号。

10)功率衰减值:GPS/BDS/GLONASS 发射功率衰减值,可设置 0~80 内任意数值,用于调节诱骗信号的干扰半径。

11)通道延时:导航诱骗设备发送模拟位置到无人机的延时,默认设置为 2 000~3 000 以内。

12)模拟圆周运动:发出指令让无人机做圆周运动。

13)模拟圆周运动半径:发出指令让无人机做圆周运动时的半径。

14)模拟圆周运动周期:发出指令让无人机做圆周运动时的时间。

15)旋转方向:无人机顺时针或者逆时针做圆周运动。

16)管理中心状态:显示当前设备所授时的时间、环境温度、时间精度、系统运行时间等,并且能有效显示接收机的工作状态、晶振工作状态、接收机定位状态以及时间同步状态。

17)伪卫星状态:可以分别显示 GPS/BDS/GLONASS 当前射频状态是否正常、时钟是

▶▶▶ 智慧监狱无人机警务

否正常、星历史是否正常加载、发射通道是否正常,以及伪卫星发射开关是否打开。

三、无人机入侵诱骗操作流程训练

以自动模式为例:

启动后持续侦测范围内是否有无人机入侵。设备状态界面如图10-47所示。

图10-47 设备状态界面

发现无人机入侵时,有声音和图像提示,如图10-48所示。

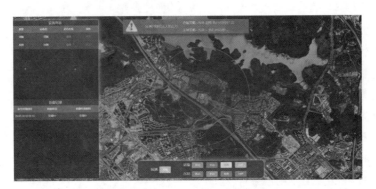

图10-48 发现无人机界面

持续跟踪,并发送诱骗信号,如图10-49所示。

图10-49 持续诱骗界面

当无人机已经被诱骗成功后,会恢复正常侦测状态。

四、系统日常管理操作训练

无人机反制日志管理:无人机反制日志为发现无人机信号,诱骗策略反制,压制策略反制等相关的记录。

首页左侧防御记录栏会显示最新的几条防御信息,如图 10-50 所示。当发现无人机信号时,左侧防御记录会实时更新防御情况。将鼠标移至某一栏,可以查看详细的防御信息。

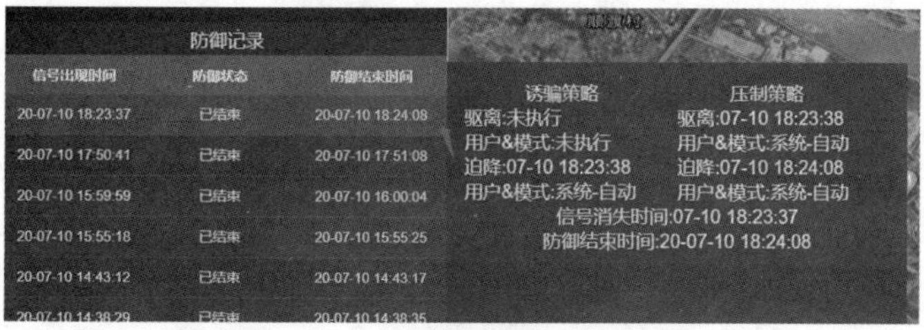

图 10-50 近期防御记录

在日志管理中可以查看更详细的日志记录信息,如图 10-51 所示。默认显示近一周的数据。点击标记 1 处日历可以选择查看时间,选择后点击标记 2 查看。点击标记 3 处分页栏可以查看某一页信息。点击标记 4 处"导出日志"可以将日志导出。导出日志文件为 excel 类型,名称为 logs。

图 10-51 详细防御日志记录

系统运行日志管理:系统日志为运行时的流水账,以每天一个日志文件的形式记录在 log 文件夹中,日志文件的文件名格式为 log.2020-07-10.log 这种形式。log 文件夹路径为程序目录中 back-end\log 下。如果需要查找系统问题,需要将发生错误当天的日志文件发送给查找的人员。

▶▶▶ 智慧监狱无人机警务

第七节 无人机防御单兵作战设备实训

无人机防御单兵作战设备(见图10-52)由背负式无人机侦测设备和手持式无人机反制枪组成,用于快速部署低空防御,用于会务、领导出行、演出活动、应急处突等非固定场所的低空无人机防御。

图10-52 无人机防御单兵作战设备

一、背负式无人机侦测设备安装训练(以中科融通UBI-RE-A300型为例)

背负式无人机侦测设备接口面板如图10-53所示。

图10-53 背负式无人机侦测设备接口面板

按照图10-53标识安装天线配件：标识2.4G、WIFI热点端口接2.4G天线,标识5.8G端口接5.8G天线,标识WIFI1、WIFI2端口接双频天线,标识GPS端口接GPS天线。天线拧紧后,点击开关按钮,报警指示灯会常亮,并发出报警提示音,待报警声停止且报警指示灯熄灭后主机设备安装启动完成。装完效果如图10-54所示。

第十章 无人机防御与反制技术

网络设置：设备开启后会在附近生成一个以 UBISYS 开头的 WIFI 名称。无论采用专属配套终端或者通用安卓设备，都需要连接设备生成的专属 WIFI，组成局域网通信网络。WIFI 名称和默认密码在设备背面以标签形式注明。有时 WIFI 连接成功后设备会提示当前网络没有互联网连接，请求切换网络，确保无线网络一直连接到设备的 WIFI。

若标签损毁，则搜索附近以 UBISYS 开头的 WIFI 并连接即可。

专属终端登录：如图 10-55 所示，从主页面中找无人机标志的"无人机防御系统"APP，输入用户名、密码后即可登录设备。

图 10-54 背负式无人机侦测设备

图 10-55 背负式无人机侦测设备专属终端登录界面

二、背负式无人机侦测设备专属终端操作训练

专属终端操作类比手机 APP 操作，包含首页、统计、白名单等页面，分别有不同的功能。

（1）首页。首页是常用工作界面，左侧是地图界面，需终端连接 4G 网络后才可以正常使用。

当前位置的获取：因为软件是连接 A300 的无线网络，所以无法连接外部网络。首页地图右上角方向有一个位置按钮，点击一下，会断开 WIFI，连接 4G 网络获取位置，如图 10-56 所示。10 s 后 WIFI 重连。在无法连接 4G 的情况下也会在 10 s 后重连，不影响无人机的侦测，但是统计模块地图无法显示无人机准确位置，只显示当前位置。

图 10-56 当前位置获取

· 297 ·

▶▶▶ **智慧监狱无人机警务**

无人机显示及信息:在侦测到无人机时会显示在首页页面上,包括当前发现的架次,历史发现了几架以及发现的无人机的信息,如图10-57所示。但是只有A300与APP同时在线的情况下才会记录历史。

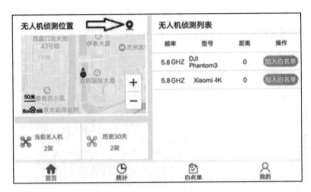

图 10-57 无人机显示及信息

(2)统计。打开统计模块后第一个显示的是无人机侦测时间柱状图,横坐标为发现时间,纵坐标为持续时间;第二个显示的是无人机频率饼状图,有 2.4 GHz 和 5.8 GHz;右边是无人机品牌饼状图,不同颜色代表不同无人机型号;下面的就是发现的时间、持续时间、机型、位置、频率等信息,如图 10-58~图 10-60 所示。

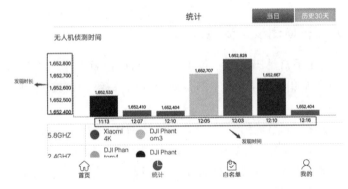

图 10-58 无人机侦测时间柱状图

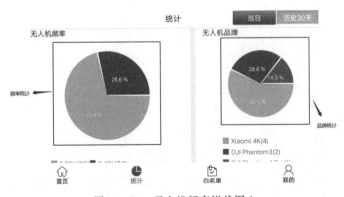

图 10-59 无人机频率饼状图 1

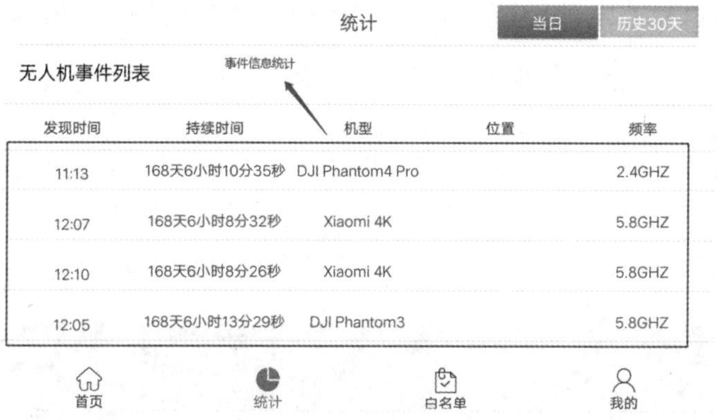

第十章 无人机防御与反制技术

图 10-60 无人机频率饼状图 2

（2）白名单。打开白名单模块可以对无人机进行白名单的添加。点击右上角加号即可添加，输入识别码或者机型确定添加，点击"移除白名单"即可对其进行移除，如图 10-61 和图 10-62 所示。当设备侦测到已添加的白名单无人机时，设备不再进行报警。

图 10-61 添加白名单无人机

图 10-62 移除白名单无人机

三、手持式无人机反制枪安装训练（以中科融通 UBI-RE-B101 型为例）

手持式无人机反制枪设置内置 900 MHz、1.2 GHz、1.4 GHz、1.5 GHz、2.4 GHz 和 5.8 GHz 六频段拦裁模块（见图 10-63 和图 10-64），可防御大多数基于射频飞控的无人机。根据反制模式设定，所有进入拦裁覆盖范围内的无人机将无法获取卫星定位信息，或者无人机与地面遥控器之间的控制信号和图像传输信号被干扰切断，迫使无人机降落或者返航。检查电池：打开可拆卸电池的开关按钮可查看电池的输出电压，如图 10-65 所示。

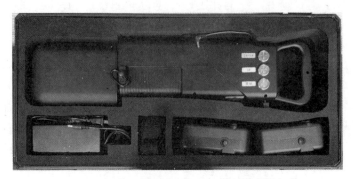

图 10-63 手持式无人机反制枪设备装箱

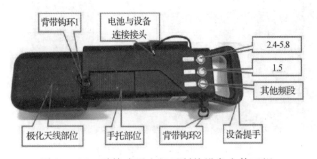

图 10-64 手持式无人机反制枪设备主体正视

可拆卸电池的正常电压范围为 22.2～25.2 V，低于 23 V 表明电池需要充电，高于 23 V 表明可正常使用。

图 10-65 可拆卸电池

第十章　无人机防御与反制技术

电池充电：电池侧面有充电口，打开电池开关按钮，接入标配充电器后，即可为电池充电。单块电池从空电到满电需 8 h。

图 10-66　电池充电插口

电池安装：将电池插入设备主体电池插槽内，将设备电池插槽旁的供电线插入电池充放电接口内。电池安装完毕，在使用前还需打开电池顶部的开关按钮。

背带安装：将背带上的两个挂钩挂到设备主体的两个环扣上，可实现设备的背负式使用，如图 10-67 所示。

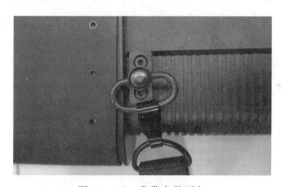

图 10-67　背带安装环扣

打开设备开关：以上工作准备完毕后，设备安装工作完成，打开设备开关按钮即可正常使用。设备开关按钮位于设备侧面，如图 10-68 所示。

图 10-68　设备开关按钮

对准目标方向：侦测设备发现无人机后用手持式反制枪对准目标无人机方向。本设备

▶▶▶ 智慧监狱无人机警务

采用具有定向辐射特性的天线,使用时需要将天线对准目标方向,如图 10-69 所示。

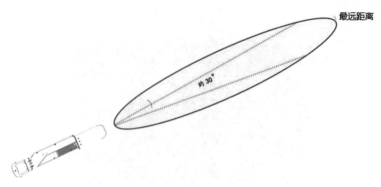

图 10-69　手持式反制枪定向辐射示意图

选择工作模式并发射:设备具备两种工作模式——无人机驱离模式和无人机迫降模式,分别用于将目标无人机驱离当前区域以及令目标无人机失控坠落或自动迫降。无人机在受到干扰后,短时间内会悬停,静止不动,等待飞控及卫星信号恢复,这也是其最基本的抗干扰措施。不同的无人机,受到干扰后执行下一步动作之间的等待时间不同,但一般都为 3~10 s。驱离与迫降的实际效果取决于目标无人机的程序设计,不同的设计会有不同的反应。

在发射干扰信号以后,如果无人机继续运动,应该在保持发射的同时随时跟踪其运动轨迹,尽量保持天线方向始终对准无人机。在实现管制目的之前,最好一直保持跟踪。这是因为如果无人机脱离管制设备的有效管控范围,只需几秒钟的时间,即可重新与遥控器建立联系。

参 考 文 献

[1] 李立欣,王大伟.无人机防控技术[M].北京:清华大学出版社,2021.
[2] 廖小罕,许浩.无人机运行监管技术发展与应用[M].北京:科学技术出版社,2020.
[3] 孙永生,罗颖.无人机安防应用技术教程[M].北京:中国人民公安大学出版社,2019.
[4] 李宁.无人机警务实战应用研究[M].南京:东南大学出版社,2020.
[5] 范永飞.警用无人机的应用特点与发展趋势[J].中国安防,2018(6):42-44.
[6] 杨传德.浅析无人机在公安实战中存在的问题[J].中国公共安全,2018(7):191-194.
[7] 孙锦涛,姬艳涛.警用无人机在治安防控中的应用研究[J].北京警察学院学报,2020(2):45-50.
[8] 熊纬辉.警用无人机监管与应用问题研究[J].云南警官学院学报,2017(4):77-81.
[9] 陈燕.监所低空反无人机安防需求与建设路径探究[J].辽宁警察学院学报,2019(6):76-80.